情緒，無法翻譯

Between Us

How Cultures Create Emotions

從文化心理學出發，探索情緒如何被創造，
以及在不同文化之間的差異

芭蒂亞・梅斯基塔——著
Batja Mesquita

王年愷、陳永祥——譯

清華大學榮退教授 宋文里——審訂

臉譜書房 FS0163

情緒，無法翻譯：

從文化心理學出發，探索情緒如何被創造，以及在不同文化之間的差異

Between Us: How Cultures Create Emotions

作　　者　芭蒂亞・梅斯基塔（Batja Mesquita）
譯　　者　王年愷、陳永祥
審　　訂　宋文里
責任編輯　郭淳與
行銷企畫　陳彩玉、林詩玟
封面設計　朱疋

發 行 人　凃玉雲
編輯總監　劉麗真
出　　版　臉譜出版
城邦文化事業股份有限公司
臺北市民生東路二段141號5樓
電話：886-2-25007696 傳真：886-2-25001952
發　　行　英屬蓋曼群島商家庭傳媒股份有限公司城邦分公司
臺北市中山區民生東路二段141號11樓
讀者服務專線：02-25007718；25007719
24小時傳真專線：02-25001990；25001991
服務時間：週一至週五09:30-12:00；13:30-17:00
劃撥帳號：19863813　戶名：書虫股份有限公司
讀者服務信箱：service@readingclub.com.tw
城邦網址：http://www.cite.com.tw
香港發行所　城邦（香港）出版集團有限公司
香港灣仔駱克道193號東超商業中心1樓
電話：852-25086231　傳真：852-25789337
馬新發行所　城邦（馬新）出版集團
Cite（M）Sdn. Bhd.（458372U）
41, Jalan Radin Anum, Bandar Baru Sri Petaling,
57000 Kuala Lumpur, Malaysia.
電話：+6(03)-90563833　傳真：+6(03)-90576622
讀者服務信箱：services@cite.my

一版一刷　2023年7月
ISBN　978-626-315-227-4（紙本書）
EISBN　978-626-315-313-4（EPUB）

售價：NT$480元

圖書館出版品預行編目資料

情緒，無法翻譯：從文化心理學出發，探索情緒如何被創造，以及在不同文化之間的差異／芭蒂亞・梅斯基塔(Batja Mesquita)作；王年愷、陳永祥譯. -- 一版. -- 臺北市：臉譜出版，城邦文化事業股份有限公司出版：英屬蓋曼群島商家庭傳媒股份有限公司城邦分公司發行, 2023.07
面；　公分. --（臉譜書房；FS0163）
譯自：Between Us：How Cultures Create Emotions
ISBN 978-626-315-227-4（平裝）
1.CST：情緒 2.CST：文化心理學 3.CST：跨文化研究
176.5　　111018660

目次

當我們接受稱讚時，是要咧嘴開懷大方稱謝，還是該臉紅低頭謙稱僥倖？當我們表達愛的時候，是要大聲說出，還是該默默付出？我們的憤怒、嫉妒、悲傷如果全都以真情流露，是會讓我們贏得真性情的稱讚，還是讓社交生活處處碰壁？情緒不管是無意識的流露，或是有意識地選擇，都是我們日常生活中的重點，也是我們參與社會生活與被人理解的媒介。

我們該如何表達情緒，又該如何解讀別人的情緒？人類學家與心理學家紛紛指出，情緒不只是個人的，更是互動規範與文化倫理。本書作者探討心理與文化的交會處，把幽微的情緒解說得鞭辟入裡，讓我們在以指尖翻頁之際，不禁想起相似的場景，會心而笑。

——**方怡潔（國立清華大學人類學研究所助理教授）**

對你來說，「幸福」是什麼？

你覺得是外在的刺激和樂趣，還是內在的平靜和寧靜？

我猜拿著這本書的你，有高機率會選擇後者。不是因為我會算命，而是因為你我都活在「東亞文化」當中。本書作者認為「留意情緒當中的文化差異」是很重要的，例如：

- 親人過世，我們傾向「節哀順變」，而在西方文化中，人們可能更傾向於表達強烈的情感。
- 對日本人來說，「丟臉」事關重大；但對美國人而言，這件事就相對沒那麼嚴重。
- 在印度教文化中，愛被視為一種神聖的力量；而在西方文化中，愛卻被視為一種個人情感。

甚至連「情緒」是怎麼引起的，不同文化的觀點也會有所不同。在強調MINE（我的）情緒的文化中，人們會根據自己的生理變化來判斷自己的情緒；而在強調OURS（我們的）情緒的文化中，人們會根據人與人之間發生的事情來推斷情緒。所以，當下次你再看到一些翻譯書籍上說「每個人應該對自己的情緒負起完全的責任」的時候，再想想。或許你會看見這句話背後的文化預設是什麼。

如果你經常和不同國家、不同文化背景的朋友接觸，那麼這本書可以變成你客觀理解彼此情緒的鑰匙；而如果下次你發現自己對於情緒的理解和別人的理解有所出入，也不要太快做出評價，很可能你正用某一種「眼鏡」在理解世界，而他的眼鏡與你不是同一副。期許我們都能在關係裡保有覺察，讓情緒的說與不說，表達與不表達，都有它的處所可以自在安放。

——**海苔熊（科普心理作家、Podcaster）**

在本書中，作者用很多實際的例子，讓我們見證文化對於情緒的影響，其中也包含了很多台灣的例子，相信會讓讀者們很有感。書中很重要的一個框架：MINE情緒模型與OURS模型的劃分，很值得大家去理解並認同。

你會發現，自己以前之所以沒辦法好好接住別人的情緒，可能是因為你只用了同理心，或是你可能只想「感覺他們的感覺」。但是，要接住別人的情緒，你需要用更宏觀的方式，來看待彼此的情緒；在不同文化下是如此，在相同文化下也一樣。希望大家都能在閱讀之後，更加包容彼此的情緒，讓社會更和諧。

——**黃揚名（輔仁大學心理學系副教授）**

前言

編按：內文中阿拉伯數字為原書註釋，圓圈阿拉伯數字為譯註或編按。

會成為心理學家，是因為我對人的感受特別感興趣。我想要理解人們的內在世界，了解是什麼驅使他們行動。我對情緒感興趣的箇中原因現在可能難以探究，但也許和我的背景有關。我來自一個荷蘭猶太家庭，我的父母在大屠殺期間躲藏了起來。[1]我是一個有「心理學思維」的孩子，總是試圖弄清楚我父母的感受。我父母的情緒往往不是建立在眼前的情境之上，而是源自很久以前的事件（也或許沒有那麼久）。絕望一直近在咫尺，潛藏其下的是被排拒與歧視的傷痛。我小小的反抗就可能觸及父母的傷痛或絕望；我在青春期對文化與信仰的抗拒被父親視為不敬，或者更糟糕——缺乏愛。

會以情緒作為研究的主題，是因為我察覺人會把可能爆發出來的情緒深藏在心裡。我很快就把情緒當作是個人的特質，因為就我的觀察來看，許多情緒其實比當下的情境或人際關係所要求的來得強烈。從小我就立志成為精神科醫師或臨床心理學家，來幫助被自己的情緒折磨的人。我想像我可以從內心改變這些人，進而改變這些情緒。

我會把情緒看成是內心深處生命的一部分，得益於當時文化普遍關注人的感受。[2]在「西方、教育水平高、工業化、富裕、民主」（Western, Educated, Industrialized, Rich, and Democratic）的WEIRD國家①裡，一九六〇和七〇年代是感受被解放的時期。[3]當時的風氣注重真誠和選擇的自由——知道自己真正的感受、真正想要的是什麼是至為重要的事。你在心裡會被什麼感動，你就應該那樣過人生；探索自己的內在和情緒非常重要，因為這樣能幫你做出更好的選擇。當時的焦點是人的內在。在WEIRD文化裡，我的世代質疑制度和規範，把重心放在個人的感受和偏好。我早已做過不少內心探索，年輕的時候更專注於向內探尋情緒。

在研究情緒的三十年間，通過接觸許多不同的文化，我逐漸意識到，關於情緒的問題，許多答案並不是藏在我們內心裡，而是在我們的社交脈絡當中。我最初跟隨阿姆斯特丹大學（University of Amsterdam）的尼科・弗萊達（Nico H. Frijda）教授進行研究；大約在我們認識的時候，他正要完成日後讓他享譽國際的著作《情緒》（*The Emotions*）。這本書是情緒心理學的里程碑，內容從神經科學到哲學無所不包，但在文化方面的著墨卻不夠深入。我在一九八七年成為他指導的研究生，而我的研究工作就是要填補這一塊空缺。我綜覽了心理學、人類學、社會學、哲學等諸多領域關於文化與情緒的研究，在一九九二年和弗萊達共同發表一篇回顧論文，這是心理學界研究文化與情緒的轉捩點之一。[4]我們的論文成為心理學研究轉向的助力，從原本幾乎完

① 編按：同時具有雙關語意——意指怪異的國家。用於指明一種諷刺性的現象，即這類國家的人口只佔全球人口不到百分之十二，卻在各領域的研究與「普遍現象的界定」上為全世界人口代言。

全專注在普世性，轉而開始考量文化差異。這也讓我成為情緒的文化心理學家——我開始關注文化和情緒怎麼「交互形成」。[5]

我的研究使我的注意力向外轉移，而我作為旅居者／移民，此時的個人經歷也同樣是如此。一九九〇年代初，我離開我的舒適圈，開始到荷蘭以外的地方居住和工作。我在義大利住了兩年，在此期間又在被戰火摧殘的波士尼亞待了六個月，擔任聯合國兒童基金會的心理顧問；後來又搬去美國。我在密西根大學（University of Michigan）的文化與認知計畫（Culture and Cognition Program）從事博士後研究；此時文化心理學正興起，而該計畫正是這個跨領域學門的核心之一。之後，我又到北卡羅萊納州的威克森林大學（Wake Forest University）擔任助理教授。大約二十年後，我在二〇〇七年回到比利時；大西洋彼岸的人可能會覺得這裡看起來和荷蘭很近，但兩國的文化其實相差不少。離開熟悉的阿姆斯特丹移居他鄉後，更讓我切身地體會到情緒確實與文化相連。我本來以為自己擁有的是**普世共有的基本情緒**（但我沒有明白講出來），然而當我發現自己一再和外在環境脫節，就清楚看到這個假設是錯誤的。我的文化產生出我的情緒。在我原生的文化脈絡裡，這些情緒在人際互動方面相當有用，對那裡重視的人際關係有助益，也讓我在荷蘭文化裡找到自己的位置；但在其他環境裡就沒那麼堪用了。這些經驗也讓我的注意力由內向外轉移：跟著我的情緒向外探索，檢視我的社會和文化環境的價值、目標和習慣。

我也開始向外尋求情緒的解答，因為這更接近多數文化看待情緒的方式。我的研究足跡遍及日本、韓國、土耳其和墨西哥；也在美國、荷蘭和比利時訪談前述幾個國家的移民。在談到情緒事件時，許多來自這些國家的人認為，情緒是發生在人與人**之間**；同時，他們也不會特別在意自己內在的感受——這是我將情緒研究的注意力向外轉移的另一個原因。

這本書會帶你用完全不同的方式來看待我們的情緒——將情緒連結到我們在這個世界裡的定位、我們和別人的關係，以及我們所屬的社會文化脈絡。我會說明，是你的情緒讓你投入你所屬的群體，並成為群體的一員。我會講述情緒既是MINE（我的），也是OURS（我們的）。

用這個觀點來看待情緒，你的情緒生活將會更加豐富，也將更加了解自己和別人的情緒。你會明白地看到，自己的感受會透過各種方法讓我們投入社交、和別人相連。用OURS的觀點來看待情緒，與其說是取代MINE的觀點，倒不如說相互補充。

也許更重要的是，OURS的情緒模式讓我們能夠理解和探究不同文化、性別、世代、民族和種族、社經群體，甚至是不同境遇和背景的個人（像是我父母和我）在情緒方面的差異。這樣的認知在今日可能比以往更為迫切。在現今的社會裡，文化越來越多元，不論在公司行號、學校、法院或醫療機構裡，都有各種群體和文化不斷相遇。情緒在跨文化交流中扮演著重要的角色，然而我們使用情緒的方式並不完全相同。當我們知道每個人的情緒都和自己的社會與文化脈絡密切相連後，我們更能相互尊重、溝通情緒的差異，甚至在差異中找到共鳴。

這本書有助於化解不同群體／文化的人之間的差異，甚至是衝突。不可否認的是，我寫這本書的動機，有一大部分是因為美國、西歐和其他地方日趨嚴重的民族主義、仇外思想、白人優越論以及種族和宗教歧視。不過，還有一個更重要的原因——有些立意良善、想要包容不同文化的人，認為當我們說其他族群或文化的人擁有不同的情緒，就等同於否定他們的人性。假如你是其中之一，我希望這本書能改變你的想法。

在這本書中，我將帶領你跟隨我的研究，一起探究各種文化中情緒的研究發現。我會分享我在情緒研究中的成果，說明其中的意外之處，並點出我自己的盲點。第一章將介紹我身為研究人員和移民的背景，以及我的研究在情緒研究中的脈絡；第二章說明MINE情緒和OURS情緒之間的差異，比較當代西方建構出來的情緒模式和世界上比較普遍的OURS情緒模式。我會指出MINE和OURS模式建構出來的情緒都是「真實」的，它們不僅是我們描述情緒的方式，更是「做情緒」（doing emotions）[2]的方式（也可以說是「經驗」情緒）。

接下來的四個章節會跟著情緒向外看到社會和文化脈絡。在第三章裡，我會說明兒童怎麼透過情緒社會化的過程，成為所屬文化的一員。照護者在外部社會環境的輔助之下，從孩子年幼時就教導他們用正確的方式（換句話說，能促成該文化共同目標和價值的方式）來做情緒。在第四章和第五章裡，我會描述情緒會依據人際互動、人際關係和文化相關的細節，走出截然不同的歷程。和一般認知不同的是，**憤怒**、**羞恥**、**愛**、**快樂**等情緒並沒有普世共同的特徵；在不同的情境、對象、互動、人際關係（當然還有不同的文化）中，這些情緒的經驗和表現方式、相關的生理和神經反應模式，和道德與社會方面的後果也都會不同。第六章談論情緒的語彙；在我們所屬的群體、社群或文化裡，這些單詞能讓我們和其他人溝通共知的真實，但若要跨越社會群體的藩離，這些單詞可能就不是那麼適切的溝通工具了。當你使用某個情緒單詞時，你會將特定的事件連結到同一個語言的使用者的集體經驗。情緒會讓你成為你所屬的文化的一部分，語彙又是這種作用的一個例子。

當我們知道情緒怎麼把我們連結到群體後，我們就更能明白這件事：對於在不同群體裡成長的人來說，情緒可能會成為他們互動的阻礙。光是翻譯一個字，不能讓人知道別人的真實是什麼樣子。我在第七章裡介紹的研究，看的是我們要如何學習一個新文化的情緒。好消息是：這是有辦法學習的；而可能的壞消息是：（從情緒層面來看）移民族群必須花上超過一個世代的時間，才會變得和非移民族群難以分辨。在最後一章裡，我會說明我們可以把OURS觀點當作第一步，進行跨越各種界線的溝通，並且找到共同之處。在跨文化（或跨地位、階級、宗教等等）的互動中，情緒有可能是羈絆，但OURS模式會讓我們理解情緒存有差異，也替我們開出一扇窗，從中一窺其他文化的價值和看重之事物。透過對世界的不同理解、行動方式的交流以及情緒的討論，將使我們更加人性化，因為這展示了我們每個人如何成為社會連結中的不可或缺的一部分。

② 譯註：作者刻意創造這個詞，以區隔「情緒表達（emotion expression）」，參見第二章。

第一章

情緒，無法翻譯

人類是不是都有情緒，就像我們都有鼻子或手一樣？我們的鼻子可能形狀、大小不一，但無論長什麼樣子，都能用來呼吸空氣，嗅出周遭環境的模樣。雙手可大可小，力氣可強可弱，但不管是什麼樣子，都能用來觸摸、抓緊、握住、挑提各種東西。情緒也是如此嗎？情緒是不是有可能表面上**看起來**不一樣，但如果追根究柢，我們都擁有相同的情緒——在內心深處，每個人都和你一樣，這是真的嗎？這將意味著，即使是來自不同的背景、說不同的語言、出身自不同的群體或文化的人，一旦花點時間跟他們熟識，你就能辨認和理解他們的感受。可是，其他人是否**和你一樣**感到憤怒、快樂或恐懼？你的感受是否也跟別人的一模一樣呢？我不這麼認為。

第一次發覺自己的情緒和另一個文化的人不同，是我搬去美國的時候。我在荷蘭長大，除了幾次到其他歐洲國家的短期旅程之外，我一直在荷蘭住到三十歲左右。從許多方面來看，生活環境轉換的過程對我來說並不難。我剛到美國的時候就能用英語和別人對話，因為我會在工作上使用英語。密西根大學的美國同事待我好到無可挑剔——我抵達的那一天，系上就舉辦聚餐歡迎會，其中一個人還邀請我參加他們的聖誕家庭聚餐，其他人也送了我歲末小禮物。但是在我的記憶裡，我在美國的第一年不太順利。我經常感到有點不對勁。

在自己的國家裡擅長社交又富有情商（EQ），這一點我早已習慣。然而，當我在一九九三年十一月到密西根大學的時候，我覺得自己在情緒上脫鉤了。新同事相當友善、快樂又外向，他們相互之間和與我之間都十分親切地交流；我喜歡這間公司，也喜歡他們對待我的方式。然而，事情並不容易，因為我無法用適當的方式回應——我覺得自己在情緒上有缺陷。在談話中，我無法自然地表現出外向和讚賞，或是理解他人為了某件事情特別耗費的心力。我不夠高興，也不夠感激；考慮到當下的情境與其他人的表現，我顯然應該更高興才對。

在情緒上的表現不佳使我相當困擾，而且這個情形可不是我自己憑空**想像**出來的而已。我就是不夠圓滑。有一天，一位同事問我當天是否願意與他共進午餐，我實話實說：「明天我不行。」我的新朋友蜜雪兒・艾克（Michele Acker）在一旁聽到我們的對話，私底下指導我，說我可以更主動、更友善：「我很想和你一起去吃午餐，但我們能不能改天再去呢？因為我明天已經有安排了……。」她說，我的回答聽起來很無禮。無禮？這當然不是我的本意；在我的觀念裡，我只是詳實以告而已。

我也覺得很難理解別人的情緒。和蜜雪兒走進藥妝店的時候，她和店員熱情地打了招呼：「你好嗎？」我問她是否認識這位店員（她不認識）。她對店員表達的關切，好像不適合當時的情境。店員沒有絲毫停頓，立刻順應回答：「很棒，你呢？」我看著這兩個陌生人熱切交談，想不透自己是不是漏掉了什麼。

同理，我覺得人際關係的進展難以判斷。人們喜歡我嗎？我們之間使否存在友誼？我不確定每天的安慰代表什麼，也無法判斷人們是否**真的**關心我。或者說，這是一個可以問的問題嗎？有一次，我邀請了幾個新朋友來家裡吃晚餐，食物十分美味，談話也十分熱絡，有時還相當親密，大家都很開心。在我看來，這可能是真正友誼的開始——直到我的客人離開並感謝我的招待。我感到很沮喪，因為我到這個時候才明白我們沒能建立起真正的連結。在我成長的環境裡，如果需要表達感激（像是**感謝**別人招待晚餐），就表示人們之間沒有真正的友情。「感謝你招待晚餐」一句話，對我來說不是表達感謝，而是一種疏離的舉動。我比較想要客人說他們期待以後和我更多地相處，或是他們喜歡今晚的聚會，或是他們感到高興或與我有連結。

以上種種只是習俗有別嗎？還是說，我感受到的情緒，和我認識的美國人的情緒其實不一樣？接下來的幾年間，當荷蘭的親友來美國找我的時候，我觀察到他們也無法適切地回應這裡的社交和情緒常規（norm）。當一位美國的朋友非常慷慨地邀我父親共進晚餐時，我的父親回答「好的（fine）」——他不僅沒有用最高級的形容詞，更沒有具體表示他知道這位朋友為此大費周章。他的行為讓我臉都皺了起來。來訪的荷蘭朋友會跟服務生和店員友善、開懷地交談，但不會稱讚或感謝他們。這種有如朋友般的談笑強調了大家之間的連結，但卻沒有對服務人員的努力做出表示。

更有意思的是，荷蘭的親友私底下跟我說，他們覺得美國人表現的情緒太「假」，或太「誇張」。我的母親來訪時，我兒子的老師吉兒（Jill）用非常亢奮的口吻跟她說，她能來陪陪孫子真是太棒了，接著再問她這趟旅程好不好玩。母親偷偷告訴我，她覺得老師興奮的樣子看起來「好假」。還有一次，一位歐洲來的學者發表報告，我的美國同事紛紛稱讚報告太讚了。那位歐洲學者聳了聳肩；他後來告訴我，他覺得那樣稱讚「毫無意義」，因為很可能是「假的」或「誇大的」。從荷蘭人的角度來看，這樣的情境不會「自然」生成那樣的慷慨、興致、讚美，和熱情；如此一來，歐洲人除了覺得這樣的情緒很假或太誇張，還能怎麼想？

做為來自美國和荷蘭這兩個WEIRD國家的人，我們所經歷的情緒是不同的，以至於雙方都用「無禮」或「虛假」等負面用詞來評斷對方；來自同一種國家文化的人也許就不會這樣批評。起初，這些情緒差異在我看來沒有什麼一致的模式，但隨著時間推移，我逐漸看到背後的意義。

我漸漸發現，這些情緒差異是為了達到不同的人際關係目標。荷蘭人認為的愉快情緒，強調的是平等的人之間的連結。晚上聚餐結束的時候（其實整個聚餐的過程裡都是如此），荷蘭人會用 *gezellig* 一字來強調大家彼此之間相連。對於喜愛蒐集各種文化特定情緒語彙的人來說，這個字必然是收藏品之一[6]：*gezellig* 源自荷語的「朋友」（*gezel*），除了描繪現實的情況外（在一個溫暖、親切的地方，好朋友圍繞在身邊；你不可能獨自一個人感到 *gezellig*），也指「受到擁護」和

「安適」的情緒狀態。這種脈絡比較重視人際的連結，而不是主人花費的心力。相較之下，美國脈絡中的正面情緒常常會強調某個人的獨特努力、才華和貢獻，親朋好友會互相促進自我價值感或自尊心。[7]當我兒子的老師誇讚我的母親時，她強調的是我母親對孫子來說是個特別的人——她既然身為我兒子的老師，多少有立場說這樣的話。這樣說並非虛言假意——假如你關注的是會讓另一個人自我感受良好的特點或成就，你自然會有這樣的情緒。你是個超棒的祖母；或者，以我同事遇到的情況來說，你的報告裡有些想法很有創意（「太讚了！」）。

美國人只要一有機會，就會互相稱讚叫好；荷蘭人則可以說幾乎完全相反，因為沒有人應該感覺或表現得比任何其他人好——不應比其他人糟，但當然也不可以比其他人好。[8]我母親以前會跟我說「當個正常人就已經夠瘋狂了」；她說這種話的時候，通常是因為我做了什麼（她認為）太引人注目的事情。任何人都不應該太搶眼。從小到大，當我問我的母親，她是否覺得我漂亮（我大概是想要聽到她回答「是」），她會回答：「我覺得妳長得一般。」她跟我說的是實話，一方面讓我的認知有現實的根據，另一方面讓她和我之間有「真正的連結」。

不愉悅的情緒也有差別。[9]在荷蘭，跟別人建立連結的其中一種方式是把心裡的話說出來，也難怪荷蘭人給大家的印象是直白。一個人能認清自己真正的感受（和想法），並且將之表達出來，荷蘭人認為這既是美德，也是一種成熟的標誌。真正的朋友不會讓你覺得自己很特別，而是會告訴你他們對你的感受，無論是正面的還是或負面的。他們會說：「這件事情你錯了」，或是：

「你穿這件不好看」。即使事實逆耳，荷蘭人也會據實以告。[10] 聽到真話總比聽到假話來得好，因為這表示兩人之間**有**關係。荷蘭文化比較不能接受善意的謊言——我的一些美國朋友顯然認為這種謊言的用意是保護親友。對荷蘭人來說，善意的謊言是把人拒於門外，破壞人與人之間的連結。真正的連結意味著分享你內心深處的感受，即使這些話語並沒有把對方或兩人的關係以最正向的方式描述。[11] 跟親密的人說你吃醋、生氣，或是他們做的事情讓你心裡受傷，表示你真誠、有人性、願意和別人連結。這種「真誠坦白」的荷蘭文化深植在我的心中，也因此我發現我有時會向美國的同事、老師和朋友（客氣地）說出我的看法或情緒，但話一講出來我就覺得這樣太「荷蘭」了。有誰想知道我的看法？有誰想知道我的感受？（沒人想知道！）往往要到我已經揭露內心的感受和想法後，才意識到在美國的文化脈絡裡沒有必要這樣做。即使我已經在美國住了幾十年，偶爾還是會發現自己做了這種事。我的美國朋友會點出我太坦白了；比如，有一次我長篇大論詳細描述我的感受（當我認為自己沒有被納入某個早餐聚會裡而感到被拒絕，後來發現只是一場誤會），我的朋友安・克林（Ann Kring）刻薄地回應道：「謝謝你分享啊。」她倒是用荷蘭人的方式幫了我，因為她告訴我這樣的坦白是不恰當的，並在這個過程中讓我社會化。

所有人的情緒都是文化的產物

來到美國使我第一次發現到，我與來自異文化的其他人擁有不同的情緒。這本不是什麼令人驚訝的事情，畢竟這是我第一次住在歐陸以外的地方——但有個至關重要的小細節：我在過去的六年裡一直在研究情緒的文化差異。我的專長是研究情緒如何受到文化的影響，卻沒發現自己的情緒也是文化的產物，這說明了要察覺自己的情緒並非自然生成是一件非常困難的事情。即使我身為研究情緒的文化心理學家，也難以將自己的情緒視作文化的產物，直到我親身投入另一種文化、成為美國的移民。

許多民族誌學者也曾遭遇過「痛苦的提醒」，發現自己無法與生活在一起的異文化人群「共享情緒和承諾」。[12] 已故人類學家讓・布里格斯（Jean Briggs）的民族誌著作《永不生氣：一個愛斯基摩家庭圖像》（*Never in Anger: Portrait of an Eskimo Family*），記敘她居住在加拿大西北地區（Northwest Territories）烏特庫因努伊特（Utku Inuit）③部落的生活。[13] 她在書中描述，一直等到被族人排擠之後，才發覺以族人的眼光來看，她的情緒有多麼不同（和多麼不恰當）。此時她意識到，自己的情緒是文化的產物，而且在烏特庫的社交關係裡並不適當。

烏特庫因努伊特人重視平和與慷慨，認為憤怒是危險的。布里格斯寄宿家庭的父親這樣跟她說：「撒旦……會把易怒的人帶去一個烈火燃燒的地方……在這裡我們不生氣。」族人認為生氣是一件冒犯人、甚至是不道德的事。布里格斯很難壓抑她日常的種種不滿。她寫道：「我深切感受到烏特庫人十分看重自制力，而且他們在很大程度上確實做到這一點；和他們的自制力相比，我稍有不如意就會動氣，這讓我在心裡暗自感到不安。在我自己的文化裡，我的反應完全沒有踰矩，但烏特庫人不認為那樣的反應無傷大雅。」布里格斯設法融入，但效果甚微。「（烏特庫人的情緒）控制能力遠遠超過我習慣的自制程度……。每當我花了幾個小時或幾天來平靜內心，正開始稱許自己時，往往就會被突然襲來或強烈的情緒打亂，讓我十分懊惱。」讓布里格斯完全挫敗的事情，是某次一群*kapluna*（造訪因努伊特領地的白人）弄壞了烏特庫人僅有的兩艘船之中的一艘後，又來問他們能不能出借最後一艘。布里格斯在書裡描述，「我爆炸了。我臉上沒有笑容，用冷酷的語氣告訴*kapluna*領袖我認為他應該要知道的事：假如第二艘獨木舟借給他們，我們就沒有捕魚用的船了；而假如這艘也壞了，我們的處境就會有困難……。」她一連串的抱怨了更多事情，最後宣稱船的主人不想出借。在這段時間裡，那艘船的主人看起來一臉沮喪，但當布里格斯問這位族人是否同意她說的話，他用「異常響亮」的聲音回應：「就如他（*kapluna*）所願吧！」這個事件帶來相當嚴重的後果，因為布里格斯第二年進行田野調查時，被族人排擠了三個月。族人好幾天沒有到布里格斯的帳篷找她，而布里格斯直到看到一位當地族人寫給陸上烏特庫聯絡員的信才明白自己不受待見。信中寫道：「（讓）是個騙子。她對*kapluna*說謊。她非常易怒。她不應該來研究愛斯基摩人。她很惹人厭，因為她會罵人，也因此讓人想罵她。因為她那麼

③ 譯註：或稱Utkuhiksalingmiut；其傳統領地位於現今的努納福特地區（Nunavut；一九九九年從西北地方劃分出來，在《永不生氣》出版時仍然屬於西北地區。）

惹人厭，我們越來越希望她離開。」布里格斯原本沒有發現當地族人的言行變化，但她在書中鉅細靡遺地描述待在烏特庫部落的情形，正好呼應了一個概念：「理解另一個情緒世界，往往也是一個自我發現的痛苦歷程。」[14]

我雖然沒有不受待見，但也曾經覺得自己的情緒格格不入。這樣的經驗讓我知道我的情緒並非常態，和我在其他文化裡觀察到的情緒相比不會更合乎邏輯或是更真實。當我不再假定我自己的情緒是普世皆然的常態，就踏出了理解其他人情緒的第一步。我的心胸因此能保持開放。

我的科學之旅

我在一九八〇年代末踏上研究之旅，試圖理解情緒在不同文化裡的相異之處。那時我是荷蘭阿姆斯特丹大學的研究生，指導教授是享譽國際的情緒心理學家尼科・弗萊達。我們想知道：在不同文化裡，情緒是否可能有任何差異？

當時，心理學的研究導向偏向尋找少數幾種「根深蒂固」的情緒，認為這些情緒是演化的結果，因為它們促進了我們祖先的生存機率，而且至今可能仍對我們有益。[15]我們演化出憤怒，可能是因為這種情緒讓個體在競爭中自保；恐懼有助於讓祖先逃離險境（至今依然可能如此）；快樂幫助我們尋找、接近、停留在對自己有好處的環境（也就是快樂的來源）。心理學界因此動員起來，尋找這些普世的情緒。

關於普世性的追尋，最激發想像的莫過於臉部相關的研究。保羅・艾克曼（Paul Ekman）和華萊士・弗里森（Wallace Friesen）一九七五年的著作《臉部解密》（*Unmasking the Face*）讓這方面的研究廣為人知。他們主張，人們可以從臉部判讀出六種情緒：**憤怒**（anger）、**恐懼**（fear）、**厭惡**（disgust）、**驚訝**（surprise）、**快樂**（happiness）、**悲傷**（sadness）（見圖 1.1）。[16] 艾克曼和弗里森想回答的問題是：「當人們看著某個人的臉，覺得那個人感到恐懼，他的推測是否正確？」他們的答案是，平均而言，人們對情緒的判斷是正確的——人們可以從臉部辨識出情緒。[17] 當然，臉部被認為只是情緒的一個表徵，而非情緒本身。

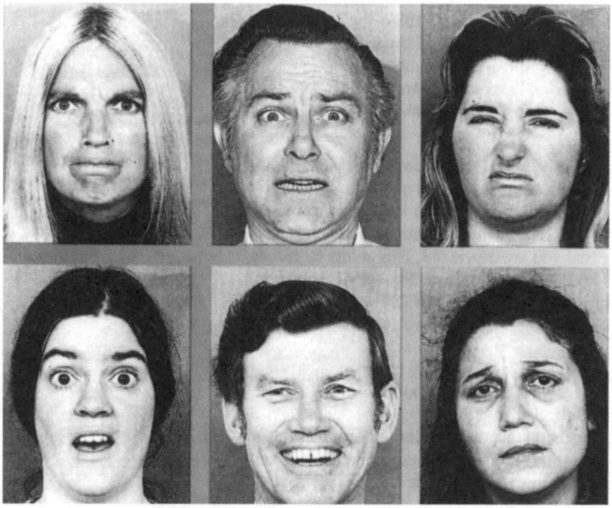

圖 1.1 艾克曼的臉部表情
（圖片由 Paul Ekman Group, LLC 提供）

艾克曼和弗里森為了證明情緒是**與生俱來的**，而非從文化中學習而來，因而把研究的範圍擴展到其他文化，其中一些和他們自己的文化差異相當大。他們推測，**假如**有人從來沒有接觸過西方臉孔，卻能辨識出相同的情緒，那就表示他們的認知不可能是學習而來的。艾克曼和弗里森提問：「當一個人生氣時，無論他的種族、文化或語言為何，我們是否會在他的臉上看到相同的表情？」他們的答案非常明瞭：「……科學研究已經找到這個問題的答案，毫無疑問地證明至少某些情緒的臉部表情……確實有普世性，只是這些表情在不同文化裡顯露的時機有差異。」他們進一步給出結論：「具普世性之處，是每一種主要情緒特有的臉部樣貌。不過，不同文化的人會學到不同的方法，來管理或控制他們臉部的情緒表現方式。」艾克曼和弗里森承認，情緒的**表達方式**（或者，有時候是引發某種情緒的**具體情境**）可能會因為社會或文化規範而有所差異，也認為世界各地的情緒生活**看起來**有差異，但他們將這些差異歸因於情緒的邊緣過程（peripheral process）。情緒本身是普世性的，臉部則是「靈魂之窗」——普世的情緒在靈魂裡（或者是現代版本，在大腦裡）。[18]這項研究最初檢視了六種臉部表情，但日後有研究採用相同的辨識方法，宣稱**所謂**的「基本情緒」還有幾種，包括：**羞恥**（shame）、**尷尬**（embarrassment）、**自豪**（pride）等等。[19]

現今有充足的證據說明，我們之所以會認為「情緒辨識」（emotion recognition）是普世共通的能力，其實是我們採用的研究方法造成的——在後面的章節裡，我會談到一些臉部感知的新研究。[20,21]我在這裡先指出「情緒辨識」的實驗設計裡最令人費解的地方：它從未檢驗過「情緒本身」或「情緒經驗」。[22]研究參與者將一張靜止的臉與列表中的情緒語彙搭配；列表中的情緒語彙雖然被翻譯成不同的語言，但是並沒有探究這些單詞在不同的語言和文化裡究竟代表什麼意思。所以，就算不同文化的人將同一張靜止的面孔，搭配上翻譯成各種語言的同一個情緒詞，我們其實完全不知道一個人「擁有那個情緒」到底代表什麼意思，也不知道這在不同文化裡的意義是否相同。

大約在我開始研究情緒的時候，心理學家開始探討情緒相關的用字，從另一個角度來探究普世性的議題。[23]為什麼要研究這些用字呢？他們的想法是，假如我們發現所有的語言都有表示**憤怒**、**恐懼**、**悲傷**和**快樂**的用語，這也許代表語言會將大自然「依照關節分割」④。[24]

心理學家提出這個問題：請受訪者舉出「情緒」的例子時，受訪者會想到哪些情緒？在美國進行的研究中，**快樂**、**憤怒**、**悲傷**、**恐懼**，和**愛**最常出現（也是受訪者最先列舉的例子）。[25]這些是各種情緒分類的最佳範例。此時我們可以注意到，這幾個項目和艾克曼與弗里森提出的基本情緒高度重疊——除了**愛**以外，其他幾種概念都有特定的臉部信號。

心理學家還對自己提出另一個問題：在情緒領域裡，哪些是核心的情緒？如果有某些情緒比其他情緒更適合當作「範例」，會是哪些情緒呢？有一項研究請受訪者將各種情緒語彙分成好幾疊，而且受訪者想要分多少疊都可以。研究人員看了每一疊的內容，發現每一疊的共同之

④ 語出柏拉圖《費德羅篇》（*phaedrus*）：「……將（相互關連的）元素依照關節分割出子類，而且不破壞分割出來的任何一個部分，避免像劣質的屠夫一般。」（中譯引述自《論美，論愛：柏拉圖〈費德羅篇〉譯註》，孫有蓉譯，台北：商周出版，2017，頁266。）

處與先前研究發現的「最佳範例」重疊——美國的受訪者將一百三十五個情緒單詞分類時，各疊分別對應到**快樂**、**憤怒**、**悲傷**、**恐懼**，和**愛**。舉例來說，憤怒那一疊裡的單詞包括「惱怒」（aggravation）、「煩躁」（irritation）、「厭煩」（annoyance）、「脾氣暴躁」（grumpiness）、「挫折」（frustration）、「憤怒」（anger）、「發怒」（rage）、「鄙視」（scorn）和「惡意」（spite），加起來總共有二十九個單詞；愛那一疊裡則包括「崇拜」（adoration）、「感動」（affect）、「愛」（love）和「情慾」（lust），加起來總共有十六個單詞。

另一項研究請中國的受訪者做同一件事。[26] 先前有另一項研究針對中國的受訪者，找出一百一十個合適的情緒範例；這次研究則是要受訪者將這些情緒單詞分類成疊。其中有四疊和美國的受訪者相對應，這四疊可以解讀為**快樂**、**憤怒**、**悲傷**和**恐懼**——雖然沒有和美國受訪者的結果完全一樣，但從意義來看相當接近。舉例來說，中國受訪者的憤怒那一疊包括「不喜歡」（dislike）和「憤怒」（anger），但也出現了一些特別的單詞，像是「羞憤」（rage from shame）和「怨憎」（sadnes／resentment）。有些情緒單詞在不同文化裡被分到不同的類別——「被拒絕」（rejection）在中國屬於**憤怒**，但在美國屬於**悲傷**。更重要的是，有一些分類是中國特有的。中國的分類中少了**正面的愛**（這在美國屬於**快樂**的類別），而在負面的情緒裡也有兩疊是美國沒有的：其中一個是**羞恥**（shame），另一個是**悲情**（sad love）。儘管如此，這些分類之間的跨文化重疊仍然令人印象深刻。另外，兩種文化共有的情緒分類，也對應到當時認為普世共通的臉部表情。這項研究加強了這個領域的信念——在內心深處，所有人都具有相同的情緒。

我開始探討文化差異的時候，當道的正是艾克曼出色的臉部表情研究，以及與情緒語彙相關的研究。我提出的第一個問題是，在不同的文化脈絡裡，**憤怒**、**恐懼**、**悲傷**，和**快樂**（可能還有**愛**和**羞恥**）是否都是最重要的情緒概念？我的研究先從自己的周遭開始——即使在那麼久以前，阿姆斯特丹就已經是一座文化多元的城市。我們著手研究了當地三大文化族群的情緒；除了佔人口多數的荷蘭人之外，還有荷蘭兩個最大少數族群——來自蘇利南和土耳其的移民以及他們的家人。蘇利南以前是荷蘭的殖民地，我的蘇利南受訪者是非洲裔人士（來自以前被奴役的家族）。土耳其裔的受訪者則來自一九六〇和七〇年代前往荷蘭的移工家庭。

我採用了其他人建議的研究方法來檢視最重要的情緒概念。[27]不論受訪者屬於荷蘭人、蘇利南人或土耳其裔荷蘭人，我都請他們在十五分鐘內盡可能列出各種「情緒」；而我的工作是計算每個族群分別提到各種情緒類別的頻率。他們會列出**憤怒**、**恐懼**、**快樂**，和**悲傷**嗎？假如這些真的是根深蒂固的情緒，那大家最先想到的情緒類別裡一定都會包括這幾項。**厭惡**和**驚訝**呢？**愛**呢？結果發現，和多數族群的荷蘭人相比，蘇利南和土耳其裔的受訪者比較「不擅長」做這件事，至少我以為是如此。他們列出的單詞裡，有許多即使和情緒**有關**，卻沒有真正指涉到情緒本身（根據我當時的定義，這表示這些單詞沒有描述發生在人的「內心裡」的現象）。[28]蘇利南和土耳其裔的受訪者更常列出「笑」（蘇利南語 *lafu*／土耳其語 *gülmek*），而不是「快樂／喜悅」（蘇利南語 *breti*，*presiri*／土耳其語 *mutluluk*）；更常列出「哭泣」（蘇利南語 *kre*／土耳其語 *ağlamak*），而不是「悲傷」（蘇利南語 *sari*／土耳其語 *üzüntü*）。不少土耳其裔受訪者把「吼叫」（*bağırmak*）和「協助」（*yardım*）當作情緒單詞。我認為這些單詞表示情緒性的行為，但不算是情緒；身為一位嚴謹的學者，我進行後續的研究時就略過這些沒有指涉「真正」情緒的單詞。耐人尋味的是，即使是多數族群的荷蘭受訪者，偶爾也會難以理解什麼算是「真正的」情緒——許多人列出 *gezellig*（就是那個荷蘭語特有的字，同時描述社交情境和感覺）和 *aggressief*（挑釁的）。

所有的文化族群都認為某些情緒性行為（像是「哭」和「笑」）是重要的情緒，但我卻忽略了這些用語，這樣做是否合理？不，顯然不對。現在回頭來看，我發現我被自己矇蔽了——我自身的文化對「情緒是什麼」有既定的認知，而且科學界的共識也源自相同的文化。我將焦點放在「情緒是人『內心裡』發生的現象」，但這樣一來，我關注的情緒類別大半只符合西方（主要是美國）科學界對「情緒」的學術定義。[29] 回頭來看，假如我有注意到我自己的文化成見，我可能會學到更多。

我忽略掉的還不只這些。在我的研究裡，許多土耳其裔受訪者在條列情緒單詞時，**確實**有寫出真正的情緒（在人的內心裡發生的現象），但他們最常列出的情緒和心理學界認知的基本情緒幾乎沒有重疊。土耳其裔受訪者最常列出的情緒是「愛」（*sevgi*／*sevmek*）和「恨」（*nefret*）；其他常見的情緒還有「憐憫」（*acımak*）、「渴望」（*hasret*）、「情愛」（*aşk*），和「悲傷」（*üzüntü*）

（以上依出現頻率遞減排序），和可以從臉部表情辨識的情緒（也就是**憤怒**、**恐懼**、**厭惡**、**驚訝**、**快樂**、**悲傷**）幾乎完全無關，與情緒概念研究所得到的「基本情緒概念」也僅略有重疊（像是**愛**）。

儘管土耳其裔受訪者（在某種程度上包括多數族群的荷蘭人和蘇利南受訪者）認為的「情緒」有所不同，但在我研究的下一步中，我專注於五個情感概念；這些概念在每個文化裡都有相對應的翻譯，也和艾克曼與弗里森提出的「基本情緒」高度重疊，而且被認為是最佳的「情緒」典範：**憤怒**、**悲傷**、**快樂**，和**愛**。我再加上中國受訪者認為是基本情緒類別（也就是單詞有自成一疊）的**羞恥**；其他語言的清單裡沒有**羞恥**，我在當時認為這是因為它在其他文化裡是個禁忌。**憤怒**、**悲傷**、**快樂**、**愛**，和**羞恥**便成為我日後的研究焦點。[30] 我會聚焦在這些情緒上是有理由的。首先，假設「這一些重要類別是普世共通的」，看起來十分合理——先前的研究針對美國（甚至還有中國）的一般人得到最佳的情緒範例，和我的這份清單相當接近。再來，在研究裡納入這些概念的話，我的研究結果就能和現有的情緒研究文獻連結起來、直接比較和對照，也因此是一大優勢。

但事後來看，假如我也有探究土耳其裔受訪者最常提到的情緒概念（**恨**、**哭泣**、**憐憫**、**渴望**，和**情愛**），我可能就會理解土耳其文化的情緒。我在研究生涯裡學到一件事：情緒的文化差異必須當一回事來看。資料是正確的；研究結果如果和你所屬的文化相違，不要因此就覺得結果不可信。我現在會叫以前的自己再深入研究，探討這些差異。

大約在我開始研究情緒的文化差異時，人類學界也再次對這個議題有了興趣。老一輩的人類學家會用自身文化對情緒的認知來描述情緒事件，而新一代的學者會注重他們的研究對象本身怎麼描述情緒。[31]這些新生代人類學家的出發點不再是普世、前文化（比文化更早出現）、自然生成的情緒，也不再「把同理心當作一種研究方法，或者在描述其他文化的情緒模式時，毫無疑慮地使用美式英語的情緒概念。」[32]新生代的民族誌學者不會像讓・布里格斯那樣描寫**憤怒**，而是會非常留意原住民與情緒有關的話語。他們想知道：其他文化的人會怎麼談論自己和其他人的情緒？

他們發現，把情緒當作內心經驗來看，在世界各地的文化裡其實很不尋常。和當代西方文化脈絡相比，許多其他文化的人談論情緒的方式更為「公眾、社交、人際關係導向」。[33]在一些時空離我們遙遠的文化裡，情緒往往被視為社會和道德領域裡的行為。一個例子是巴勒斯坦裔美國人類學家莉拉・阿布－盧格德（Lila Abu-Lughod）在一九八〇年代末期描述的埃及貝都因（Bedouins）群體。在貝都因人的榮譽文化（Culture of honor）裡，情緒是道德與社會之器。貝都因人的榮譽和「表現堅強」緊緊相扣，因此任何讓人覺得柔弱的跡象都是缺失。貝都因人的生活裡有許多讓人覺得柔弱無助的情況，就連遇到階級比較高的人，都能讓人無助。由於貝都因人認為男性的階級比女性高，只要任何一位女人遇到男人，她（相對的）弱勢就會被突顯出來，也因此容易受到羞辱。*Hasham* 這種關鍵的情緒，和貝都因人的榮譽規範緊密相關——出現這種情緒的時機是一個人「意識到自己有被羞辱的風險」，具體表現是這種情況下導致的卑微舉止。[34] *Hasham* 的定義不是來自它帶來的主觀感受，而是它在社會和道德秩序中的功能。當然，*hasham* 可能也會帶來內心的感受（像是不安、害羞和羞恥），但內心的感受不是最重要的因素。

我在一九八〇年代末讀了許多這一類的民族誌，發現不同文化的人會用不同的方式談論情緒。我和指導教授尼科．弗萊達一起寫了一篇文化與情緒的文獻回顧論文，簡述了許多關於情緒的民族誌，像是阿布－盧格德談論 *hasham* 的著作。[35] 凱薩琳．勒茲（Catherine Lutz）是當時鑽研情緒的重要人類學家之一；她曾經稱讚我寫的摘要，說我的描述相當公正。然而直到後來，我才真正開始正視文化差異在談論情緒方面的重要含義：你談論情緒的方式，會影響你研究文化的方式。我現在還保留一些八〇和九〇年代的紙本，頁緣裡的筆記充斥各種質疑，像是「這是跟情緒有關的話，不是情緒本身」，或「他們沒有談論這個情緒，不代表這些情緒不存在。」這些筆記見證了我早年不願相信的事：這些來自遙遠文化的人，談論情緒的方式其實構成了一種真實——屬於他們的真實。那時，我相信所有人在內心深處都會有和我一樣的情緒，而我現在不這樣想了。

在我最初讀到談論情緒的人類學著述大約十年以後，我與另一位心理學家唐澤真弓（Mayumi Karasawa）的合作使這些描述變得生動起來。這時我已經移居美國，心理學界也開始發現到文化的力量。[36] 許多心理學研究開始測試各種「基本」的心理作用是否能在東亞文化裡複製；這類研究大半在日本進行，但也有一些比較性的研究在中國和韓國進行。會有這樣的轉變主要是契機使然——在美國接受教育的東亞研究人員和美國的同僚與指導教授一起開始質疑教科書上的心理學，因為他們自己不認得那些現象。

但唐澤真弓不屬與這一類的學者：她是在日本接受教育的。我們在一次研討會上認識，後來就開始合作；她那時在日本擔任助理教授，而我在北卡羅萊納州的威克森林大學（Wake Forest University）擔任助理教授。唐澤提的問題往往讓我不安，因為我所學的情緒科學會受到挑戰。我們身為研究情緒的心理學家，有些大家都「明知」的事實，但我要怎麼用這些認知來回應她的問題？

我們的合作從安排受訪者談論情緒開始。我們請受訪者描述以前的情緒事件。事發當時的情緒有多麼強烈？事件對他們有什麼意義？他們和其他在場者有哪些行為，事件和他們的感受後來又怎麼演變，以及事件如何改變他們的想法、人際關係，和對人生的看法。研究阿姆斯特丹的不同文化族群時（第二章會再詳述），像這樣的訪談讓我獲益良多；而當我們要在日本和北卡羅萊納州進行相似訪談時，決定將我過去研擬出來的訪談內容稍微修改。我們分別在這兩種文化脈絡裡找來三位受訪者來測試訪談的提問。

我們在日本進行測試訪談，結果有些意外——意外到我一度懷疑訪談的提問是不是翻譯錯了（翻譯沒有問題！）。測試訪談中的日本受訪者被問到情緒的「強度」（intensity）時，這個簡單的問題卻讓他們答不太出來。唐澤堅信，日本受訪者答不出情緒的強度是有原因的：日本人不懂這個問題是什麼意思。我們最後姑且換了另一個翻譯：「這個情緒事件有多**重要**？」日本受訪者可以接受這個翻譯，我也可以將日本人不理解「強度」一事擱置在一邊，暫時不需要處理這個難題。日本受訪者遇到的困難不只有這個而已；在各個提問當中，他們同樣不能理解情緒的**後果**，像是「你的情緒是否改變了你對對方的想法？」我們也換了另一個翻譯：「這個情形是否讓你對對方產生不同的感覺或想法？」換了問法之後，日本的受訪者就能給我們答案，這個「問題」就暫時壓了下來。

假如當時問我有什麼看法，我會說這些**現象本身**（情感的強度和情緒所帶來的後果）普世皆然，但用日語不太能表達出來；我會說，情緒當然會影響信念、改變想法，但基於某些原因，這些現象就是沒辦法直譯成日語。我認為，我們最終採用的日語翻譯只是用了另一種方法來表達我原本提問的內容；換言之，我會說這些和情緒本身相關的層面是自然生成或前文化的，但我自己的語言（在當時是英語）比日語更能表達這些層面。我現在不會同意我以前的看法：文化的差異可不只有語言而已。

和唐澤真弓合作的經驗不只讓我見識到日本文化，也讓我對我所身處和成長的各種西方文化處理情緒的方式有了另一種觀點。這讓我切身理解，情緒甚至有可能不會被當成一個人內心深處的感覺。這時我才完全理解，情緒的心理學是一門由WEIRD文化產生、針對WIERD文化的科學；這門科學將「情緒」定義為內在狀態，亦即各種會導致行為和認知發生的本質（essence）。我想問日本受訪者的問題，其實都來自西方觀念下的情緒；「強度」一詞適用於內在狀態，內在感受導致（其他）思想和感受發生變化的想法也是如此。這次合作的經驗（以及唐澤真弓細膩的想法）讓我有辦法理解八〇年代末人類學論述之事：情緒有可能不存在於人的「內心」，而是在「人與人之間」。假如情緒存在於人與人之間，主要被當作社交互動的體系，此時再問情緒的強度，或者情緒讓個人產生哪些想法或感受，很可能就是沒有意義的問題了。我想要日本受訪者描述他們的情緒，但我所預設的描述方式只有在我自己所屬的文化中才有意義。

「情緒」的工作定義

我寫這本書是為了闡明這件事：留意情緒當中的文化差異，是有助益的事。情緒是我們社交和文化生活的一部分，我們所屬的文化和社群會塑造情緒。情緒的差異不僅僅是表面上呈現方式的差異而已——情緒並非只有**看起來不一樣**；事實上，情緒形成的過程，以及情緒本身的進展都會有差異。

先等一下。不同文化的人可能有不同的情緒嗎？我們的身體不是會把我們預備好產生情緒嗎？答案是：它會，也不會。我們的大腦和身體並沒有預先就佈好特定情緒的線路，但它們確實讓我們準備好產生自己在社交和物質生活上最有用的情緒——換句話說，最適合我們所屬社群和文化的情緒。[37]最新的科學已經不再把「先天」的天性和「後天」的教養相對——天性是為了教養預備的。[38]在特定社會與文化脈絡下的經驗會在我們的大腦裡產生動態的線路；我們有辦法活在特定的社群裡，就是因為大腦具備這種可塑性。社交是我們的天性——在社會裡製造出意義、和其他人互動，透過經驗和學習來佈下情緒的線路。[39]不同的經驗會形成不同的情緒，而由於變異的範圍非常廣大，因此無法找到全面適用的具體定義——至少現在還找不到。即使如此，這個領域的輪廓還是相當明顯。

情緒牽涉到打斷日常生活的事件，當這些事情發生的時候，會威脅或干擾某個人的期望、計畫或目標。對埃及的貝都因人來說，*hasham* 意味著他們認知自己的名譽受到威脅——比方說，當女性遇到男性。*Hasham* 也代表不計手段來維護自己的名譽——想辦法躲起來，或是低頭往下看。反過來說，事情的進展也有可能**格外順利**，比如跟某個人的期望、計畫或目標非常吻合。比方說，我發覺自己的頻率和其他人完全一樣。*Gezellig* 一詞會用來形容朋友某晚相聚時，大家好像都在同一個頻率上；除此之外，它還包括我和朋友更加親近，以及我安然處在周遭的環境裡。會讓我們覺得愉悅的情緒，通常會伴隨著新穎、不尋常、接近理想或盼望之事。情緒關乎不尋常、重要、對個人有意義的事件，而且除了創造出意義之外，還包括調整方向、準備行動或是重整，以因應這些不尋常的事件。[40]

這樣的定義跟「身體」有什麼關係？**所有的**心理事件都伴隨著生理變化。另外，根據定義，

「情緒事件」必須是一個人遭遇不尋常又切身相關的事情之後，發生調適、調整方向、準備行動和重整，這些過程又會動用許多生理機制，而且往往還會相當激烈。[41] 準備要抵禦或反抗時（例如在一些憤怒的情況下），我的肌肉會緊繃，嘴巴會咬緊。當我們處在某個情緒狀態之中，像這樣的生理變化就有可能成為我們有意識的經驗之一[42]，這取決於你所屬的文化如何看待它們。當我碰到別人插隊時，我的「憤怒」經驗裡可能包括肌肉緊繃，但我最有意識的部份可能是該事件的社會意涵。我感受到他們在欺負我，但我不會讓他們佔我便宜——生理變化也許完全不是我關注的重點（第二章會再詳述）。在這個例子裡可以看到，當我們將情緒定義為「創造意義、調整方向、準備行動、重整」時，不會完全撇除身體不論，而是會將身體牽連進來；但在我們日常互動之下的種種情緒裡，生理變化有可能扮演要角，也有可能不會。

關鍵的是，在我們的人際關係裡，情緒一定具備意義。[43] 當一位貝都因女性感受到（或「做出」）*hasham* 時，會預期得到好的回應。她預期重拾名譽和尊嚴，因為 *hasham* 表示她遵照貝都因人的規範，在名譽有可能受到侵害時用符合規範的方式解讀並回應。當我在荷蘭的環境裡感受到（或「做出」）*gezellig* 時，我會假設這個感受是大家共有、互來互往的；事實上，假如不是如此，這個情境有可能就立刻變得不 *gezellig* 了。當我**愛**一個人時（至少在美國的文化脈絡裡），我會想跟這個人共享時光和體驗，跟這個人說「我愛你」，擁抱、依偎在這個人身旁[44]；假如我沒得到對等的回應，這個經驗就會截然不同。無論情境為何，情緒代表某個事件在社交上（不只是對個人）有重要意義，而且該事件需要多人彼此互相協調。

只要一個社群能讓人得到一整套的經驗、理解世界的方式、人際關係的實踐方式、道德觀、價值和目標，這個社群就有可能形塑我們個別的情緒。不同族群、社經地位的群體，不同宗教、性別文化甚至是家族文化，都有可能讓情緒產生各種意義。我在前文指出荷蘭的成長過程如何形塑我的情緒，並以我在北美文化脈絡中的幾種情境來與之對照。當然，我的情緒還受其他觀點的影響，我可以選擇其中任何一種當作出發點：女性、中產階級背景、嬰兒潮世代、猶太大屠殺倖存者（但無宗教信仰）的女兒、母親、妻子、朋友或教授。以上任何一種觀點無論是單獨或綜合來看，都會影響情緒的意義和行動的脈絡。

大家在內心深處的情緒是一樣的嗎？

所以，有人覺得你花點時間認識來自另一個文化的人，看到比表面差異更深層的東西後，你就會知道其他文化的人有哪些感受，也能理解他們的情緒；這個想法是對的嗎？我們的感受是不是其實都一樣？並不是。而且，就算我們試著要溝通，我們也**不一定**會發現彼此之間有多相似。當我們覺得別人的感受和我們自己一樣時，可能是自我投射導致的結論。會自我投射的不只有一般人，科學家也會。心理學和人類學界在解釋情緒的文化差異時，有許多論點說穿了只是認為其他文化的人會誤認或誤解他們的情緒，或是將情緒隱藏起來——這等於是假設他們「真正」的情緒其實和我們的一樣。如後文所述，有可能只有WEIRD文化才會像這樣關注一個人**內心深處真正的情緒**。

我們溝通的時候不應該只想著找到相同之處，而是應該預期發現差異。**我們也應該預期自己必須說明自己的情緒**，因為這些情緒既非自然生成，也非普世皆然。幾年前我和一些學者提起這個觀念，當時有些人感到焦慮不安。假如我們連情緒都無法對起來，又怎麼可能互相連結呢？他們的反應讓我察覺到，「情緒是普世的」這個假設背後的期望太理想化了。我們會把自己的情緒投射到其他文化的人身上，動力不只是情緒帝國主義而已，還有一個重要的因素——在這個全球化的世界裡，我們會冀望以情緒為基礎，用共同的方式來認知人性。

但我們也不必感到沮喪——即使沒有放諸四海皆同的情緒，我們也能發掘人性。熟悉其他文化的人所擁有的情緒是可能的，因為情緒的文化差異存在邏輯——一旦我們知道其他文化脈絡裡的人關心什麼（換言之，當我們知道他們的規範、價值觀和目標以後），情緒差異就變得可以理解。最重要的是，一旦你理解了其他文化群體的人有哪些情緒後，你就會意識到自己的情緒並非普世皆然。情緒（包括我們自己的情緒）隸屬於文化，一如我們的衣著、語言，和給小孩子吃的食物。

情緒生活是色彩極其繁複的一幅畫，不可能在一本實用的參考書籍裡完整繪製出來，更何況本書也不以此為目的。我想要傳達的是：情緒的文化差異有其邏輯。我們可以教導自己，在情緒上要預期碰到差異，並且保持開放的心態。透過接納情感差異，我們為真正建立文化橋樑和找到共同點奠定了基礎。

第二章

情緒是「我們的」（OURS），還是「我的」（MINE）？

皮克斯（Pixar）二〇一五年的電影《腦筋急轉彎》（*Inside Out*，字面意思是「由內而外」）裡，小女孩萊莉・安德森（Riley Anderson）的頭腦裡住著樂樂、憂憂、驚驚、厭厭、怒怒五種情緒；他們會彼此較勁，搶著控制小萊莉的行為。這部電影除了趣味十足之外，也有一些睿智的啟示。我在這裡要特別指出電影描繪情緒的方式：每個人的頭腦裡都潛藏著相同的情緒，等待契機用自己的方式來操控行為。[45]每一種情緒都用一個小人來代表其本質，並且有一套專屬的特性；舉例來說，怒怒是一個紅色的小人。[46]不論造成憤怒的情況是什麼，也不論憤怒展現在誰身上，憤怒都是「同一件事」；小萊莉和父母爭吵的時候，每個人的頭腦內都會有一個紅色小人出動。「憤怒」有如柏拉圖式的本質（Platonic essence），不論對象是誰、情況是什麼，都會以相同的樣貌顯現。

《腦筋急轉彎》詳實描繪了許多西方文化脈絡的人是怎麼經歷和理解情緒的，也就是MINE（「我的」）情緒：在心理的（Mental）、在人之內（INside the person）、本質式的（Essentialist，

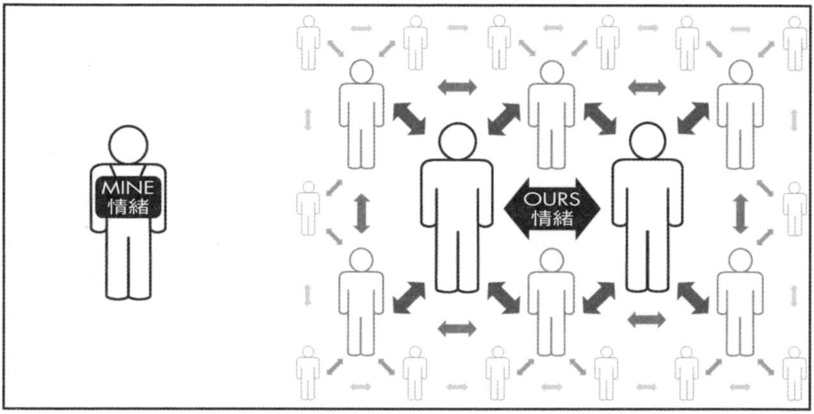

圖 2.1 MINE（「我的」）和 OURS（「我們的」）的情緒模型

換句話說，特性永遠不會改變）。我們全家去看這部電影時，我跟我的孩子（當時他們十幾歲）指出這件事：假如這部電影不是西方的導演拍的，或者假如小萊莉不是一位美國白人中產階級小孩，電影裡的情緒可能會完全不一樣。我的孩子說我在潑他們冷水：「絕對不要跟心理學家一起看電影。」

本章雖然沒有像《腦筋急轉彎》那麼趣味橫生，但會帶領你踏上一趟知識之旅，發現另一種理解和「做情緒」的模型，也就是OURS（「我們的」）情緒：在人之外（OUtside the persion）、屬於人際關係（Relational）、置身情境的（Situated）；換句話說，情緒會因為生成的情境產生出不同的樣貌）。WEIRD文化以外的地方幾乎都以OURS模型為主；OURS模型除了是非WEIRD文化理解情緒的主要方式，也是早期社會理解情緒的方式。依照OURS模型來看，若要理解情緒，我們必須向外看，而不是向內看；它不只關乎我們怎麼談論情緒，更是一種「做情緒」的方式。

在人之「內」還是之「外」？

首次接觸到非 WEIRD 社群的 OURS 情緒，是我在荷蘭進行後續研究時（接在第一章所描述的研究之後）。我們再從蘇利南人、土耳其裔少數族群和荷蘭多數族群裡分別找來新的受訪者，請他們談談以下各種情緒情境：被人稱讚；成功達到某種成就；被人冒犯或不受尊重；被他人不公平或不公正地對待（或如此對待他人）。先前的研究已經確定以上各種情境在三種文化裡都有情緒上的意義；此時我們想要檢視與這些情境相關的情緒並相互比較。[47]

最讓我印象深刻的是，情緒會在人與人**之間**產生。這裡以土耳其年輕人勒文特（Levent）為例；他描述自己參加競爭激烈的全國大學入學考試，成績座落在最高的百分位數裡，因此可以進入土耳其最好的大學。這個成就不只讓他自豪，他的父母也感到同樣的自豪。

〔我在競爭中脫穎而出〕對我媽媽來說很重要。我媽會覺得自豪，因為她可以向很多其他人展現我的成功。他們問我媽能不能看我的大學學生證，我媽沒有讓我知道就自己拿去給他們看。我的父母把他們的親戚和鄰居全部找到家裡來慶祝這件事。

這是一種人與人之間的情緒經驗，因為這將勒文特和他的父母連結在一起，讓他的父母享有地位或名譽，同時也挑戰了遠親的名譽。勒文特的情緒「活在」這個社交領域裡：

> 我的〔擴展〕家庭不想要我去競爭……因為這樣他們自己的小孩進入好科系的機率就會降低。他們〔對我參加競爭〕感到不滿，因此我的名譽受到挑戰……我被迫和親戚的小孩一起競爭……我的親戚問問題來羞辱我：「這次你會撐到最後嗎？」他們會親我、祝我好運，但我知道他們私底下會想：「可惡，這次你又贏了」……我〔在競爭中〕勝出後，有很多家庭向我提親。我的自尊心當然更強了。

很明顯地，在勒文特的情緒經驗裡，主要的動力落在人與人之間的社交領域，而不是主觀、內在的感受。我們訪談許多土耳其和蘇利南的受訪者後，這樣的情景越來越明顯；根據他們的描述，情緒是相對地位、名譽或權力的變化，或者是與之相關的交涉。[48] 情緒不是個人私下的感受（或者不是主要因素），而是人與人之間建立關係的方式。

相較之下，我們來看看馬丁（Martin）描述他有一次被人稱讚的經驗。馬丁是一位荷蘭多數族群的年輕男性，此時剛剛完成土木工程碩士學位報告，情緒便由此開始：

你會覺得你真的完成了。對，〔你會這樣想〕你到底怎麼辦到的……我感覺到大大地解脫……不能算是興奮，比較像是「總算結束啦！」……我給我自己訂下這個期限，能如期完成讓我覺得很棒……後來我和幾個親朋好友一起出去，總共有七個人。我們對報告隻字不提。當然，他們是我的朋友，所以他們知道這件事對我很重要……他們當然有來聽我的報告，所以他們跟我說我做得好。他們還說「你完成了，這都結束了，」諸如此類的話……除此之外，我們只是瞎聊而已……接下來幾個月內，我碰到人的時候就會跟他們說。這讓我感覺很好。每一次都會讓你的體會更深——你真的完成這件事了。

馬丁的情緒主要在內（INside）——解脫感和喜悅感（不論他用什麼方式來稱呼）刻畫了他的經驗。當然，他會和其他人分享和慶祝他的成就，但情緒的焦點是他內在的感受。

可能會有人提出異議，質疑勒文特和馬丁不能算擁有不同的情緒，他們只是用不同的方式來談論情緒而已。有沒有可能，勒文特的感受其實和馬丁一樣（換言之，覺得解脫、欣喜），只是他用不同的方式來表達這些感受呢？勒文特會談到他的家庭，是不是因為土耳其人談到情緒時**應該要**這樣說才對？馬丁的友人和他日後遇到的人與勒文特的社交環境相比，兩者的影響有哪些差異？如果你還記得第一章，你會知道在八〇年代末我可能就會是提出質疑的那個人，畢竟我當時在同事的草稿頁緣裡會寫：「這是跟情緒有關的話，不是情緒本身。」

事實上，許多情緒事件確實兼具MINE和OURS的特徵。[49]如勒文特和馬丁的描述所言，情緒事件往往同時有心理和人際關係的元素，因此同時在人之**內**和之**外**發生。不過，情緒座落於內在（感受、內部的情感和生理徵兆）或外在（行為、人際關係和情境），就確實有文化差異了。

如果你所屬的文化是MINE的情緒模型，這意味著內在的感覺和生理感受才算是「情緒」，也是情緒的重點，是一個人會察覺或記得，和促成行為的東西；而如果你所屬的文化採用OURS模型，那麼人際關係的行為、社交規範或要求則有可能算是「情緒」，人們會察覺它、記得它並加以回應。在MINE的文化模型下，「做情緒」的方式會和OURS文化模型差異甚大。[50]習慣MINE模型的人都會發覺，勒文特的自豪經驗和他們習慣的方式不同。為什麼我們要假設勒文特只是因為社會慣例有所不同，才會用這種方式來談論他的情緒？我們會不會用相同的方式來看待馬丁的說法，認為他的情緒其實和勒文特一樣，但他會用那樣的方式來談論情緒，只因荷蘭多數族群的文化慣例使然？大概不會吧。

以下是另一個OURS情緒的案例，受訪者是一位來自蘇利南的荷蘭藝術家，名字叫羅密歐（Romeo）。他在這裡描述一位熟人（另一位藝術家）對待他不公平，整個事情的核心是那位藝術家試圖讓羅密歐得不到地位和資源，藉此增進自己的地位和資源。羅密歐說他覺得「不好，非常不愉快」，但這個情緒事件的重點發生在人與人之間，也就是爭取地位和資源：

有個人從美國的一間大學過來。他來荷蘭……他聽說過我……他在找到我之前，先跟我的朋友聯絡。他看過一本書，就是我的作品集，他覺得受到感動。〔他說：〕「我想要這個人，我想跟他見面。」我的這位朋友，他知道我的電話號碼，但他沒給那個人。那個人後來回美國的時候，買了我朋友的一些作品帶回他的大學，但等到他回去後，我的朋友才跟我說：「我把你的電話號碼給了那個人，可是你都沒接電話。從來沒接過。」那個人聯絡不到我，只因為我的朋友不肯給他我的電話號碼。

羅密歐認為這位朋友看到羅密歐受人關注和賞識，心生嫉妒，因此藉由貶抑羅密歐來促進自己的地位。他任憑己意，試圖獲得關注、賞識和機會，但**讓羅密歐付出代價**。

羅密歐的故事不是特例。事實上，在我的研究裡，蘇利南的受訪者經常提到親友出於嫉妒而中傷他們，導致地位或機會受創。[51]這些蘇利南受訪者的情緒描述，讓人想到葛蘭．亞當斯（Glenn Adams）研究非洲迦納（Ghana）人的敵意；事實上，我的訪談對象就是西非裔的蘇利南人。亞當斯在描述迦納的時候，注意到各種標語裡（不論是在公車上、在汽車裡，或在廣告看板上）充斥著「敵人就在你身旁」的文字[52]；一首大家朗朗上口的詩就說：「摯友可能就是陷害你的損友……就是他讓你身敗名裂……所有的人都有敵人。」[53]釀成敵意的根源可能是對方嫉妒你的好運、仇恨或爭執，或者單純只是想要害人；這可能與當地的現實情況有關，因為居住環境非常擁擠，導致大家不可避免地相互依存。在這種情況下，一個人倒下，就有可能讓另一個人獲益（得到相對更多的資源或名聲）。這是個零和遊戲。

羅密歐發現他猜得沒錯，這位同事確實沒把他的聯絡資訊給那位收藏家。那麼，羅密歐有沒有跟這位同事當面對質？他有沒有表達他的憤怒和挫折，或者用任何其他方示表現出來？並沒有。羅密歐說，他老早就不再相信這位「朋友」，但他也從未當面跟那位同事說，因為天秤又反了過來。兩人的關係最後是羅密歐佔了上風，因為後來和那位收藏家密切聯絡的人是他（而不是那位「朋友」）。由於羅密歐在兩人的關係中佔有優勢，他就不需要再做什麼。關係決定了他的行為——在這裡是「不採取行動」。

這裡可能是談論人類學家所稱的「刻板印象」的好時機。我談到西非裔的蘇利南受訪者或迦納人時，並不是在說所有西非人都相似，也不是在說文化是一種同質的、不可改變的實體。我的朋友、人類學家凱特・札勒姆（Kate Zaloom）向我點出一件事：像我這一類的心理學家會用本質主義者（essentialist）的方式談論文化。我在這裡想要表達的並不是「蘇利南人、土耳其人，或迦納人**真正的樣子**」，彷彿文化是完全同質不變的事；而是在文化的領域裡，情緒經驗的範圍極廣。我會發現情緒有OURS模型，是因為有「其他文化」來當作對照（即使這只是一種簡化的說法）。[54]有了這個對照之後，我就能拿一面鏡子來檢視MINE情緒，並且提出看法，指出WEIRD文化裡的MINE情緒模型只是各種文化變體（cultural variant）裡的一種而已（後面的章節會再談論文化本質主義〔cultural essentialism〕）。

如果要察覺到自己和別人身上的情緒，OURS的情緒模型便舉足輕重。有一項堪稱經典的研究以印尼西蘇門答臘省（West Sumatra）的米南佳保人（Minangkabau）為對象，發現他們的情緒經驗建構在人之**外**，更明確說是「人與人之間」。[55]一九八六年時，知名人類學家卡爾·海德（Karl Heider）帶了保羅·艾克曼和羅伯特·萊文森（Robert Levenson）兩位心理學家到他偏遠的田野調查場域。萊文森和艾克曼想要在這裡測試他們的理論，也就是人體內有與生俱來、經過天擇機制演化出來的幾種基本情緒（如第一章所述），其中包括**快樂**、**悲傷**、**厭惡**、**恐懼**，和**憤怒**。根據這個假說，這些基本情緒分別有特定的大腦模組、特有的主觀感受、典型的自主行為（像是心率、皮膚電導率、呼吸頻率）和特有的臉部信號。他們認為，這些情緒相關的特徵彼此之間有很強的連結，強到只要動用其中一個（像是臉部表情），其他幾個也會自動出現。[56]萊文森和共同研究人員想要用最有力的方式來測試他們的理論，因此在複製這個實驗時，找到了一個和西方脈絡截然不同的文化場域：米南佳保人是信奉伊斯蘭教的母系、農業社會。[57]

在這項研究裡，研究人員沒有和受訪者提到情緒的用語，但請他們做出西方人會覺得是**憤怒**或**厭惡**（或其他幾種基本情緒）的臉部表情。以「厭惡」的表情來說，他們收到的指示是：（一）把鼻子皺起來，並把鼻孔打開；（二）下唇往下拉；（三）舌頭向前，但不要吐出來。[58]萊文森和共同研究人員想知道的是：如果一個人看起來有厭惡的表情，與之相對應的「厭惡」反應是否會自動產生？[59]他們會不會因此感到厭惡？在美國，這兩個問題的答案都是「會」——當訓練有素的演員或是大學生弄出厭惡的表情時，他們也會感到厭惡，並且產生和其他情緒相異的身體自主反應。

那麼，他們有證實這項假說嗎？答案是沒有。米南佳保受訪者不論是臉部表情還是生理資料，品質都比較差一些，但就算不考慮資料品質，米南佳保男性被問到「在製造出臉部表情時，是否有任何情緒、記憶，或生理感受發生？」時，他們都說沒有任何情緒。萊文森的團隊認為，其中一個重要的原因可能是「該項工作缺少（米南佳保）文化裡情緒經驗的關鍵元素，亦即另一個人有意義地參與其中。」海德在進行田野調查時也觀察到這件事：「美國人非常重視情緒的內在經驗；相較之下，米南佳保人更常強調情緒的外部特徵，並將重點放在情緒對人際互動和關係的影響。」[60]米南佳保人強調的是OURS情緒——情緒是與人際關係有關的行為。這項實驗單獨針對美國人時，非常容易牽動出受訪者的情緒，但在米南佳保人身上卻沒有效果。[61]在米南佳保人的情緒經驗裡，生理相關的特徵可能會有作用，但只會在社交脈絡中或和別人共有時才具有作用。[62]

同理，日本人的情緒也有可能是和別人共有的。京都大學心理學家內田由紀子（Yukiko Uchida）分別看了日本和美國的媒體對二〇〇四年雅典奧運的報導，發現日本和美國選手談論自己情緒的方式有顯著的差異。美國選手談到情緒時，情緒的定位是他們的內在，但日本選手往往會將情緒定位在人際關係裡。日本的女子足球隊在奧運落敗後歸國，記者問一位球員：

你現在回到日本，其他人有什麼反應？

那位球員回答如下：

我們沒有獲得任何獎牌。但我們抵達成田機場時，很多人跟我們說：「妳們做得很好！」他們這樣替我們打氣，我非常感激，但同時我也因為我們輸球感到難過……。我真希望我們有實現他們的期望。

內田由紀子決定用更系統化的方式來研究這個現象。[63]首先，她分析了當初激發她研究這個議題的幾個訪談，分別統計日本和美國選手提到情緒的次數，以及他們會在哪些情況下提到情緒。這些都是選手比完賽後立刻進行的電視轉播訪談，因此不論對象是日本或美國選手，訪談的情形都十分相似。記者直接問選手的感覺時，日本和美國選手提到情緒的次數並沒有差異。但是，當記者的問題裡有提到其他人時（像是親戚、教練，或朋友，而且日本記者比美國記者更常這樣問），日本選手的回答會談到情緒，但美國選手不會。舉例來說，當記者問到：「你的家人怎麼支持你？」一位日本選手的回答是：「我的家人一直在支持我，比方說他們常常打電話給我。能達到我家人對我的期許，我非常**高興**。」相較之下，有一位美國選手的回答是：「我的家人一直在支持我。我的媽媽一直會鼓勵我。」兩種文化的選手都能談論自己的情緒，但日本選手談論情緒時，更常將情緒放在人際關係的脈絡裡。這只是習俗差異嗎？是不是因為日本人受到的教養，讓他們被問到人際關係時會談論情緒？

在另一項研究裡，內田和共同研究人員拿獲勝體育選手的照片給日本和美國的大學生看；選手有些是日本人，有些是美國人，有些照片裡只有選手一個人，有些則是和三名隊友合照。

在哪些情況下，這些大學生覺得選手「更有情緒」？日本學生認為日本選手和隊友合照時「更有情緒」，美國學生則相反。情緒對日本人是OURS，對美國人是MINE。[64]

獲勝的選手可能會有的情緒種類八成不會太多樣（他們應該不會悲傷才對！），不過我們進行另一項研究的時候，發現日本和美國學生看到情緒時，日本人看到OURS的情緒種類比較多，美國人則是MINE比較多。菲比・艾斯華斯（Phoebe Ellsworth）是我在密西根大學的一位良師益友；她在二〇〇〇年代初請我列舉一些我認為值得情緒心理學家研究的文化議題。我在當時有興趣的主題，正好就是日本人認為情緒不在內在，而是在人與人之間。艾斯華斯指導的研究生當中，有一位非常有創意的學生叫作增田貴彥（Takahiko Masuda），現在已經在亞伯達大學（University of Alberta）任教。增田是日本人，對我的想法有共鳴，於是我們開始合作。

圖 2.2 日本和美國的運動員 (Copyright © 2008, American Psychological Association)

增田依照傳統辨認情緒的架構（我在第一章提過），設計和繪製了一項像卡通圖像的工作。這項工作的提示裡有一個男孩子，有可能是白人或亞洲人；我們把白人男孩稱作「喬恩」（Jon），亞洲男孩稱作「太郎」（Taro）。在圖片裡，喬恩／太郎的表情可能是以下三個其中一種：快樂、憤怒，或悲傷。另外，喬恩／太郎身邊還有其他人，他們臉上也有表情，有時表情會跟主角一樣，但多半不一樣。我們找來美國和日本的大學生當受訪者，問他們覺得中間那個人（喬恩或太郎）有什麼感受。

這項研究跟先前針對運動選手的不一樣：先前的研究看的是對象感受到的情緒程度，但我們

圖 2.3 喬恩／太郎快樂，但其他人憤怒

此次看的是對象感受到**哪些**情緒。[65]美國學生被問到喬恩／太郎的感受時，只會看喬恩／太郎的表情。舉例來說，假如喬恩／太郎看起來快樂，他們會覺得他快樂；假如喬恩／太郎看起來憤怒，他們會覺得他憤怒。美國學生辨認的是MINE情緒——他們的評斷與中間那個人的表情連結。日本大學生則是看到OURS情緒；他們也會觀察中間那個人的表情，但與美國學生不同的是，他們**還會**看圖片中其他人的表情[66]：假如圖片裡其他人也有快樂的表情，日本受訪者會認為這種圖片裡的太郎／喬恩最快樂。假如其他人看起來憤怒，他們認為這裡的太郎／喬恩就沒那麼快樂，也認為他在這種情況下會比較憤怒一些。日本人會從圖片裡的所有人來判斷情緒：情緒不只有在主角裡面（也就是在太郎或喬恩的內在），也在圖片中其他人裡。事實上，眼部追蹤儀器（受訪者在判斷喬恩或太郎的感受時，這個特殊的裝置會追蹤他們的視線）發現，日本人會花時間來回觀察主角和周遭的其他人，但美國人的視線完全不會從主角身上移開。

增田貴彥後來複製這項實驗，但把圖片從卡通圖案改成真實的照片。[67]實驗的結果一樣：北美人（這次是加拿大的學生）看到MINE情緒，判斷的依據只有中間主角的臉部表情；日本人看到OURS情緒，除了中間主角的臉部表情外，還會參照周遭其他四個人的臉。北美和日本受訪者收到一樣的指示：判別目標對象（喬恩或太郎）的情緒；但北美人將情緒建構成在個人內在、與其他人分隔開來的事，日本人則是將情緒看成人與人之間發生的事。

情緒在心理還是關係中：是感受還是行為？

「情緒主要是心理狀態」這個概念，並沒有我原本想像的那麼普遍；事實上，無論是從歷史或地理尺度來看，用**感受**相關的語彙來談論情緒似乎都相當奇異。在許多文化裡，大家描述情緒的時候會著重（人際關係的）行為層面；這在歷史上似乎也是常態。[68]荷馬（Homer）在《奧德賽》（*Odyssey*）裡形容佩涅洛佩（Penelope）翻來覆去、轉輾難眠，而不是描述她當時的心理狀態（游移不定？還是緊張？）。古希臘專家也指出，荷馬時代的希臘人偏好用具體、看得到的行為表現來描述情緒，而不是**內在**的心理狀態。[69]

我們不需要回到古希臘人那麼久遠的年代，就能看到情緒被定位成「行為」和「感受」一樣常見，且兩者之間並沒有明確的界線。即使在美國，十九世紀以前的美國人不會認為憤怒或愛是內心深處的感受，而是用「冷眼」或「熱情擁抱」等行為來判別。[70]情緒比較接近人際關係的行為，而不是心理的狀態。

除了時間尺度以外，地理上與離我們相距遙遠的文化似乎也將情緒描述成社交行為，而非感受。人類學家愛德華・席費林（Edward Schieffelin）描寫巴布亞新幾內亞（Papua New Guinea）的卡魯里人（Kaluli），說他們「表達豐富，熱情十足」，但不太願意認定別人有什麼樣的感受、動機或意圖。[71]卡魯里男人如果覺得自己被人冒犯，或者他人不順從於自己，就可能會大發脾氣，互相叫囂、指責或恐嚇；當他們如此表現情緒時，旁人會表示同情或支持。但是，就算他們會公開表現情感，卡魯里受訪者被問到別人的感受時卻不願意回答，只會說：「我不知道。」他們不會從他們觀察到的情形去推斷內在的感受。[72]

類似情形的還有薩摩亞人（Samoans）：人類學家伊蘭諾・歐克斯（Elinor Ochs）的著述記錄了他們的情緒生活。薩摩亞人會用「愛」（*alofa*）一字來描述各種慷慨之舉（像是給別人食物、金錢，或勞力付出），但和前例一樣，不會提及主觀感受。[73]人類學家蘇拉米斯・海恩斯・波特（Sulamith Heins Potter）觀察中國鄉村的一個群體，認為群體成員透過工作來表示彼此之間的關心；勞動與其帶來的艱苦都象徵著愛，也確立了人與人之間的關係。當中的重點不是辛苦勞動和犧牲的內在經驗，而是「外部的成果，特別是可以量化的成果。」波特請這些人講述他們的情感經驗時，他們往往回答：「我的感覺不重要。」她闡釋如下：「他們的意思是，如果要理解他們自己覺得值得被人理解的經驗層面，他們自己的感受並不重要。」[74]在波特的田野調察場域裡，這些中國村民當然知道心理狀態（像是愛）確實是存在的，但真正重要的是一個人是否願意透過工作犧牲奉獻。

讀到這裡你可能會懷疑，這一切是否只是**跟情緒有關的話**而已。就算某個文化在言談之中不會注重真正的情緒（也就是心理狀態），它們一定還是潛藏在背後吧？就算某個文化不會討論或提到心理狀態，這個文化裡的人應該還是可以從臉部、聲音，或身體判讀出心理狀態吧？他們真的只會看到人際關係裡的行為嗎？現今在耶魯大學擔任助理教授的瑪麗亞・詹德隆（Maria Gendron），先前曾經研究過辛巴人（Himba）怎麼看待別人的情緒。[75]辛巴人是非洲納米比亞（Namibia）西北部山區的半游牧民族，沒有自己的文字，也幾乎沒有和西方文化接觸。詹德隆和共同研究人員挑選出反映快樂、悲傷、憤怒、恐懼、厭惡，和無情緒的臉部照片，並讓辛巴人看這些照片；這一點和其他針對臉部的研究相似。但除了常見的臉部測驗以外，她還請受訪者任意將這三十六張照片（每一種「基本情緒」各六張）分類，讓「每一疊裡的人都有相同的情緒感受」。[76]最後，她再請他們說明每一疊照片的內容。她的提問是：「這一疊裡有什麼？」辛巴人確實會用一些情緒語彙來描述各疊照片，但他們更常用行為來描述；他們會說：「他們都在笑」，或是「他們都看著某個東西」，而不是「他們都是快樂的」或「他們都害怕」。

詹德隆和共同研究人員也找了美國人（參觀波士頓某一間博物館的訪客）做相同的事。美國的受訪者會用心理狀態來描述每一疊照片。平均而言，美國人使用感受相關的用語（像是「快樂」）是辛巴人的兩倍，而辛巴人用行為相關的用語（像是「笑」）是美國人的兩倍。詹德隆等人的推論是：假如臉部表情和情感存在自然演化而來的強連結，那麼辛巴人看到憤怒或厭惡的表情，應該就會察覺這個人感受到憤怒或厭惡才對。然而事實並非如此——辛巴人把焦點放在行為，而不是心理狀態。為什麼會這樣呢？

有意思的是，詹德隆等人把問題反了過來：照片裡明明只能看到臉部的行為，為什麼美國人卻會從這些臉部照片裡看到心理狀態？她的答案（也是我的答案）是：當代的美國人學會從臉部行為推論出「心理狀態」。[77]他們一再被要求要注意自己和其他人的感受，因此學會透過行為舉止來推論心理狀態。當然，在注重MINE情緒的文化裡，一個人還是**有辦法**看到臉部的行為；在注重OURS情緒的文化裡，人們也**有辦法**透過行為推論心理狀態，但兩種文化的人會分別會傾向某一種判讀方式。[78,79]我們注重的是情緒的MINE層面還是OURS層面，會造成一定的影響——以這個例子來說，這會影響我們判讀別人臉部發生什麼事的方式。

我在這裡不會設法說明其他文化的人為什麼沒那麼常談論感受，而是反過來問：為什麼許多當代西方文化會如此強調情緒的感受層面？簡短的回答是：我們是學會這樣做的。

早在童年時，西方文化的兒童就會被教導把注意力向內。心理學家王琪（Qi Wang）描述一位三歲小男孩（在此稱他為「喬治」）和他母親的對話，內容是他們去採購耶誕節禮物時，喬治為什麼會發脾氣。[80]喬治的母親問他：「你當時想不想去？」喬治說：「不想。」母親接著引導他：「那你做了什麼事？」喬治回答：「打」；再追問之後，他又補上：「抓」。此時，喬治的母親把話題轉到他會有這些感受的原因：「你還記得你為什麼會發脾氣嗎？」喬治不太知道怎麼回答。他開始追加各種行為，先是補上「大叫」，然後又加上「哭」。他的母親再次把話題拉回他的心理狀態，再問了一次：「你為什麼會那麼生氣呢？」喬治現在懂了：「因為我想要做我自己想做的。」這個答案似乎讓母親覺得滿意：「你想要做你自己想做的事。我懂了。」喬治的母親鼓勵喬治專注於自己的感受，再幫他理解和連結到這些感受。王琪研究美國母親怎麼教小孩時，一直看到這種教導模式：她們會協助小孩子釐清自己的情緒怎麼連結到他們想要的事情，或是他們的想法。她們會教小孩子關注自己的內心，並明白闡述內在的感受。

但在王琪的研究中，中國的母親就不會這樣了；比起幫孩子了解他們為什麼會有某種感受，她們更注重孩子的行為會有什麼社會後果。一個例子是小江的母親叫孩子回想他先前生氣的情形；前晚小江的母親和祖母不讓他看電視，所以小江就開始哭。小江的母親不管孩子有什麼感受，而是問他：「你知道我們為什麼不讓你看電視嗎？」小江立刻回答：「因為你擔心我的眼睛受到傷害。我想看《朝天門》。我好氣，我一定要看。」小江母親的回應與孩子的感受和喜好無關，而是提醒他他的反抗會帶來什麼社會後果：「所以你被打了，對不對？」小江點頭。

在王琪的研究中，許多中國母親透過情緒相關的交談，向孩子指出哪些行為是正確的，哪些是錯的，而同一項研究裡的美國母親則不會這樣做。小江的母親跟孩子說，她不讓小江看電視，小江就不應該反抗，並提醒小江這樣做會有什麼社會後果。有些母親則是利用交談點出正面的社會後果；雪雪的母親就用這個機會告訴三歲大的孩子，她有那樣的情緒（這裡是傷心）會帶來什麼樣的正面影響。雪雪的姊姊們不讓她拔草（這是一件被禁止的事），因此雪雪和她們吵了起來，但她事後覺得「很難過」；她母親說：「雪雪好乖，知道自己犯了錯。」美國的母親會讓孩子學會怎麼留意和理解自己的感受，中國的母親則會想辦法讓孩子知道自己的情緒行為會有什麼社會後果。美國的教養方式有助於養成向內看的MINE情緒，中國的教養方式則是把注意力向外帶到OURS情緒。

中國的母親幾乎只注重情緒行為和社會後果，但會這樣做的不只有她們而已。根據人類學家安德魯・畢提（Andrew Beatty）的描述，印尼爪哇島的父母使用情緒語彙的方式，不是用來指稱感受或心理狀態，而是描述孩子在特定狀況下應該要有什麼樣的舉止。[81] 舉例來說，他們會對小孩子用 *isin*（「羞恥」）一字，表示小孩子在陌生人或長輩面前應該要節制、有禮貌。*Isin* 這個字不是用來描述感受，甚至也不是指情緒行為（或「表現」），而是特定狀況之下的規範。成人會教導小孩子讓情緒行為符合社會規範；這種作法同樣是將注意力導向外部的OURS情緒，而不是內部的個人感受。

我們可以合理推斷，一個人即使過了早期童年的社會化階段，其他人的影響依然會持續，讓人關注內在的感受或外在的行為後果，而注意力的方向則因文化有別。多年前，我和比利時心理學家伯納・希梅（Bernard Rimé）共同進行研究，發現即使在差異甚鉅的不同文化裡，人與人之間都會共享大多數的情緒事件；但對荷蘭人和土耳其人來說，「共享」這個行為所代表的意義有很大的差別，先前提到的馬丁和勒文特正好就印證了這一點。馬丁會跟親友談到自己的情緒，而親友又會幫他確立、合理化，和進一步闡述他的情緒；而勒文特和父母分享情緒後，父母就廣為宣傳和慶祝他的成就，確保更廣的社會環境知道勒文特的成就，並致上應有的禮數。[82]社交分享的行為會讓情緒更聚焦在某一個方向——向內會更突顯情緒的MINE層面，向外則是OURS層面。

針對身心健康的研究顯示，把焦點放在內部的感受或外部的行為，長期下來可能攸關生死。在強調MINE情緒模式的文化裡，一個人如果**覺得**快樂，通常也會比較健康。[83]在強調OURS情緒模式的文化也會有這個現象嗎？一個美國和日本的跨國研究團隊就針對這個問題，進行一項大規模的研究；其中包括美國和日本中年人士（平均年齡在五十五至六十歲之間）的代表性樣本。[84]一言以蔽之，結果正如研究論文的標題：「感到興奮，或是洗個澡」（Feeling Excited or Taking a Bath）。在美國的樣本裡，最能預測生理健康的指標是正面的**感受**，但在日本的樣本裡則是正面的**行為或活動**。研究結果的細節必須再多著墨一些，因為當中可以看到另一項文化心理學界早已確定的情緒差異——美國和東亞的文化脈絡會分別看重不同種類的正面情緒。[85]美國文化脈絡比東亞文化脈絡更看重激動的情緒，而平靜的情緒則正好相反。有了這個認知之後，研究的結果就說得通了。在美國，最健康的人是**經歷過更多正面感受**的人，特別是「興奮」一類的感受（像是「對事情熱衷」）；這樣的人睡得比較好、生理限制比較少，而且有些關鍵生理數據（像是發炎指數和身體質量指數）也更好。[86]在日本，最健康的人是**從事正面活動**的人，特別是平靜的活動（像是泡澡）；平靜的**感受**對健康的影響遠遠不及平靜的活動。由於美國人一輩子把焦點向內，感受可能因此成為判斷一切好壞的標準；日本人一輩子把焦點向外，因此判斷的標準可能是行為。以健康指標而言，在美國是感受，在日本則是活動。某個文化強調MINE情緒或OURS情緒，有可能會因此促成不同的健康取向，進而影響壽命。[87]

本質式或情境式：由內而外，或由外而內？

把情緒關起來不是一件健康的事——這個觀念非常根深蒂固，我有一位朋友甚至還得設法說服荷蘭一間社福機構的社工他和他的妻子適合領養小孩，**只因為**他和妻子從來不會吵架。那位社工無法想像，在健全的婚姻關係裡，雙方怎麼可能從來不會互相生氣——假如他們真的會生氣，那他們壓抑怒火又需要付出什麼代價？（他們後來有成功說服社福機構，說他們的確會有一些小衝突，也因此領養了他們的兒子。）另外，悲傷的時候當然要哭才對。有一位朋友在發現先生外遇後淚流不止，別人告訴她：「全部釋放出來吧，這樣對你才好。」英語處處是這樣的用語——假如我們不「釋放蒸汽」（letting off steam），「壓力可能會累積」，或者「感受會被壓抑在心裡」。[88]

「悲傷工作」（grief work）是佛洛伊德在二十世紀初期提出的概念，其基本道理也是基於類似的想法：我們必須把內在的感受釋放出來，讓它們順其自然。經歷創傷或失落之後，「悲傷工作」被視為復原過程中不可缺少的環節，其內容是放手讓自己被憤怒、悲傷等負面感受擺佈。[89]這些感受如果被關在一個人裡面，就會開始擾亂健康，並且癱瘓或干擾正常生活。佛洛伊德的研究促成了這個觀念：情緒如果被壓抑，就無法自然流動，在某種程度上對個人有害。

佛洛伊德認為情緒必須走完自然的流程，現代心理學確實也有一部分印證了這個想法。舉例來說，二〇〇四年有一項研究以大約一千名美國人為對象，發現抑制者（沒有完全讓情緒順其自然的人）會覺得自己不真誠，因此覺得自己不好，跟非抑制者相比會更難和別人有親近的感受；另外相關的是，抑制者的社交網路比較貧乏。[90]這些研究由心理學家奧利佛．強（Oliver John）和詹姆士．葛羅斯（James Gross）進行；他們推斷，抑制者的外部表現可能和他們的感受不協調，導致他們覺得自己不坦白或不真誠，進而讓他們和自己過意不去，並在社交環境中疏離自己，因此難以形成親密關係。

社會學家亞莉．霍克斯柴德（Arlie Hochschild）的名作《情緒管理的探索》（*The Managed Heart*）讓世人首次注意到，服務業人員有非常相似的困擾。[91]霍克斯柴德探究了「情緒勞動」（emotion labor）光譜上兩個極端的人——在一個極端上，是必須溫暖關懷乘客的空服員。有一間航空公司的口號是：「我們的微笑可不是只有畫在臉上而已」，賣的不只有空服員的**微笑**，還有他們真誠的感受。誠如另一間航空公司所言：「何必無奈地看著人家為了錢才擺出來的假笑，我們空服員的笑容有人性多了。」[92]在另一個極端上，收帳員會用怒火逼人還債；在討債公司裡，「公司的正式政策是直接挑釁來逼人還債。」[93]

這兩種產業都會費心讓員工培養出工作所需的情緒。有意思的是，兩種產業都注重**感受**，而不是只有情緒的**表現方式**而已。在訓練中，空服員要學會「把顧客看成可能會變成朋友的對象……並且要像對待好朋友一樣體貼」，收帳員則是學會把客戶當成「懶蟲」和「騙子」。[94]兩種公司都認為，假如情緒是發自內心，由內而外，成效會最好。雖然如此，大多數空服員「無法把飛機機艙想像成一間坐滿私人賓客的客廳，〔因為〕看起來太像一個坐了三百個人的機艙，而且每個人都有一大堆要求。」[95]另外，有些收帳員不會看不起討債對象，反而滿懷同理心；他們表面上迎合工作的需求，但會「覺得虛偽或不真誠」，最後導致意志被消磨殆盡。[96]

以上聽起來都沒錯吧？這是因為西方文化脈絡以MINE情緒模式為主。一個人如果被別人要求要有某種情緒，或者必須因為情境而有某種情緒，在MINE的脈絡會被當成一件辛苦、不自然的事——但在偏好OURS模式的文化脈絡裡卻是常態。這裡以泰國北部一個佛教聚落為例。人類學家茱莉亞・卡薩尼提（Julia Cassaniti）在二〇〇五年進行田野調查時，記下了一位酗酒男性的家人的情緒。這位三十三歲的男子叫申（Sen），在久病之後被帶到醫院，醫生發現他罹患末期的肝臟疾病，已經無法治療。申的家人圍在他的病床邊，「這個巨變有如晴天霹靂——家人原本以為他在治療後可以康復。」申的親友雖然多半傷心欲絕，但他們「刻意整理自己的情緒，讓他們可以接受這項惡耗……。申的父親和姊姊每天早上都去佛寺參拜；兄弟姊妹和其他親友至少在最初多半面無表情，臉上完全看不出任何情緒。」[97] 卡薩尼提指出，親友面無表情不代表他們不在意，或者他們只是假裝給別人看；她寫道，他們會這樣做，其實是想要達到一個他們覺得適合的狀態：接受事實（*tham jai*），和內心平靜（*jai yen*）。

「接受事實」可以說幾乎和「悲傷工作」完全相反。悲傷工作是用來確保內心的感受會表達出來，但接受事實是讓自己和內心的感受脫鉤。卡薩尼提說，申住院時，有些親友（包括她自己）看得出感到震驚，但其他人會善意提醒他們「不要想」、「不要談」這件事。泰國的佛教徒認為負面感受如果進入思緒和言談裡只會加劇，因此必須不計代價去避免；重要的不是把悲傷宣洩出來，而是心平氣和、接受事實、不被情感左右。

泰國佛教處理悲傷的方式，讓人想到烏特庫因努伊特人對憤怒的看法：憤怒是不被允許的，以心平氣和為貴。布里格斯沒辦法強壓她的心情，至少她覺得她壓抑不住——她內在的感受必須釋放出來。相較之下，接待她的因努伊特人即使面臨挫折，心裡也能維持可貴的平靜。

我和唐澤真弓訪談日本受訪者的時候，也碰過類似的情況。有一位五十歲出頭、住在東京的男子博人（Hiroto），描述他擔任中學同學會召集委員的經驗。他負責邀請校友，但在開會的時候，另一位女性委員說他找校友來開會的工作做得不夠積極。博人覺得「被冒犯又不高興」。然而我們在訪談中請他描述詳情時，明顯看得出他雖然有這樣的感受，但沒有採取任何行動，而是試圖站在另一位委員的角度來看：

> 她是那種會為組織不辭任何心力的人。我打電話給校友的時候，往往發現她已經打過了……。她對我不放心，也許覺得我不可靠。她是性格非常強烈的人。也許我不夠堅強；我通常會擔心自己的電話打得不是時候，所以很難決定到底該什麼時候打給其他校友……。她八成是覺得與其請我打電話，還不如她自己來打。

博人發現他不只是被人批評而已，批評他的人甚至還做了他的工作。博人說自己不高興，但他還是維持召委會的和諧氣氛，因為日本文化脈絡裡十分重視人與人之間的和諧。博人甚至有可能壓抑他最初的憤怒或不悅感受；他並沒有說他是否有壓抑。無論如何，他做出他在這個情境下被預期要做的事——身為召委會的一員，盡了和別人融洽相處、維持和諧的社交義務。

我們訪談的五十位日本人碰上憤怒的情緒事件事，多半會做像博人所做的事——試著了解另一方的觀點（像此例中的委員會成員），再單純調整自己而已。就他們自己所說，即使他們強烈覺得自己應該要有所行動，他們還是什麼事都沒做。日本受訪者在「憤怒」的情境下，「什麼都不做」遠比任何挑釁或強勢的行為常見，甚至連「離開（令人憤怒的情境）」都沒那麼常見。博人雖然不是用「接受事實」來稱呼，但泰國佛教徒的申和他的家庭、接待人類學家布里格斯的烏特庫因努伊特人，和博人在這個情況下的反應都有共同之處：他們都做了他們應該要做的事，感受再隨之而來。如此是由外而內的情緒。

我們的訪談對象裡還有另一個案例，可以清楚看到這種由外而內的情緒。智惠美（Chiemi）是一位和祖父母同居的二十歲學生，在訪談中透露她都會想辦法準時回家吃晚餐，但她近期參加一項課外活動，因此每周有幾天會晚歸。假如她和祖父母說她當天會比較晚回家，他們就會抱怨她「**從來不會**守時」。這種誇大的說法讓智惠美不高興，但她卻試著理解祖父母的想法：他們一定會擔心；他們一定沒有惡意；他們一定是關心她。訪談者追問她會採取什麼行動，或者她會跟祖父母說什麼，她說她從來不會和他們提起她的不滿：

> 我要怎麼說呢……我想說：「我想要享樂一下，我想要玩到深夜。」可是，你懂，我知道他們有多麼擔心我。所以我會想辦法不說那樣的的話，只是笑一笑帶過去而已。

智惠美於是調整自己來符合祖父母的期望，更想盡辦法提早回家。她會扮演好自己的角色。

中的親友、烏特庫因努伊特人、博人、智惠美，這些人關注的焦點都在外，不在內。在OURS情緒模式為主的情況下，情緒行為是情境式的——人會調適自己來符合社會規範、期望，和個人在該社會脈絡下的角色。在這種情況下，重要的是你的情緒是否符合其他人的需求和期望，行為是否符合社會規範，以及你能不能扮演好自己的角色。[98]事實上，心理學家大衛・松本（David Matsumoto）和共同研究人員進行一項大型、跨國的問卷調查，發現當國族文化強調社會秩序、規範、傳統和權力階級時，情緒最容易被壓抑；在強調個人與個人感受的國族文化裡則最不受壓抑。[99]

這樣說來，申的親友、烏特庫因努伊特人、博人、智惠美，和所有在遵守階級和秩序的國家讀書的學生，是不是都會覺得和自己的感受疏離？申的親友沒有表現出任何情緒，他們會覺得不自然嗎？烏特庫因努伊特人面對挫折仍然不為所動，他們會覺得疏離嗎？博人在委員會裡默默點頭，智惠美對祖父母一笑帶過，他們會覺得自己虛假嗎？他們沒有表現出自己的情緒，這樣他們會覺得不快樂嗎？他們的憤怒或悲傷會在其他不該出現的時機浮現出來嗎？

看起來不會。許多文化的人會認為自己的情緒是和社會環境「協調」出來的，不是在內心裡獨自存在的。[100]在這些文化中，當情緒事件發生時，人會先表現出無情緒，再漸漸朝向接受事實；他們首先會什麼事都不做，再試圖培養出同理心；他們會先從調適、接納開始，試著在人際關係中維持和諧。假如皮克斯的《腦筋急轉彎》有OURS文化的版本，英文片名可能就不是「由內而外」的「Inside Out」，而是「由外而內」的「Outside In」。西方文化認為真誠坦率（也就是表現自己內在的感受）是美德，但在許多非西方的文化裡（像是在日本），這樣會被認為是不成熟的表現。[101]

中國的服務業員工比美國人更容易培養出業界希望他們上工時具備的情緒——「由外而內」的觀念也許正好可以解釋此一現象。[102]一項跨文化的研究針對中國和美國的服務業員工，兩國的人員都說他們「會演戲來應對顧客」；這裡的研究對象是工作需要有正面心態的服務業員工。美國人會覺得演戲讓他們覺得要假裝自己心情好，但中國的服務業員工完全不覺得這樣是在假裝[103]——對他們來說，把自己的情緒調整成工作情形所需的樣子，很可能是稀鬆平常的事。調整情緒來配合別人或當下情況的需求，是以OURS模式來看待情緒，和「假裝情緒」相差甚大。

這項研究還發現了幾件事情，可以印證這種解釋方法。首先，中國服務業員工和博人、智惠美一樣，不只是抑制自己的情緒或控制自己表現出來的樣貌，還會真正感受到工作要求具備的情緒。[104]美國的服務業員工往往只會顧好表現出來的樣貌，但在中國，讓顧客感到滿意的員工卻能具備和外在樣貌一致的情緒。再者，對中國服務業員工來說，控管工作上的情緒不需付出美國人那麼高的代價。美國的員工大多只有控管他們的情緒表現方式，因而感到疲憊不堪[105]；他們感到疏離、疲倦，而且也覺得自己跟顧客的互動不太有效。有些美國員工會試著改變自己的感受；跟只是裝樣子的人相比，這些美國員工的感受確實比較好一些，但他們還是覺得和顧客的互動效果不好。中國的服務業員工完全是另一回事——控管表現方式（「表面演戲」）確實需要花點功夫，但不論員工裝出的樣子是否讓顧客覺得適切，和顧客之間互動的效果並沒有差異。另外，深度演戲對中國服務業員工是一件好事：他們因此覺得更有活力，人際互動也更有效。在MINE情緒模式為主的文化裡，由外而內的情緒代價高昂，但在強調OURS情緒的文化脈絡裡，由外而內的情緒不一定有壞處，也不一定不自然。事實上，如果文化脈絡認為情緒是在社交中協調出來的，由外而內的情緒反而可能有益。

在MINE模式中，由內而外的情緒可能是健康的，但在OURS模式就不一定了。心理學家艾莉絲·牟斯（Iris Mauss）和艾蜜莉·巴特勒（Emily Butler）設計了一項絕妙的實驗，讓歐裔和亞裔的美國大學生在實驗室裡動怒。[106]整體來說，亞裔美國學生比歐裔學生更重視控制情緒的能力，也更同意「一直把自己的感受表現出來，是不正確的事」。[107]相較之下，歐裔美國學生比較不看重控制情緒的能力，也比亞裔美國學生更同意「把壓抑的情緒釋放出來，對人比較好」。大致來看，重視情緒控制的學生在實驗進行時，**行為上**比較沒有那麼憤怒（負責評斷的人不知道這項實驗的假設是什麼）。[108]反過來看，表現最憤怒的人，就是支持佛洛伊德的說法、最好不要把情緒積壓在內的人——大多是歐裔美國人。

更有意思的是，牟斯和巴特勒還在實驗進行時記錄受試者的憤怒經驗和心臟輸出量。心臟輸出量低往往代表一個人難以應付當下的情況（即受到「威脅」）；輸出量高則表示一個人覺得自己可以應付、控制當下的情況（即受到「挑戰」）。從心臟輸出量的數據來看，這兩個文化族群被憤怒影響的程度不一樣。以歐裔美國人而言，跟有把憤怒表現出來的人相比，表現不太憤怒的人反而有更強的憤怒感受，也覺得更受到「威脅」。亞裔美國人則相反；跟表現出憤怒的人相比，表現沒那麼憤怒的人也有比較低的憤怒感，並且覺得自己更能應付情況。從這些結果來看，控制情緒雖然需要花費一定的心力，但能讓亞裔美國人達到他們想要的情緒狀態；另外，他們也覺得由外而內的調整方式在他們的控制能力之內。

由外而內的情緒不一定都是由強轉弱——社會規範、其他人的需求和期望，或人際關係等因素可能會要我們表現出情緒，而不是壓抑情緒；這樣做有可能是表現出原本並不存在的情緒，或者將原有的情緒放大。伊法魯克人（Ifaluks）居住在西南太平洋密克羅尼西亞（Micronesia）的一個小島上；在他們的社會裡，當別人有需求時，他們必須表現出*fago*，也就是關懷他人的意願。*Fago*可以說是融合同情心、愛，和哀傷。如果一位女性對她的兄弟感到*fago*，她就會去幫助他。有一位十歲的伊法魯克男孩對島上一位精神異常的男性丟石頭，男孩的父親塔瑪拉卡（Tamalekar）因此蒙羞，也使得塔瑪拉卡的姊妹紛紛表現出*fago*；她們「趕往『塔瑪拉卡』的屋子，並且帶著禮物和布料，用來向那個『瘋人』的家庭致歉。」[109]

我的同事阿爾巴．賈西尼（Alba Jasini）是阿爾巴尼亞人；她說，當地人喪親時會花錢找職業的「哭喪者」替他們哭（也會和他們一起哭），藉此讓表現出來的哀慟符合當地文化的標準。[110]由外而內的情緒有可能不是一種壓抑，而是被激發出來的。許多其他儀式或許有類似的功能，讓人在情緒事件當中有適合的選項，好讓行為符合情境所需。[111]

在印尼米南佳保人的文化裡，如果有人違反社會規範，他得表現出 *malu*（大致與羞恥相同）；假如有必要，教育者會刻意突顯出規範，來強迫當事人表現出來。[112] 十三歲的安迪（Andi）在全班面前被剪頭髮，因而在他身上誘發出 *malu*。他說：「老師兩天前叫我剪頭髮。她今天把我叫到全班面前，從桌子裡拿出一把剪刀，在其他〔同學〕面前剪了我的頭髮。我得把頭髮清理掉再回家。我現在出門只好戴一頂棒球帽，但在教室裡不可以戴帽子。」[113] 在需要表現出 *malu* 的情況下，族人就應該要表現出來，不然其他人會讓他們知道那個情況需要有 *malu*。這樣的情緒是由外而內的。

最後，我們還可以思考一件事：「情緒表現」和「情緒壓抑」這兩個詞本身，就可能隱含 MINE 情緒模式的立場，因為它們意味者內在深處確實有感受需要釋放出來，或者需要被刻意壓抑。[114]「表現」和「壓抑」所透露的觀點，是情緒位於人心之內，而且本來就會想要出來。假如我們將情緒理解為**人與人之間的行為**，而不是內在的感受，這樣就沒有任何一種表現方式理當優先——沒有需要被表現出來的情緒本質，也沒有理由來判斷哪種情緒行為比較真誠，或者比較虛假。另外，這樣也就沒有理由認為符合社會期望是一件不自然的事。假如情緒生長在人與人之間，那麼博人和智惠美調整自己來符合外在環境的期望，又怎麼會比大聲怒吼來得不自然呢？跟職業哭喪者一起號啕大哭，又怎麼會比自己默默哀悼不自然呢？把情緒控制成符合社會環境的期望，又怎麼會比釋放挫折和壓力來得虛偽呢？

情緒：既是MINE，也是OURS？

情緒不完全是我們內在深處的感受。皮克斯《腦筋急轉彎》當中的描繪方式，是MINE模式的情緒。許多文化採用OURS的情緒模式，主要把情緒當作人與人之間的行為，而且這些行為會依照當下的情況來調整。情緒在MINE文化和OURS文化裡看起來不一樣。

在強調MINE情緒的文化裡，人會根據自己的生理變化來判斷自己的情緒；在OURS模式的文化裡，人則會根據人與人之間發生的事情來推斷情緒。在以MINE模式為主的文化裡，我們比較偏向從一個人的臉部表情來判讀情緒；在OURS模式為主的文化裡，我們更有可能會看在場所有人的臉部，綜合起來判讀情緒。在強調MINE模式的地方，自我**感受**良好是一件健康的事；在強調OURS模式的地方裡，對健康更有益的則是正面的**活動**。在MINE模式通行的地方，一般的認知是情緒會想要被顯現出來，並且左右外在的情境；在接受OURS模式的地方，情緒行為的作用是要符合情境的需求。在MINE模式為主的地方，情緒比較少受到壓抑，而且被壓抑後對心理健康和人際關係的傷害更大。一個文化將焦點向內或向外，情緒會變得不一樣。

MINE情緒模式往往會輕忽情緒的社交和文化面向，但OURS的視角可以幫助我們認知這些層面。美國學生談到他們感受到的情緒時，會提到他們**害怕**在社交上被排擠、親近的人死去（或跟情人分手）會感到**悲傷**、權力被反轉會感到**憤怒**、受到尊崇或讚美會覺得**高興**，以及被人愛或

圖 2.4 MINE 和 OURS 的情緒模型圖示概述

被需要時會感受到**愛**。美國人談到情緒時，也會提到人與人之間深刻的社交事件。[115]

我們再回頭看看航空公司為什麼堅持空服員必須微笑。這是因為在人與人之間，情緒扮演了重要的角色：空服員若要和顧客有連結（或者也有可能是要安撫顧客），微笑至為關鍵。[116]假如航空公司想要扣住顧客的心，並讓顧客看到飛行是一件好玩有趣的事（而不是可怕的事），那麼空服員的微笑就是最有效的工具，因為情緒會在**人與人之間**發揮作用。

同理，收帳員之所以會動怒，是因為憤怒其實是一種有效的人際工具，能夠讓對方退縮回去，照你（動怒的一方）的意思來做事。荷蘭心理學家葛本・范・克里夫（Gerben van Kleef）的研究證實，在商業談判時，憤怒的一方可以談到比較好的條件——最起碼絕對比看起來快樂來得好。[117]這裡請不要誤會：不是大家都知道憤怒有這種效果（換言之，一個人會憤怒，不一定是因為他知道會有這種效果），但我們會覺得火大的場合，通常是因為我們覺得自己應該可以拿到更多。在這種狀況下，憤怒往往會讓別人同意我們的看法，或者最起碼屈服於我們的要求。（我在這裡要承認一件事：我先生對銀行房貸專員發火，科學正好站在他這一邊；我對專員微笑示好，其實完全跟我們自身的利益背道而馳。）情緒存在於人與人之間的觀點並不像一開始看起來那麼奇特，事實上，這可能有助於我們每個人思考我們的情緒在關係中（想要）實現的目標是什麼；情緒對他人有什麼影響，或者我們希望它有什麼樣的影響？

我們再以本章開頭的馬丁為例子。不久前他剛剛完成土木工程碩士學位的最後一項要求：報告他的畢業製作。馬丁陳述自己的情緒時，焦點是他個人的欣喜感、解脫感，以及他和別人講到這項成就時「感覺很好」。可是，人與人之間是不是也有情緒存在？畢竟，他提到他在報告時有親友在場，而且還跟七個人說過他通過這項重要的考試。這些人並沒有認為馬丁的成就讓他們的名譽出現變化，但是他們有在現場，也有一起慶祝，因此也認知了他的社會轉折。其他人是否有可能替他感到自豪？當然；馬丁的地位是否有可能改變，並因此有了新的契機？那當然；馬丁在外部世界的地位改變，他內心的感受是否有可能跟這個強烈相關？這不只是有可能，更是相當有可能。顯然，在MINE的情緒模式裡，情緒的社交與社會面向被忽略和低估了。

OURS模式之所以重要，是因為這種模式紮紮實實讓情緒座落在我們的社交互動和人際關係之中。在MINE情緒裡，一個人的**感受**當然是重點，但我們也不應該忽視情緒的主要功能——**確實是**作行為之用，特別是在社交世界裡的行為。沒錯，我們會有感受，這是一定的；但是，我們會有情緒的原因，主要是當我們和（社交的）世界的關係出現變化時，我們能調整來因應這些變化。即使在MINE情緒為主的文化裡，當我們的階級攀升時，我們會以自豪自豪試圖從中得利，當我們的階級滑落時，又會以羞恥來試圖減災；快樂會拉近我們和別人之間的距離，憤怒則會加深彼此間的敵意；激動的感受會讓我們投入社交活動，悲傷則會讓我們跳脫出來。用OURS模式的架構來檢視我們的情緒，能讓我們提出一些非常重要的問題：情緒會怎麼發揮作用，來改變我們與世界之間的關係？[118]或者借用一位後來成為心理治療師的前學生所言：這個情緒在社交世界裡想要什麼？[119]

至於由外而內的情緒呢？假如我們遵照規範或期望來行事，而不是內在的感受，這樣可以說是「真誠」嗎？其實我們有可能經常這樣做，只是沒有意識到而已。我和許多父母一樣，覺得疼愛自己的孩子是最容易的負荷，因為那一切都是自然發生的。其他的人際關係可能有不明白的地方，但我和孩子之間的連結是純粹的愛。但是，這會不會是因為母親對孩子的感受有清楚、不容置疑的規範，所以我才會那麼自然地愛我的孩子？你的孩子就是**需要**你愛他、接受他。一個文化會想要父母和子女之間有哪些情緒，一定都會有清楚的規範；事實上，亞莉．霍克斯柴德就是這樣認為的。[120]假如真的是這樣，「父母之愛」這種最自然不過的情緒，是不是也該看成是由外而內的才對？我們是不是會一直設法讓情緒符合社會規範？實際上，我們的情緒也許大半時間是OURS的，只是我們沒有這樣認為而已。

西歐和美國有一些格外出眾的研究，說明情緒如果受到酬賞，最後會變成習慣。小孩子發脾氣後，如果父母讓步，這樣小孩子會更常發脾氣。[121]假如父母只有在小孩子表現出負面情緒時才有反應，這樣的小孩子就會更常表現出負面情緒，有別於情緒沒那麼急切時，父母依然會有反應的小孩（即不安全性依附的小孩，與安全性依附的小孩）。[122]同理，憤怒表現的性別差異，有可能是因為男性和女性表現出相同的情緒時，得到的酬賞有差：對男性來說，表現出憤怒可能會獲得更多好處。[123]有一項心理實驗只是把酬賞模式反過來，就能讓女性的憤怒增加，男性的憤怒減少：在進行互動遊戲時，女性會在挑釁時得分，男性會在表現友善時得分。即使只是在實驗進行中的短短時間內，女性受到酬賞也會開始更容易憤怒。[124]

一個文化如果將焦點向內，那麼情緒的樣貌會跟焦點向外時截然不同。MINE情緒和OURS情緒的差異，不只是談論情緒的方式不同而已。雖然如此，假如一個文化完全只聚焦在情緒的OURS面向，這個文化中的個體大多數時間仍然還是會感受到情緒在他身上體現出來。[125]相對地，就算一個文化以MINE情緒為主流，普遍將情緒譬喻成住在頭腦裡的小人，情緒仍然會有OURS面向。就算不管情緒有什麼其他作用，它們會讓人際關係的事件有意義，並且會以符合社會規範和期望的方式跟這些事件搭配起來。情緒是社交行為，而且往往會有許多人共有相同的情緒。因此，如果從OURS模式的角度來看待情緒，你會發現新的啟示；你會注意到情緒還有許多面向被西方主流的MINE模式忽略了。OURS模式也能讓我們理解各種情緒怎麼和文化脈絡緊緊相連——在這個多元社會和全球化的世界裡，若要跨越各種情緒差異的鴻溝，第一步就是要理解情緒。

第三章
教養孩子

我的兒子奧利佛（Oliver）大約十個月大的時候，就已經懂得用正確的方向拿起書本。朋友或祖父母來訪時，孩子的父親或我會故意把書倒過來拿給他，等著他把書轉正。這時訪客一定會興奮地稱讚他，他會看起來一臉得意。他那時真的有感到自豪嗎？也許不是像成人那樣的自豪（心理學家已經發現，早年的自豪感還沒有成人自豪感的諸多特徵）[126]，但在訪客的加持之下，我們這些家長創造出自豪感的契機。我們培養出一種被文化重視的情緒。

人類學家馮涵棣（Heidi Fung）發現，台灣的母親會用相似的方法培養出羞恥感——她們會利用和創造出讓孩子感到羞恥的契機。[127]當三歲大的「弟弟」靠近研究人員的錄影機時，弟弟的母親就斥責他：「ㄟ，弟弟，媽媽講話你都是（不聽）……不可以！我來打屁股。不守規矩的小孩子。」她揚言要把他丟到一邊，不去理他：「我們不要你，你罰站。」她還叫他控制好自己：「你看，你哭的樣子，多醜啊。」弟弟的姊姊也附和：「醜八怪。醜八怪，羞羞臉。」①馮涵棣說明，讓孩子感到羞恥並不是要傷害或排擠他，而是「傳授和教導『恥』（discretion-shame）②

的文化價值……教導小孩子如何成為社會的一份子，用意是讓他們融入、不被排拒。」

奧利佛的父親和我會替奧利佛創造機會，讓他適時感受到適當的情緒；弟弟的母親和姊姊也是如此。不論是弟弟的母親和姊姊，或是身為奧利佛父母的我們兩人，都會慫恿孩子感受到、表現出文化中希望他們有的情緒。兩邊的情緒不一樣，因為兩邊的社會化目標不一樣。我們家住在美國，所以我們想要孩子有強烈的自信心，在世界上自立自強、獨樹一格。弟弟的母親想讓孩子學會台灣社會重視的禮節；對弟弟來說，他需要的規範就是藉由羞恥感知道自己該守什麼本份。我們分別誘發出不同的情緒，這些情緒又分別讓我們的孩子隸屬他們各自的文化。簡而言之：情緒讓我們成為所屬文化的一部分。

養一個自我感受良③好的孩子

人類學家娜歐米・昆恩（Naomi Quinn）觀察道，「早在他們理解到他們日後若要一直獲得

---

① 本案例與下文案例之中文對話直接引述：馮涵棣、陳倩慧，〈情緒、文化與道德社教化：以羞恥感為例的探討〉，《情感、情緒與文化》，胡台麗等編，台北：中央研究院民族學研究所（2002），頁17–47。

② 即「以羞（disgrace-shame）教恥（discretion-shame）」；見馮涵棣、陳倩慧（2002），頁42。

③ 譯註：本章所稱之「自我感受良好」，並無「自我感覺良好」一詞在現代中文語境裡一般認知之負面聯想（亦即，沒有「自我中心」、「不切實際」、「精神勝利法」等意味），在此特別提醒相關的文化差異。

別人的讚賞、持續自我感受良好會需要有什麼樣的成就之前，孩子就已沉浸在父母的讚美裡，而且往往是公開的讚美。」[128]她這裡描述的是美國中產階級家庭，會叫大家關注任何值得稱道的小事，像是把一本書翻正。有一項研究計畫比較了芝加哥一帶美國白人中產階級家庭的母子和台灣的母子（同樣來自中產階級）；訪談中談到父母教導小孩的目標時，美國的母親都自動提到自尊感：「我想要他們覺得自己很好」，或是「我想要他們有自信」。[129]這些母親深信，孩子若要健康發展，自信是一切之本，因為這樣孩子才能快樂、堅強、成功，並且有嘗試新事物的勇氣。當一個文化認為快樂、成功和激動是核心目標時，自我感受良好便是不可或缺的一件事。[130]

這項研究由佩姬．米勒（Peggy Miller）進行；讓人不意外的是，研究中的美國中產階級母親認為積極「建立、培養，或維護孩子的自尊心」是一件重要的事。[131]她們認為，若要做到這一點，一個好的方法就是現在「愛、尊重，和支持」孩子；這樣日後就會在心理上有各種益處。奧利佛的父親和我就是這樣做的：我們愛、尊重、支持我們十個月大的孩子。像這樣稱讚孩子的特別成就，我們並不是特例。

父母的讚美不只會針對當下的事情而已。在米勒的研究裡，許多母親會跟孩子（或研究人員）回憶以前孩子當主角的事件。有一位芝加哥的母親和研究人員談起她兩歲半的女兒茉莉（Molly）[132]：

講這個你一定會覺得有趣。有個星期五，我們就只是閒坐在那裡……吉姆（Jim）和我坐在地上……她把她的手放在我身上，跟我說：「快樂，我」。我就回了：「這樣很好啊，茉莉。快樂，你。」〔研究人員：這個我喜歡，聽起來好可愛。〕我說：「我好像從來沒聽過人這樣說，」吉姆回：「我知道，我從來沒聽過人說過『快樂，我』。」

米勒和她的共同研究人員寫道，茉莉的母親提起女兒用人稱代名詞的方式很有趣（而且她講述這件事的時候，茉莉也在場）。這樣一來，她同時對茉莉和研究人員透露出茉莉的行為表現有多麼可愛、令人意外；另外，她也提到她和她先生當下的反應，藉此更強調了茉莉的用字有多麼新奇獨特。她還用這個事件來吸引聽眾——研究人員是高度社會化的聽眾，其回應（「這個我喜歡，聽起來好可愛」）再次認同了茉莉母親的行為。這個故事將茉莉刻畫成一個特別的孩子，也成為母親和孩子一起感到自豪的一個機會。在芝加哥中產階級歐裔美國人的家庭裡，這種敘事處處可見。

讚美不只有在家中才有。奧利佛和小兩歲的妹妹佐依（Zoë）在北卡羅萊納州上小學，回家的時候常常會帶著「最優秀」的獎狀。身為「新來的」美國母親，我真心想要相信我的孩子確實「最優秀」，但這些獎狀的內容不一定反映出這件事。有一個月他們最優秀，是因為他們背完學校開的第一個法文字彙表（二十個單字）；另一個月，他們是運動會裡最熱衷的參與者——完全沒有獲勝的機會，但還是全心投入。這些獎狀沒有任何一個代表重要成就，但校方用公開讚美的方式，讓孩子（我相信是很多孩子）覺得自己有價值、被重視，或甚至在某一方面獨一無二。與此相關的感受，我們可以稱之為「驕傲」或「自豪」。

在以孩子為重心的文化裡，孩子的觀點從幼時就會被認真當一回事，而讚美在這種文化中無處不見。美國和歐洲白人父母會和嬰兒面對面互動，也會跟嬰兒說話；但在許多其他的文化裡，母親會把嬰兒繫在自己身上，而不是跟他們面對面。[133]

美國中產階級的家庭有多麼希望自己的孩子（就算只是嬰兒）一起加入交談，可以用我自己家中的故事來說明。我在威克森林大學有一位大學部的學生，姑且先叫他約翰；他非常聰明，但也非常散漫。他上了研究所後，有一次在最後一刻請我幫他一個忙——他需要一個有幼兒的家庭在晚餐時間的錄音。我同意幫他這個忙，但就在我們開始用餐之前，我想到他會無法使用我提供的資料。我會跟孩子說荷語，孩子的父親會跟他們說英語，但約翰不是雙語人士，所以我們的交談他會完全聽不懂。由於約翰的交件期限非常緊迫，我只好繼續錄下我們用餐時間的交談。但讓我意外的是，這個錄音對約翰非常有用——他關注的是大家說話的回合（turn）。我的女兒佐依那時還沒滿周歲，也還沒開始講話，可是我們還是讓她有說話的時間。我們會問她問題（英語和荷語都會問），而就算她那時還沒辦法回答，我們還是會給她時間回答。我們幫她做好建設，成為一個自身就能被人看重的個體。

有許多方法讓美國中產階級的兒童知道他們身而為人受到重視，但「稱讚」這個行為特別容易激起情緒。美國中產階級父母稱讚兒童年幼時的成就，像是把書拿正，或是他們的童言童語（「快樂，我」），這樣不只讓孩子知道這些成就有多麼重要，「更是藉此希望他們培養出更全面的自立心態；一般認為當孩子未來追求快樂與成功時，這種心態對他們有益。」[134]在米勒的研究中，有一位母親就是這樣說的：「〔重要的是〕給他們充足的愛和讚美，讓他們對自己感覺好，然後好好駕馭這個世界。」父母和其他社會化代理人（socializing agent）將這些小成就標明出來，為孩子的整體自我感受良好鋪平了道路；這使孩子傾向於感到快樂、自豪或擁有自尊。[135]

美國的親子教育網站現在會叫父母不要什麼事都稱讚小孩，讓他們對自己的感受比較貼近現實，也許是因為以往的做法過頭了。[136]雖然如此，美國中產階級的父母還是會想要孩子深信，他們在世界上應當得到的事物一定可以得到，並且有安全感、覺得被愛，可能還會覺得自己獨特。有一個網站這樣說：「給予你的孩子正面的經歷。如此他們將具備體驗正面經歷的能力，並將這些體驗帶給其他人。〔如果你〕讓小孩有負面的體驗，他們就不會發展出未來生存所需。」一般普遍的認知是，正面的感受是需要被孕育出來的。

我在帶孩子的時候，覺得難以想像要怎麼把重心放在讓他們覺得羞恥，或感受到恐懼。我和米勒研究的芝加哥母親一樣，覺得「羞辱孩子，太嚴厲地斥責他們或透過跟別人比較來刺激他們，這些作法都應該要避免，因為這樣會傷害自尊心。」[137]許多心理學研究也支持這種看法，認為羞恥與缺乏自尊心和憂鬱症相關。研究還發現與羞辱行為有關聯的後果，包括暴躁易怒和反社會的傾向，以及讓兒童缺乏同理心。[138]因此，美國白人中產階級的父母實在無法想像「羞恥」（即公開嘲弄或羞辱孩子）怎麼能當作第一線的社會化工具。

在WEIRD文化脈絡的社會化策略裡，體罰可能比羞辱還更糟糕。一般的建言是：「無論如何都不可以打小孩。」[139]現今的共識是體罰會讓兒童心生畏懼，因此可以讓他立刻聽話，但無法長久改變他的行為，故無法達成管教的目的；這種作法不能讓孩子分辨是與非。[140]另外，體罰（以及兒童心中對體罰的恐懼）會妨害親子之間的親密感，並且有礙孩子的心理健康。體罰還會讓兒童自己學會動粗，因此增加他們反社會、霸凌他人的風險。[141]WEIRD文化的共識是，羞辱或恐懼都達不到預期的效果：這些作法不會讓孩子變成我們文化想要的樣子。

但是，有些群體會認為有這樣的情緒是好的；這些群體裡的兒童如果做錯事，必然會受到羞辱或感到恐懼。在這些群體裡，羞恥或恐懼會讓孩子成為該群體重視的成年人。我會在下一節談論這樣的情形。

養一個懂得羞恥的孩子

人類學家碧兒吉特・羅特格—羅斯勒（Birgitt Röttger-Rössler）和發展心理學家曼佛列德・霍洛丁斯基（Manfred Holodynski）描述米南佳保兒童社會化過程中，*malu*（羞恥）扮演關鍵的角色；這個鮮明的案例讓人看到其他的情緒如何發揮社會化的作用。[142] 這些兒童來自印尼西蘇門答臘省的小村落（萊文森和艾克曼就是在這裡測試他們的 MINE 理論）；對米南佳保人來說，社會化的主要目標是尊敬父母和所有其他長輩（不論是否有親屬關係）。

對米南佳保人而言，「尊敬」代表謙遜、遵守規範；兒童會透過學習 *malu*（最貼近的翻譯是「羞恥」）來學習這種行為模式。米南佳保父母會從孩子年幼時督促他們表現謙卑畏怯，如此他們稱作 *malu-malu*（「嬰兒的 *malu*」）。父母讓孩子注意到這種行為時，也是讓在場所有其他人注意到孩子，而這種關注本身也有可能誘發 *malu*。等到孩子年紀稍長，就會開始受到公開羞辱。五歲的女童海法（Haifa）和同齡的表兄弟伊斯（Is）一起光著身子在村裡的池塘裡游泳，同學看到後就公開嘲笑他們。同學大笑又彼此間竊竊私語，接著有一個人大叫：「他們沒有羞恥心！」大夥在笑聲中應和。等到海法和伊斯穿好衣服後，大家才停止。同理，孩子的照護者和其他親戚也會等孩子違反規範的行為停止後，才會停止斥責孩子。假如孩子不聽話，他們就會受到冷落忽視，一直到他們不再有不恰當的行為為止；相關的大人也會因為孩子違規，表現出替代性羞恥（vicarious shame-sharing）。

米南佳保人的孩子到了青春期初期，有時候會刻意受到羞辱；一個例子是十三歲的安迪在全班面前被老師剪頭髮（見第二章）。米南佳保孩童受排擠的方式會越來越嚴厲，以確保他們體驗到羞恥，也「知道」什麼是羞恥。這種被誘發出來的羞恥感，不僅標記某個行為違反規範，必須避免，也會因此培養出米南加保文化裡崇尚的性格——拘謹、謙卑，而且知道自己的行為會有什麼樣的社會後果。

本章開頭提到台灣的案例也是如此。弟弟的母親讓自己的兒子感到羞恥，藉此讓他學會禮貌。[143]她讓弟弟注意到他違反規範；假如她住在芝加哥一帶，可能會被別人嫌「批判的意味太重」。美國的母親不願意羞辱或批評自己的孩子，以免傷及孩子脆弱的自信心，但弟弟的母親則是想要培養出一個懂得羞恥的孩子，深信讓弟弟感到羞恥是「正確的」。在台灣，羞恥感代表你知道自己的本份，因此會順從別人，願意避開違反規範可能會招致的負面後果。在這樣的文化脈絡之下，弟弟的母親覺得比較嚴重的問題是孩子不知羞恥，而不是讓孩子感到羞恥。

如果要指責米勒和馮涵棣在研究中訪談的台灣母親不管孩子的自尊心，這樣有失公允，因為這種指責沒有顧及她們的視角——許多人甚至不懂研究人員所謂的「自尊心」（self-esteem）指的是什麼。中文無法準確翻譯「self-esteem」一詞④，而且培養自我良好的感受並不是重要的目標。[144]有幾位母親自動提到她們想讓孩子的人格健全，但都是只有在談到應盡量避免嚴厲管教時才會提到此事。另外，訪談者請台灣的母親談論孩子是否有良好的自我感受時，都覺得「有自尊心」的孩子更容易被挫折打倒、更頑固，也更不會服從管教——在她們眼裡，這些都是不好的特質。

但是在這種羞恥教養之下，米南佳保和台灣兒童怎麼不會時時刻刻都低落不振？小孩最後的下場，是否只有一輩子自尊心低落、有憂鬱傾向、缺乏同理心，又暴躁易怒？實際情況看來並非如此。其中一個原因是當羞恥感發生時，孩子與父母和親戚之間的關係不一樣：在這種關係裡，父母和親戚會同感羞恥，甚至會有替代性羞恥。[145]在台灣和米南佳保的群體裡，羞恥感會強調出你和其他人（像是父母）的連結，也有可能因此導致羞恥感不會那麼傷人。羞恥的主要作用不是被人排拒或孤立，而是點出你在一個無法抽離的社交網路當中應有的位置；它會提醒你在這個網路之中應該要遵守的本份，但不會把你推出去。

「弟弟」的母親會在研究人員面前羞辱他，其中一個原因是「弟弟」的行為反映出母親是什麼樣子的人。母親的責任是讓弟弟「知恥」。弟弟懂得羞恥，母親的形象也會變好。羞恥不會點出人與人之間的連結可能有危險，而是強化這些連結。

---

④ 在此摘譯米勒等人的論文：

國語或台語裡沒有self-esteem的直譯詞。王素華〔此論文的共同作者之一〕是在台灣長大的國、台語雙語人士；在她的記憶裡，她是大學修了社會心理學課的時候才第一次碰到self-esteem一詞。有兩個名詞接近self-esteem指涉的某些含義：一個是「自尊心」……另一個是「自信心」……。這裡要注意的是，「自尊心」和「自信心」二詞都有「心」，該字既指「心臟」也指「心智」，象徵一種在身與心中並存的特質，兼具認知（cognitive）與情感（affective）的作用。訪談人員在田庄鄉〔化名；此研究在台灣的田野調查地點〕問到self-esteem相關的問題時，主要使用「自尊心」一詞，但如果受訪的母親偏好的話也會使用「自信心」。（Miller et al., "Self-Esteem as Folk Theory: A Comparison of European American and Taiwanese Mothers' Beliefs", Parenting: Science and Practice 2 (3), 2002, 228.)

在另一項研究裡，馮涵棣和陳倩慧（Eva Chian-Hui Chen）追蹤了七個台灣中產階級家庭。[146] 研究從小孩兩歲半開始，持續到小孩滿四歲為止；研究人員每六個月拜訪其家庭一次，並且有系統地錄下家人和孩子的自然互動。研究人員總共錄了超過一百個小時的家庭互動，發現每小時會有超過三次的羞恥事件。在絕大多數的事件裡，家長會指出孩子犯錯，藉此讓個案小孩感到羞恥。在這項研究裡，台灣的母親常常會把焦點放到她們同感羞恥，以下便是一個例子。母親叫四歲的阿新和他兩歲的弟弟去睡午覺，但兩個小孩不肯聽話：

> 媽媽說：「老師叫我們作息要規律，不然我們會被老師罵。」〔兩個小孩〕想知道老師是否真的會罵她。媽媽回答：「老師那天不是才罵過……我嗎？」兩個小孩問為什麼。媽媽回答：「她說我沒有好好教你們，沒有叫你們乖乖午睡，對不對？」

如果孩子不聽話，孩子的母親會被指責，因為她沒有好好帶孩子。同感羞恥不言自明——孩子不守規矩會讓父母和家人蒙羞。許多其他家長也會說：「你讓媽媽沒面子」，或是：「這個孩子真是不聽話」，同樣點出他們同感羞恥。但在這裡可能更重要的是，父母藉由另一個權威角色（以此例而言是孩子的老師），維繫了孩子和父母之間的緊密連結——母親並沒有要拋棄孩子，而是和孩子一起因應外部的需求。孩子和父母（或親戚）之間有著根本的結盟關係，這樣站在同一國雖然會讓不遵守規範的影響更大，但也表示羞恥帶來的威脅沒有像西方文化裡那麼大。在米南加保和台灣文化裡，羞恥感會讓人糾正錯誤，但不會威脅到孩子和最重要的照護者之間的連結。

知恥被認為是一種美德——這表示你懂得社會規範，而且能避免觸犯這些規範。知恥會讓你在乎別人對你的觀感，同時也會讓你避開違反規範的行為，因而不至於被社會排擠。成年的米南佳保人認為 *malu* 會產生出符合規範的行為，「*Malu* 讓我們謹言慎行，不會做出壞事或犯錯。」[147] 同理，台灣母親會設法幫孩子感受到羞恥，藉此教他們遵守禮節。不論在哪一種文化裡，照護者會替孩子做出對他們最好的事——以米南佳保人和台灣家庭而言，「知恥」是讓孩子成為被社會重視的成員的最佳管道。

養一個懂得恐懼的孩子

巴拉人（Bara）居住在馬達加斯加島的南部；對他們而言，社會化的一個重要目標是要順服。巴拉人的社會門戶和階級分明，其基本的組織單位是同一個祖靈的三、四代在世的子孫。對巴拉人來說，最理想的孩童必須順服，不論長輩要他們做什麼都必須遵從；他們會被教成對長輩唯命是從，不會抗拒。為了讓他們有這種表現，他們必須「懂得 *tahotsy*，也就是必須隨時懼怕長輩。」[148] 根據人類學家碧兒吉特．羅特格－羅斯勒和發展心理學家曼佛列德．霍洛丁斯基的說法，恐懼在這裡是社會化的情緒。

在他們滿周歲前，巴拉嬰兒和母親非常貼近——母親和嬰兒有很多身體接觸，嬰兒的生理需求也會有求必應，而且往往還會事先準備好。嬰兒在出生後第二年斷奶，此時母親會開始稍稍體罰孩子——當孩子不聽話時會刻意保持距離，並且施加輕度體罰，像是捏痛孩子。此時較年長的兄姊和同儕開始對孩子更重要。孩子到了四歲時，應該要懂得社會規範，以及違規的處罰，此時長輩就會開始體罰，在孩子身上灌輸強烈的恐懼（*tahotsy*）體驗。打孩子是最常見的體罰方式，但禁食（在這裡的用意是誘發出對飢餓的恐懼）也是一種手法。負責打孩子的一定都是同一個人，通常由父親來進行。巴拉人認為公開羞辱對孩子大害，因此會確保孩子被打時不會有別人看到。另外，巴拉人為了確保孩子被打後仍然覺得受到大家接納，還會竭力安撫被打的孩子——往往由母親來負責安慰。「孩子會被輕輕撫摸，告誡以後要怎麼避免挨打，也會告知他挨打純粹是因為他沒守規矩。」巴拉人用處罰來誘發對權威的深刻恐懼；但他們和台灣母親和米南佳保人的不同之處在於，他們會設法消除自身價值貶損的感受，也會刻意不讓孩子擔心會在社交上受到排擠。

巴拉人除了避免羞辱孩子，還會避免稱讚他們。研究人員問巴拉父母會怎麼對待聽話的孩子？他們認為稱讚是不好的行為。他們一定會覺得我和奧利佛的父親在寵壞他，他長大後一定不成體統。那麼，巴拉人會怎麼做呢？受訪的父母多半說，他們不會對乖巧的孩子動怒或動粗（只有少數幾個父母說他們可能會給一點獎賞，像是食物或一件衣服）。

巴拉孩童受到像這樣的體罰，他們的處境如何？他們會因此有強烈的恐懼感嗎？假如巴拉孩童沒有將社會規範內化，只有在權威角色面前表現順服而已，這樣他們長大後怎麼會變好？巴拉人廣泛將體罰當作社會化的工具，巴拉孩童會因此心理受創嗎？答案可能還是一樣——即使當今（中產階級）（美國）白人父母無法用處罰和恐懼教養出他們理想中的孩子，這些工具在巴拉人的社會裡卻可能有效。若要理解這一點，我們需要看一下巴拉小孩是在什麼樣的社會裡成長。

體罰會在巴拉人的孩子身上誘發恐懼——他們光是想到違反規範的行為，就足以誘發出強烈的恐懼感，害怕可能招致的後果。巴拉孩童有可能只是被調教成會去避開這些後果，而不是將社會的規範內化到心中；假如是這樣，西方的研究可能是正確的。不過，巴拉人的社會可能也不需要將這種事情內化，因為巴拉小孩的身邊無時無刻都有許多大人盯著他們的一言一行。就算他們長大成年，恐懼可能還是有作用。等到巴拉小孩長大，已經有力氣反抗時，照理來說不需要害怕長輩的體罰，但他們此時已經對祖靈有集體的恐懼，祖靈相當於取代了長輩。他們相信，違反規範的行為「會惹怒祖靈，祂們會因而對冒犯者和他的子孫降下各種疾病和災難。假如沒有獻上貢品來平息祂們的怒火，惹怒祖靈有可能致命。」由於祖靈無處不在，*tahotsy*（恐懼）因此成為一種美德；懂得 *tahotsy* 的人會記得要遵守社會規範。[149]

Tahotsy 還會伴隨著暴躁易怒的傾向，這方面也與西方研究的認知相符。根據巴拉兒童的說法，他們被打完後除了感受到 *tahotsy* 外，時常還會感受到 *seky*（譯為「憤怒」）。另外，有些跡象

顯示他們被打的時候會學習攻擊性的行為；父母對他們動粗，可能會成為他們的行為典範。[150]假如孩子把怒氣出在懲罰他的長輩身上，又會招來嚴厲的懲罰，因為這等於再次違反規範。不過，怒氣有其他的宣洩管道。在巴拉人的社會裡，宗族之間有激烈的競爭，因此剛剛被打完的孩子會對其他沒有親屬關係的同儕出氣。正因如此，即使在遙遠的巴拉社會裡，強烈的恐懼也有可能與易怒的傾向相關；但差別是，巴拉人不認為這是一種反社會的傾向，而是可以轉化成符合社會規範的行為——先去毆打競爭宗族的其他同儕，等到自己有了後代之後，再轉變成讓新一代巴拉孩童社會化的行動，讓他們在社會化的過程中懂得感受到 *tahotsy*。

最後，恐懼有可能會衝擊親子關係的親密度，就連巴拉人也不例外。但是，親子關係又何必一定要親密呢？孩子還沒有辦法自理時，巴拉父母會照料他們的各種生理需求，之後又會教養孩子適應重視階級的社會，並保護他們不受祖靈怒火的侵害。巴拉小孩又有何求？

我們不需要去遙遠異地的文化，就能看到像這樣的情緒社會化行為。十九世紀時，在維多利亞時期的規範成為主流之前，美國也看得到像這樣的作法。憤怒與懲罰會被用來「捍衛階級和宗教的正統」，並灌輸他們對長輩（包括父母）的敬意、對永恆天譴的恐懼，以及對上帝的畏懼。[151]大西洋另一端的親子教養方式幾乎一模一樣；十七世紀法國國王路易十三世（Louis XIII）接受的教養十分相似：「孩子不斷受到鞭打，用意是設法抑制他的自主感，訓練他順服。」[152]不論階級貴賤，教養的目的是抑制驕矜自負，灌輸臣服順從的感受。哪怕是國王，也必須臣服、順應隨時可能暴怒的神祇。

一直到了十九世紀，美國中產階級的文化脈絡才開始批判以恐懼為管教工具的教養方式。歷史學家彼得・斯特恩斯（Peter Stearns）在一九九四年的著作《美國式的酷》（*American Cool*）描述如下，深具說服力：

> 當畏神的宗教美德漸漸從美國主流新教裡消逝，一個人光有畏懼之心已不足以表示他的虔誠，反而表示這個人的情緒有所損傷，無法表現出中產階級生活該有的主動行動力或自信。[153]更明顯的是，假如親子之間的情緒連結是恐懼，短期也許能達到規訓之用，但不可能有長遠的親密感。簡而言之，恐懼被看成是父母權威角色的情緒濫用。

大約就在這個時候，「親密感」開始勝過「順服」，親子關係開始被看成有「愛」。[154]在這種新型態的教養方式裡，母愛扮演關鍵的角色，因為有母愛才能栽培出有品德的小孩。[155]一八三九年時，一位牧師在《母親誌》（*The Mother's Magazine*）寫道，「神在母親心裡**深處**，放置了她對子女**永無止境**的愛。」此時的觀念是，孩子會從母愛之中迸發出應有的情感，「慈母的子女不可能不冀求自己和這樣的典範看齊。」在維多利亞時期的美國，「愛」成為重要的社會化情緒，而且很可能至今依舊如此。[156]

養一個有同理心的孩子

日本的父母和教師不會對孩子的行為設限，從西方人的觀點來看相當奇特。舉例來說，發展心理學家吉賽拉・托姆斯朵夫（Gisela Trommsdorff）和漢斯─約阿希姆・柯納特（Hans-Joachim Kornadt）進行了一項跨文化的研究，以日本和德國的母親和五歲小孩為對象，觀察這些母親怎麼對待不聽話的小孩。[157]日本母親會站在小孩的觀點，用感同身受的方式來解讀他們的行為：「孩子就只是孩子，只是顧著玩而已，他太累了。」如果孩子還是不聽話，日本母親會用和善的口氣再次告誡，此時仍然保持同理心。等到來回幾次之後，母親才會開始懇求孩子，請他們顧慮一下母親會有什麼感受；但即便如此，她們也從來不會糾正孩子。日本母親用這種方式應對自己的孩子，互動往往會在妥協中和諧地結束，因此加強了彼此間的關係，這一點特別引人注意。另外，這種作法也和日本兒童長期的社會化目標有關——在首次觀察親子互動的九年後，托姆斯朵夫和柯納特發現日本孩子比德國孩子更有同理心。[158]

日本人認為幼兒早年會感受到「甘え」（*amae*），也就是完全依賴照護者（通常是母親）無微不至的悉心照料。[159]對日本人來說，「甘え」是一種情緒；母親會接受孩子的「甘え」，並以「思いやり」（*omoiyari*；體貼、善體人意）來回應。[160]從西方人的視角來看，她們對孩子通融的程度近乎寵壞，不論孩子想要什麼都會允許。如此一來，她們親身示範了她們想要孩子展現的情緒，也就是「思いやり」，指的是「有能力和意願感受到其他人的感受，同樣體驗到他人所經歷之愉悅與痛楚，並協助他們滿足所需。」日本文化十分重視人與人之間和諧共處，而「思いやり」正是其核心。[161]

日本母親會親身體現「思いやり」，藉此在子女身上灌輸這種情緒。孩子最初不會被冀求表現出「思いやり」，但母親會逐漸敦促孩子站在她的觀點，並且學習感受到母親的感受。日本的母親不會跟孩子說應該要怎麼做，而是等孩子自己有動力去遵守社會的規矩，以滿足母親的期望。塑造和灌輸「思いやり」需要母親的耐心，但被認為是讓孩子為成年角色做好準備的唯一方法——站在別人的觀點，扮演好自己所屬的角色，不要替別人惹麻煩。[162]一個人若懂得站在別人的觀點，就會去思考自己應該要怎麼做才能更符合別人的期望，並且有辦法渡過和克服外在環境的難關。

日本文化認為「思いやり」只能靠培養，不能強加在還沒準備好的孩子身上；在日本幼兒教育裡，這種想法是主流。[163]即使幼兒之間的互動發生衝突，甚至是攻擊性的，教師的處理方式仍然非常拘謹。這裡來看看幼兒園班上新來的奈緒（Nao）和幾個同學之間的互動：

> 奈緒從另一個女孩子玲子（Reiko）手中搶走一隻泰迪熊。……森田老師叫她們猜拳來解決。玲子出了「剪刀」，贏過奈緒的「布」。森田老師對奈緒說：「好，我們讓玲

子拿熊熊去放好。」奈緒不肯聽話：「不要！」森田老師的語氣堅定：「我們已經猜拳了。」奈緒坐在地上生悶氣。玲子和形影不離的雙胞胎姊妹晴子（Seiko）過去找她，跟她說她不應該和她們搶泰迪熊。奈緒回她們：「小玲和小晴是笨蛋。」晴子說：「這是你的錯。是你把熊熊放下來的，所以我們才會去拿。」

在一些班級上安排好的活動之後，熊熊爭奪戰又繼續進行，奈緒和另外兩位女孩互相搶來搶去。最後，兩位雙胞胎姊妹再次跟奈緒說明，她把泰迪熊放下來的時候就該換人了。

晴子把嘟著嘴的奈緒拉到教室另一邊，跟她說：「你不可以這樣。懂了嗎？答應我？」晴子和奈緒勾勾手，邊擺手邊唱：「打勾勾，打勾勾，說謊吞針切手手。」

在這一切發生時，森田老師在一旁看，但沒有介入——就只有在一旁觀看而已。依照她的角度，這個事件是奈緒用強硬、發牢騷的口氣表現「甘え」，接著是其他幾位女孩子關注她，最後以接納她來表現出「思いやり」。值得注意的是，日本文化重視的情緒除了有「甘え」和「思いやり」之外，還有「孤獨」，因為這些情緒「促長對社會性的渴望」。「孤獨」會讓人想要尋求其他人的陪伴，當這個渴望藉由「甘え」傳達給別人時，就會激發別人的同理心，邀請他加入群體。

大多數日本教師會認同森田老師的作法——不去介入，這樣小孩子就會學到怎麼判讀「甘え」，並以「思いやり」回應。相較之下，美國教師看到這段互動的錄影，會認為教師應該要介入才對。[164]依照他們的看法，老師此時沒有介入，表示她沒有成功阻止小孩子互相傷害；另外，他們還猜測老師沒有注意到這件事發生（不然她早就會介入了！）。可是，森田老師確實有看到，只是她的目標和美國教師不一樣——她想要讓「思いやり」有醞釀的空間，而不是確保小孩子會有良好的自我感受。

美國人（中產階級白人）的目標可能是讓孩子有安全感、有獨立的能力，但日本人的目標是讓孩子夠敏銳，可以採取別人的觀點。[165]在許多美國和歐洲的文化脈絡裡，自豪感和快樂往往是重點，但在日本的文化脈絡裡，促成社會化的情緒則是「甘え」和「思いやり」。

養一個平靜（或情緒化）的孩子

心理學家海蒂・凱勒（Heidi Keller）和她的團隊研究在非洲喀麥隆（Cameroon）農業聚落的索族（Nso）母親；這些母親認為「從來不吵鬧的孩子才是好孩子」。[166]這些母親都有三個月至十九個月大不等的幼兒；她們認為，幼兒應該要平靜、不表現情緒，好讓母親能繼續做她的事，當母親不在時也方便其他人來照顧。這些母親跟凱勒說：「我們在巴村（Mbah；田野調查的村落）裡不哭。」她們會用盡方法讓幼兒安靜下來，其中一種作法是餵母乳。一位母親告訴凱勒：

> 孩子哭的時候哺乳他就不會再哭了。因為孩子不哭的時候，你就能做自己的事……
>
> 我把乳房給他，他就不哭，開始睡覺。

索族母親會哺乳讓哭鬧的嬰兒安靜下來，或是防止嬰兒哭鬧。如果哺乳沒有用，她們就會對孩子表現她們的不滿，說他們是「壞孩子」，或是大吼「真糟糕！」，然後叫孩子不要再哭。[167]不吵鬧、「乖乖不動」的孩子才是健康的好孩子。索族的嬰兒經由這個過程，學會調整自己來因應情況。[168]

我們再來看看凱勒研究裡的德國母親，她們全都來自中產階級的都市家庭，幼兒的年紀和索族母親的相仿。研究發現，德國的母親會在孩子身上激發和維持正向情緒性（positive emotionality）。一位德國母親這樣和她三個月大的嬰兒說話：

> 小個子啊，你要笑啊！對，你要笑才好。唉呀呀，就是這樣。哇，對，你做得很好。再來一次。對，你做得很好。[169]

德國母親和索族母親的共同點，是會設法讓孩子實現出自身文化中理想的樣貌。一位母親對凱勒和研究團隊說明這種理想：

> 孩子經常和媽媽一起笑，能增加孩子對自己周遭環境的信任感；孩子需要有人悉心照料，我看到有人說嬰兒在一歲以前最常笑……我們常常和她一起笑。我覺得笑是一件健康的事。

根據凱勒的說法，德國中產階級的嬰兒和母親之間的互動時間，有大約百分之八十至九十是面對面的接觸，其中母親經常會和孩子的眼神接觸、笑，和發出正向的聲音。[170]當然，就算德國母親這麼重視正向情緒性，也經常設法激發正向情緒性，她們的孩子有時還是會哭。但即使在這種情況下，母親還是會讓孩子的情緒有空間。她們會試圖找到嬰兒哭泣的原因、釐清整個情況應該要如何來為孩子調整，而不是叫孩子安靜。一位母親問她大哭的嬰兒：「你不想再躺一會兒嗎？你想要你的奶嘴嗎？」嬰兒在這個階段還無法自己改變環境，但母親可以幫他們遠離不愉快的事物，貼近他們想要的狀態，像是把他們抱起來，或是給他們奶嘴。德國的嬰兒經由這個過程，學會怎麼影響別人。

就我們所知，不只有索族的幼兒會調整自己，也不只有德國的幼兒會影響別人。史丹佛大學心理學家蔡珍妮（Jeanne Tsai）給美國學齡前的白人兒童看不同的照片，其中一張是一個人大笑，另一張是一個人微笑[171]；當她問這些兒童他們想要像哪一個人，幾乎所有的人都想要像大笑的人。但台灣的兒童沒有像這樣偏好大笑——偏好微笑的孩子跟偏好大笑的一樣多。換言之，和同年齡的美國兒童相比，三至五歲的台灣兒童更能接受平靜的感受。不論研究人員用什麼方式提問，台灣兒童都更偏好平靜；舉例來說，在從事水上活動的時候，大多數台灣學齡前兒童偏好坐在泳圈上漂浮勝過蹦跳潑水，但同年齡的歐裔美國兒童就不是如此。在動與靜之間，台灣兒童偏好靜態，而歐裔美國兒童偏好動態。最後，幾乎所有的歐裔美國兒童覺得大笑的臉比微笑的「更快樂」，但台灣兒童裡有這種看法的只有一半，另一半覺得微笑的臉「更快樂」。

馮涵棣和陳倩慧觀察台灣母子之間的互動時，發現幼兒哭泣往往會被羞辱。弟弟在浴室的濕地板上滑倒後大哭，第二天就被母親羞辱：「弟弟最煩了，最愛哭了！」姊姊也唱和：「愛哭鬼，」還用手指在臉上比「羞羞臉」。在另一個案例裡，一位叫文文的孩子（三歲半的小女生）坐著嚎啕大哭，因為她的美勞作品被她的弟弟弄壞了。文文的母親指責她，因為她應該趁她弟弟還來不及弄壞東西的時候就先收起來才對。文文的父親走進房間，叫文文安靜下來；他把文文的弟弟帶走，但文文這時還在哭，母親於是對她說：「我不管你。我跟你講過，你不信吧。再哭我也不管你。」在這個案例中，規範同樣是要平靜，而非情緒化。[172]

但為什麼只是要人平靜下來而已呢？海蒂．凱勒研究的索族母親給了簡單明瞭的好答案：孩子平靜時，你就能工作，讓其他人來照顧不會吵鬧的孩子。換句話說，平靜的孩子容易適應周遭環境。蔡珍妮的理論也是如此；當一個文化預期你把群體的要求放在個人需求之上，這個文化會偏好平靜的情緒，因為這樣能讓你注意到別人所求、所為、所言之事，讓你能觀察大環境的動向，並跟著動向走。[173]相較之下，假如一個文化預期你會主動掌控周遭的環境，這個文化就會偏好激動的情緒（更廣泛來看，還有動作），因為這樣你就能搶先一步行動，並且影響別人。

蔡珍妮身為一名出色的實驗心理學家，自然會想看看實驗會不會出現她預期的結果；假如她刻意製造出一個情境，讓一名受試者影響另一名受試者，試圖影響別人的受試者會不會想辦法更激動？假如她讓受試者去跟隨另一個人，這個調整自己去跟隨別人的受試者會不會想要變得更平靜？兩個答案都是肯定的。在她的實驗裡，學生兩人一組進行紙牌分類的工作，但兩人分別扮演不同的角色。兩名學生各拿到一副沒有整理過的紙牌，每張紙牌上都有不同的圖案。其中一個人被指派擔任「影響者」，需要逐一描述自己手上的每一張紙牌，讓對方把他的紙牌用相同的方式排序；另一個人則擔任「調適者」，需要「進入對方的思緒裡」，把自己手上的紙牌依照影響者的紙牌順序排好。不出所料，影響者確實會想要更激動，調適者會想要更平靜。[174]

德國的母親想要自己的孩子表現情緒，因為她們希望孩子長大後能自信地表示自己的喜好，並發展個人專長；索族的母親想要自己的孩子平靜，因為她們的目標是要讓孩子懂得尊重長輩、聽父母的話，和維繫社交上的和諧。[175]同理，台灣的父母會斥責哭泣的孩子，叫他們安靜下來，調整自己來因應（或預防）不如意的事情發生。這些文化脈絡分別將孩子的情緒社會化，讓孩子在各個文化中能成為對社會有價值的成年人——可能是有自主行動力的人，或是根據環境來調整自己的人。

我們還能用另一種方式來看這些差異。索族和台灣的兒童可能會被社化會成具備由外而內的情緒，德國中產階級和美國白人兒童則是要具備由內而外的情緒。一個人培養出由外而內的情緒後，會以外在環境的需求為優先，其中包括人際關係；由內而外的情緒則是會跟著一個人的感受表現出來。母親跟三歲的孩子談到最近的情緒經驗時，可能會強調情緒經驗的社會後果，或是強調情緒經驗本身帶來的感受；但不論強調的面向是什麼，這時很可能已經替未來奠定基礎了。以第二章提到的小江和喬治為例，三歲的中國小孩可能已經有整整三年時間把注意力向外了；在同一段時間裡，三歲的美國男孩則是把注意力向內。他們和母親的對話加強了各自注意力的導向——但在這些對話發生之前，他們關注的方向早已有別。

養一個憤怒的孩子

沒有任何一種文化會想要孩子時刻都在生氣，但我們可以明顯看到有些文化會重視憤怒，有些則是把憤怒妖魔化。美國中產階級白人父母認為孩子不可能從來不生氣，而且還珍愛各種相關的特徵。幼童在「頑劣兩歲」時期會賣弄獨立感，有一段時間會對所有的事情說「不」，此時他們會變得「自信滿滿又反對一切」。[176] 到了青春期（最早有可能十歲就開始），正值青少年的孩子與父母之間的衝突會增加，也會不時發脾氣。在這兩個階段裡（在其他時期也是），憤怒雖然不討喜，卻象徵一個人健全又獨立自主。《今日心理》（*Psychology Today*）雜誌裡有一篇和青春期有關的文章（該文的作者還寫過一本親子教育的書，叫作《誰偷走我的孩子？》〔*Who Stole My Child?*〕），當中寫道：「憤怒是個經常發生的問題，不只對青少年如此，對父母也是如此。怎麼可能不是呢？」[177]背後的原因是什麼呢？作者認為：「父母會因為爭取影響力受挫而生氣，青少年會因為爭取自由受挫而生氣。」在人生發展各個階段裡的權力鬥爭中，一邊是美國中產階級的父母，另一邊是漸漸獨立自主的孩子，而憤怒一直是鬥爭中不可避免的元素。

沒有人想要自己的幼兒在超市裡失控發脾氣，不知道該拿他怎麼辦；沒有人想要去管一個死都不聽話的學齡兒童；也沒有人想要被迫接受青少年的忿恨和甩門。然而，歐洲中產階級和美國白人的父母會藉由情緒示範、培養獨立性等方式，指引他們的孩子感受憤怒並表現出來。

心理學家潘蜜拉．寇爾（Pamela Cole）和共同研究人員以美國人和尼泊爾的塔芒族（Tamang）為對象，觀察了青春期前和青春期早期（九歲至十一歲）的青少年，得到了相似的結論：面對相似的情境時，與尼泊爾佛教聚落的塔芒族孩子相比，美國東北部農村的孩子表現出更多的憤怒。[178]來自兩種不同文化的參與者會閱讀一篇描述「困難情境」的短文和插圖，像是以下這個情境：

> 你在做功課，你的父親坐在你旁邊。你想要用橡皮擦。你看到橡皮擦在父親的手邊，你伸手去拿，但父親打了你的手說：「不准亂抓東西——等我用完才換你！」

除了這個情境之外，還有幾個情境裡有父親或朋友。孩子看完描述和插圖後，研究人員會問他們有什麼樣的情緒。在超過半數的「困難」情境裡，美國的孩子說他們會**覺得憤怒**（有別於**覺得快樂**、**羞恥**，或**還好**），而且會表達他們的憤怒。與年紀較小的孩子相比，年紀較大的美國孩子更有可能表現出他們的憤怒；這可能表示發展成熟的孩子會展現憤怒。美國的孩子認為，表現出憤怒有助於解決問題，並且影響當下的情境。美國孩子典型的回答是向父親表示憤怒，「讓他知道那只是不小心而已，」並告訴他，「橡皮擦你可以拿去用，但也用不著**打**我。」寇爾和共同研究人員認為，在一個重視自立和自信的社會裡，孩子們學會感受和表達憤怒是可以被接受的，也是有效的。

但塔芒孩子的情緒就完全不一樣了；塔芒族重視平等、寬容，和降低憂傷煩惱，在這種社會價值之下，塔芒族的孩子往往會責怪自己讓情況變糟。他們可能會說：「是我要去搶橡皮擦的。」[179]美國的孩子會感受和表現憤怒（而且會怪父親或朋友），藉此把情況改變成對自己有利，但塔芒族的孩子會怪自己，以維持和諧。

在將憤怒社會化的過程中，父母和其他照護者扮演的角色可能比他們想像的更重要。前文談到的研究觀察德國和日本母親如何管教不聽話的五歲子女，從中可以看到孩子在社會化他們的憤怒時，母親的角色至為重要。[180]研究中的德國母親在管教小孩時，耐心遠遠不及日本的母親；她們不像日本的母親那樣，接受自己的小孩只是行為不成熟而已，而是立刻認為小孩是故意不乖。德國的母親經常說出「他就是想要我生氣」一類的話；另外，許多德國母親碰到小孩不聽話時，自己也會以憤怒回應。這樣會造成一個預期之外的後果——德國母子的互動常常會越來越激烈，孩子和母親都會變得憤怒。依我個人的看法，德國母親處理小孩不聽話的方式，是將之視為兩個利害關係個體的權力衝突（相較之下，日本母親認為她們需要對子女和親子關係負責。）更重要的是，我們還能從這些五歲的德國小孩和母親互動時表現出來的憤怒程度，預測他們九年後的易怒程度（和同樣參與研究的日本小孩相比，這些德國小孩更具侵略性。）德國的母親很可能並不想要孩子生氣，但由於她們直接假定孩子有獨立的個性和特定的意圖，加上自己也表現出憤怒，因此製造出憤怒的情境。

心理學家佩姬．米勒和琳達．史佩利（Linda Sperry）追蹤南巴爾的摩社區（South Baltimore）三位勞工階級的母親，這三位母親各有一位兩歲半的女兒。[181]她們也會促長憤怒，但方法和德國母親不太一樣——南巴爾的摩的母親想教女兒「要堅強，要壓抑受傷的感受，以及在被不適當地對待時要捍衛自己。」

巴爾的摩母親敘述自己的生平時，描述了一些自己極其暴躁憤怒的經驗。她們在講這些經驗時，沒有把女兒支開或不讓孩子聽到；這些母親似乎想要讓孩子知道現實人生的殘酷，假如有朝一日碰到和母親一樣的狀況，就要知道怎麼因應。有一位母親這樣說：

> 他開始挑事，他不想跟我一起走在街上，就只是因為我的肚子開始變大和有的沒的。我說：「那你就滾開。」

這個故事的寓意是——如果你要堅守自己的立場，你就得表現出憤怒。巴爾的摩母親就是想告訴女自己的女兒這件事：「不要做懦弱的膽小鬼！」當孩子受傷或受委曲，這些母親會督促孩子表現怒火，幫助她們「不要像個軟弱的人」。有一位母親通過向一個年紀較長的孩子解釋，來幫助她的小女兒：「她沒有毛毯，這就是她在尖叫的原因。」偶爾，這些母親還會通過戲弄、挑釁孩子來訓練他們不要軟弱。一位母親挑戰她兩歲的女兒：「你想為此而打架嗎？（帶有挑釁的口氣）；來吧，小弱雞。」她接著和研究人員說：「我想要她對我發火。」再接著對孩子說：「輸了就生氣是嗎？」研究人員在這個脈絡之下，發現這些母親會促長女兒的憤怒。

不過，在其他情境脈絡下，巴爾的摩母親會覺得女兒動怒是不對的；舉例來說，如果女兒對**母親**生氣，憤怒就會被當成是「被慣壞」的行為。兩歲的溫蒂（Wendy）脾氣大發，因為母親把她的奶嘴（「ㄋㄟㄋㄟ」）拿走了，「溫蒂用力撞椅子，用滿是怒火的大眼睛瞪著她的母親，大叫：『要ㄋㄟㄋㄟ！要ㄋㄟㄋㄟ！』」溫蒂的母親冷酷地叫了一聲：「喂！」，再警告她（「來啊，你會把椅子撞倒……」）。在這一類的情況下，這些母親會用各種方法來阻止她們感受到的怒氣，可能會像溫蒂的母親那樣警告，或者用處罰來威脅孩子（「要不要我揍你？」），並且合理化自身的行為（「我得把這個宣洩掉才行」）。如果孩子對沒有犯錯的同伴動怒，這些母親也會不高興。此時她們想要傳達另一個訊息：「不要太嬌縱。」巴爾的摩的母親認為，理想的孩子不會輕易被人佔便宜，但知道自己的本份。[182]

西方的照護者可能多半認為，小孩身為一個有自身需求與目標的個體，在成長過程中難免感到憤怒，或者小孩受到不公平的對待時，憤怒是必要的回應；但在許多其他文化裡，照護者會認為憤怒是一種幼稚的行為，照護者必須幫助孩子擺脫和消滅怒火。烏特庫因努伊特照護者會遷就小孩子的情緒性，因為小孩子「沒有 *ihuma*（意指心智、思想、理性或理解能力）。」[183]人類學家讓．布里格斯抵達她的田野調查時，她的寄宿家庭的幼女薩拉克（Saarak）三歲大；根據她的描述，薩拉克「惱怒大叫」。薩拉克的家人縱容她發脾氣，設法滿足她所有的需求，滿足不了時就會想辦法安撫她。在族人的認知裡，小孩子本來就易怒、膽小又愛哭；另外，在小孩子顯現出 *ihuma* 的徵兆之前（一般認為是五至六歲的時候），教他們 *ihuma* 沒有任何意義。薩拉克的姊姊萊伊吉莉（Raigili）此時六歲，因此受到的對待截然不同——族人認為她應該要有 *ihuma* 才對。從萊伊吉莉的行為來看，她大部分的時間具備 *ihuma*——她的舉止從容愉悅，不會冒犯別人或造成別人不便。一個成熟的人必須幫忙維繫群體的平靜，因此憤怒是被禁止的。

當然，即使是年紀比較大的孩子，自我控制的能力還是不完美。萊伊吉莉有時候會表現出憤怒或挫折感，但是「她表現怨氣的方式不是攻擊性，而是生悶氣——抗拒社交舉動，雖然是被動地拒絕，但完全抗拒。」周遭的大人從來不覺得這樣樣的感受有理，她的父母對她的舉止也不理不睬。大人認為，小孩子就算當下不覺得有錯，最終一定會看得出道理，知道自己犯了什麼錯。孩子的行為雖然明明白白讓大人不滿，但不會因此受到懲罰。假如孩子選擇不理會大人的不滿（大人有時候會做勢威脅來表現不滿），大人會略而不提，不會處罰小孩。烏特庫父母示範了他們認為妥當的回應方式，重視的是平靜、講理；他們也預期孩子隨著時間會變得和他們一樣平靜。和前文提到的日本母親一樣，烏特庫照護者會將孩子社會化成「永不生氣」；他們首先會示範如何心平氣和地理解別人，日後則是不認同孩子表現出來的憤怒。

在美國和歐洲的文化脈絡裡，父母會以自豪感、快樂，和自尊心來社會化他們的孩子，但我們可能比較不會想到憤怒也是社會化的方法；正因一般不會認為這是社會化的過程之一，我們才會覺得憤怒是無可避免的。但是，從研究來看，許多美國和歐洲的父母確實會這樣做。這些文化重視個人自立自強，而憤怒正好體現這樣的特性；就算父母不喜歡承受孩子的怒氣，許多父母仍然會示範、允許，甚至明白地教導孩子憤怒。

情緒不只有MINE，還有OURS

我們教養孩子成為社區中的好成年人——按照文化規範、價值觀和期望來生活的成年人。擁有正確的情感是成為一個好成年人的重要部分。[184]具備正確的情緒是成為好成年人的要素之一。[185]在各種文化裡，照護者教養孩子符合文化規範和價值觀的情緒；具備這些情緒，你就成為所屬文化的一份子。這些情緒背後乘載的道德力量非常引人注目。在某些社群中，人們普遍認為應該讓孩子對自己感到自豪和快樂；而在其他社群中，人們對羞恥、恐懼或冷靜的價值有著廣泛的共識。[186]

父母和其他社會化代理人會製造機會讓孩子體驗到這些情緒，藉此灌輸這些情緒；正如奧利佛的父親和我替奧利佛製造感到自豪的機會，或是弟弟的母親和姊姊製造感受羞恥的機會。這些情境往往會以激發情緒的手法來製造出來，像是稱讚、揍打、恐嚇，或羞辱。除了情緒本身有道德力量之外，就連用來達成這些情緒的方法也有強烈的道德感：中產階級歐裔美國家庭認為稱讚小孩是好事，沒有必要就批評小孩是壞事；而台灣母親認為羞辱孩子是好事，稱讚是壞事。

當孩子具備或展示某些情緒時，父母和社群其他人表達的肯定會讓孩子學會哪些情緒是正確的。想一想那些南巴爾的摩社群的母親：她們鼓勵年幼的女兒在受到欺騙時感到憤怒，並逗弄她們以引起憤怒的情緒。同樣地，當小孩具備或展示出的情緒引起父母或社群其他人的不滿、或直接被忽視，小孩就會由此學到他們**不應該**感受到或表現出這些情緒；烏特庫因努伊特兒童、台灣幼兒和索族嬰兒如果表現出不高興，就會引起其他人的不滿，或者會被其他人忽視，他們因此知道感到不高興是錯的。[187]小孩還會觀察父母的情緒，由此學習到哪些情緒是正確的：父母的愛、憤怒和羞恥都能成為孩子的情緒範例。

成為某個文化的一份子意味著擁有某些特定的情緒，而哪些情緒被強調取決於被該文化重視的是什麼樣的成年人。在重視個人成就的群體裡，孩子必須有良好的自我感受（自豪感）；在重視服從、或將世界視為危險地方的群體中，孩子們就必須懂得恐懼；而重視禮節的群體會促長羞恥感。廣義來說，誘發特定的情緒不一定是好事或壞事，而是要看該文化脈絡或群體的育兒目標是什麼。打小孩和誘發恐懼不一定是廣義的壞事，但在一個重視孩子自信心和自我動力的文化裡就是壞事（美國白人中產階級家庭就屬於這一類的文化）。

我們會感受到**自豪**、**羞恥**、**恐懼**、**愛**、**「甘え」**、**「思いやり」**、**平靜**、和**激動**，是因為父母和其他社會化代理人在我們身上灌輸這些情緒。這些情緒不是從我們內在深處浮現出來的，而是我們身在自己所屬的文化中，在一次又一次的經驗中受制約而形成。人生初期的情緒與其說是個人內在的心理狀態，更應該說是人際關係的行為。如果用這個方式來看，所有的情緒既在人之內，也在人之外：奧利佛的**自豪**或德國嬰兒的**快樂**是如此，弟弟被灌輸的**羞恥**、米南佳保兒童被灌輸的 *malu*、巴拉兒童被灌輸的 *tahotsy*、十九世紀美國母親灌輸的**愛**、日本母親灌輸的「**思いや**

り」，和索族嬰兒被灌輸的**平靜**也都是如此。不論是哪一種文化，身為某個文化的一份子，就表示你不只具備MINE情緒，還得具備OURS情緒。

即使長大成年後，情緒仍然是OURS的。我們會透過和別人互動，編織出情緒的織度。我們會有什麼樣的感受和行為，取決於這些互動。在接下來的幾章裡，我們會看到不同的情緒會有不同的過程，一切都要看事件或互動的內容、你和他人的關係，以及情緒所屬的文化而定。

第四章
「正確」與「錯誤」的情緒

在一九八〇年代末我開始研究情緒時，我們好像沒有系統性的證據來解釋文化差異。情緒的每一個面向都有文化差異（也有跨文化的相似之處），但差異如此眼花撩亂，我們又怎麼可能整理出頭緒來？[188]我現在知道這背後有一套邏輯：情緒的文化差異牽涉到關係的變化，這些變化有可能是理想、合乎道德的，或者不理想、被看不起的。[189]若要更清楚理解這套邏輯，我們的出發點不應該是MINE模式（換言之，情緒感受起來是什麼樣子），而會是OURS模式（換言之，情緒在人與人之間有什麼作用）。

我們在上一章裡看過一些例子。在人際關係裡，自豪、自豪的孩子會處在強勢而獨立的地位。重視人際關係中自主性的文化會促長自豪感，認為自豪感是「正確的」；而在重視和諧的文化裡，自豪感就是「錯誤」的——驕矜自負的孩子既缺乏同理心，又不懂得順從。相較之下，在高凝聚力的社交網路背景下，羞恥是「正確」的——當孩子感到羞恥，表示他知道自己的行為不符合社交規範，因此會順從規範、遵守本份；而當文化重視的是孩子必須建立自主能力和自尊心，羞恥就是「錯誤」的——這個情緒強調了孩子對他人評斷的依賴，以及他們未能遵守某些規範。同樣地，如果一個社會認為權威是一切人際關係的基礎，恐懼就一定是「正確」的；而如果文化認為人際關係應當建立在愛和鼓勵之上，恐懼就會造成阻礙——使孩子受到壓抑，如此會阻礙許多WEIRD文化看重的個人責任感和行動力。同理，感受到「甘え」的孩子願意讓其他人來照護——在人人緊密互依的文化裡，這樣是「正確」的；但在以不依靠別人為人格發展目標的文化中，這樣就是「不成熟」的。[190]最後，孩子憤怒時，會責怪別人讓他們得不到他們應得的事物；當文化（和特定情境）欲培養懂得為自己說話的孩子時，憤怒就是「正確」的（或者至少是允許的），但如果文化教導孩子調適自己來配合群體的期望和行為，憤怒就是「錯誤」的，更是最「不成熟」的情緒。

不論在哪一種文化裡，有些情緒是正確的，有些則是錯誤的。正確的情緒有助於建立該文化重視的人際關係，錯誤的情緒則會促成受人鄙視的人際關係。正確的情緒會被文化促長和酬賞，錯誤的情緒會被文化規避和懲罰。一言以蔽之，情緒的文化差異就是這個邏輯。這個邏輯建立在OURS的情緒模式之上，取決於情緒在社交和文化領域裡造成的效應。

本章接下來只探討兩種情緒：憤怒和羞恥。這兩個情緒在某些文化（或位階）裡是「正確」的，但在其他文化裡是「錯誤」的。[191]憤怒與支配性（dominance）相關，羞恥與避免被排斥相關；我們可以透過這兩種情緒，看到情緒會怎麼織起各種社交上的關係，以及這些情緒又怎麼成為這些關係的一部分，並且被這些關係形塑。讀完本章後，你會看到憤怒和羞恥可能會有許多種路徑，一切端看你所屬的文化（以及你的位階）是否認為這些情緒是正確的——換句話說，取決於別人怎麼回應這些情緒。至於憤怒和羞恥的普世性呢？這兩種情緒有各種不同的呈現方式，但背後的憤怒或羞恥是一樣的嗎？請靜待分曉。

憤怒

情緒不是指一個人內在的驅動力，而是指在人際關係中站定立場。我們用一個切身的例子來說明。想像一下，我對我的先生生氣，因為他沒有趕回家吃晚餐——我煮了一份我知道他會喜歡的大餐，但他沒跟我說他會晚回家。我會生氣也許是因為晚餐都放到冷掉了，或者更有可能是我覺得我的努力都白費了。我先生總算回到家後，我就大罵他一頓。我想，任何人應該都能輕易看到這個情境會改變我們之間的關係，最起碼會有暫時的變化。但我想表達的重點，不只是憤怒帶來的行為會影響你的人際關係，而是另一個有微妙差異的事實——憤怒本身會在你的人際關係中表明立場。[192]我透過憤怒來確立我的立場：我努力卻沒有獲得尊重，所以我先生做的事情不對；我要求和預期他對我更好。

情緒大多數發生在進行中的社交互動裡。我的憤怒（也就是我最初的立場）會變成什麼樣子，要看別人會怎樣來回應。[193]我先生會表示懊悔嗎？他會答應要改變嗎？他會比平常更小心翼翼來對待我，想辦法取悅我嗎？還是，他會質疑我認定的事實，用他認為的事實來反駁呢？如果我先生接受我的憤怒，藉此讓我的憤怒有正當性，我的怒火可能會先燒得更烈；但在我感受到自己有被看見、我的目標（至少近期）會被實現後，我的憤怒就會漸漸消退。如果我先生挑戰我的憤怒，頂嘴說是他應該要生氣才對，他回到家不應該受到這樣的對待，我這樣抱怨會讓他抓狂又生氣，我可能就要換一個立場——也許是吞下怒氣，向他道歉。時間久了之後，我先生會怎麼回應我的憤怒，也能用來預測我以後在相似的情境下會不會憤怒。

我的文化脈絡接受我在這種情況下感到憤怒。我向我先生表達憤怒，在當下可能讓人感覺不好，但這樣會告訴他要尊重我，最後可能會讓我們兩人之間的關係更誠實、滿意，兩人的需求都能達成。假如人際關係的目標是雙方都要表達出各自的需求，並且確保各自的需求都能達成，那麼「不接納」（nonacceptance）可能反而是「正確」的作法。

在許多西歐和美國的文化脈絡裡，憤怒雖然讓人不悅，卻是一種有用、正常的情緒。獨立自主是青少年發展的一個重要目標，而在這些文化裡，憤怒和衝突往往被認為是必要的步驟（見第三章）。即便在成年以後，憤怒仍然會在各種人際關係裡扮演要角——不論是公開或私密的關係，它都能在其中畫下清楚的界線。當一個人的目標受阻或受挫時，憤怒是「正常」的反應；有一項研究對美國中年人進行代表性的抽樣，發現他們受到的挫折越多，憤怒的表現也越多。[194]

即使在美國，憤怒也並非一直是可以被人接受的情緒。在十九世紀的維多利亞時期，婚姻建立在女性無私的奉獻之上。[195]假如我活在當時，我就會承受先生晚回家造成的不便，絕不會為此憤怒。我為了維護自己的尊嚴，必須盡我自己身份的義務，無私地服務我先生。我不但沒有任何憤怒的理由，更無法替自己的憤怒辯解。即使只是不經意地提到憤怒，我也有可能受人譴責。

在十七世紀以前，西方的日記作家難以描述自己的憤怒——憤怒必須有特權（entitlement），但他們缺乏這種特權。[196]羅傑．婁沃（Roger Lowe）是十七世紀一位有寫日記習慣的商店老闆學徒，他在日記中描述不少讓人厭惡和受到刺激的狀況，但從來不說自己感到憤怒。他和老闆的互動往往相當困難又挫折，因為老闆沒有教他太多跟這個行業有關的專業技能。「我服務了九年……販售我老闆的商品……卻什麼都沒學到，我覺得好悲哀。」有一次老闆答應給他一套新衣服，最後卻食言，此時他也把自己的感受描述成悲傷：「我沒拿到，悲傷地離開。」他和地位相當的人互動時，第一個出現的情緒也是悲傷——有個女人散佈對他不利的流言，他為此「有些悲傷」。婁沃不覺得自己感到憤怒，因為憤怒不是「正確的」；神可以感到憤怒，但一般人不行。以人際關係的行為而言，「特權」和「不接納」都是不被允許的行為；婁沃和其他同時期的人會轉而向上帝祈禱，幫助他們「謙卑而行」。

即使是今日，許多距離我們遙遠的文化（特別是人人緊密相連的群體或社會）也認為憤怒是「錯誤的」。假如你是烏特庫因努伊特人、信佛的圖博人（Tibetan，又稱藏人）、伊法魯克人或甚至是日本人，你幾乎不可能把憤怒拿出來用。在這些文化裡，個人的目標和權利比不上群體和人際之間的和諧，而特權和不接納會牴觸這個核心目標。這些文化裡幾乎完全看不到憤怒，會講出自己感到憤怒的人更是少之又少。號稱「永不生氣」的烏特庫因努伊特人重視平靜、慷慨，干擾這些狀態的行為被認為既幼稚又危險（見第三章）。同理，佛教群體的圖博人認為*lung lang*（大致可以譯為「生氣」）是破壞力非常強的情緒，不論對自己或其他人都有害。憤怒背後的驅動力，是一種想要傷害其他有靈性的生物的衝動，因此有違佛教慈悲、不害的宗旨。[197]伊法魯克人（也就是人類學家凱薩琳．勒茲寄宿其中的南洋群體）也認為在日常生活中憤怒是不妥的。[198]不論是生病時感到暴躁易怒，各種不如意的小事日積月累下來造成的不滿，或是親戚沒有盡到義務導致的困擾，伊法魯克人認為各種的憤怒都是不道德、有礙尊嚴的事。當和諧的人際關係凌駕在個人自主之上時，特權和不接納便是錯誤的，也因此這些文化裡不太常看到人與人之間的憤怒。

哲學家歐文．弗蘭納根（Owen Flanagan）比較了不同文化傳統對憤怒的接受度；西方文化可以接受許多種類的憤怒，但佛教或斯多葛傳統卻會全面譴責憤怒。[199]以佛教的觀點來看，憤怒（「我想要但得不到」）是人性之毒；「我本來就應該得到我想要的」是一種幻覺，而憤怒由此幻覺而生，並且一樣可憎。在這種世界觀之下，憤怒既會傷人，也同樣害己，因為這樣會讓人無法擺脫各種造成苦難的世間執迷。

當憤怒是「正確」的，它在日常生活中就更常見；當憤怒是「錯誤」的，它就會罕見。問卷調查發現，與日本大學生相比，美國大學生在日常生活中更常感到憤怒——同理，中年的美國男女也比同年齡的日本人更常憤怒。[200,201]美國人如果碰到塞車、課業太繁重，或和家人相處出了問題，他們比日本人更易怒。[202]當外在情況不如意時，美國人會覺得不公平、尋找責怪的對象；日本人則更會去反思自己的缺失，並試圖克服困難。「憤怒」之為「不接納」，已是一般人生觀的一部分。[203]

憤怒與權力的正當性（legitimacy）

如果憤怒在人際關係中是一種「不接納」的行為，那麼一個人碰到動怒的人時就可能會有兩種反應：順從，或者反抗。「憤怒」這種行為和「正當性」有深切的關係。萊瑞莎・提登斯（Larissa Tiedens）、菲比・艾斯華斯和我曾經進行一項研究，請美國的商學院學生讀一段短文，內容描述一位老闆和一位員工組成行銷團隊，但最後沒有完成任務。[204]短文的內容看不出任務失敗是誰的錯，但學生都直接認定老闆感到憤怒，員工感到悲傷或是有罪惡感。學生完全從權力位階推斷出情緒——階級高與憤怒相關，階級低與悲傷、罪惡感相關。由此看來，我們至少知道這些受訪的學生比較常遇到發火的老闆，而不是發火的員工。因此，權力或地位與憤怒相關。

即使是在一些通常譴責憤怒情緒的文化中，也存在一種正當的憤怒，這種憤怒僅限於擁有權力或權威的人。在伊法魯克人的語言裡，有一個特定的字代表一種不會受到譴責的憤怒：*song*（合理的憤怒）；通常只有伊法魯克社會中權力特別高的人才能具備，而且只會在有人違反規範或違背價值時才會發生。[205]同理，日本人在日常生活中通常會認為憤怒是「不成熟」的表現，但受過高等教育或有專業地位的人享有制定決策的權威，因此會有憤怒的行為。[206]當憤怒成為權勢階級的特權時，其意義可能會稍有不同——不是個人受到挫折後的反應，而是用來訂定或維護群體的規範。有些跡象顯示，像日本那樣與權力相關的憤怒是健康的，但如美國那樣與受挫有關的憤怒是不健康的。[207]

萊瑞莎．提登斯透過一系列精心設計的研究發現，把憤怒當作一種扭轉權力的行為（power move）往往可以成功。[208]她進行研究的靈感來自柯林頓總統的彈劾聽證會——她發現總統有時候看起來憤怒，有時看起來悲傷。她因此想知道，總統憤怒的時候，會不會比悲傷的時候更有說服力？她在實驗中請大學生看聽證會的短片，在這些短片裡，總統看起來不是憤怒就是悲傷。不論受訪者的政治傾向是什麼，他們看到柯林頓悲傷的時候，會比起看到他憤怒的時候更支持他被彈劾。柯林頓的不接納和特權行為顯然有辦法說服這些學生。

在這個精彩但特定的案例之後，提登斯又再一次發現美國的文化脈絡會酬賞憤怒。一次實驗以一位不知名的政治人物（由演員扮演）為對象；當這名政治人物憤怒時，美國學生認為他比悲傷時更有能力，也更值得用選票支持。另一次實驗以應徵工作的人（同樣由演員扮演）為對象；在所有其他條件相同時，和悲傷的應徵者相比，憤怒的應徵者更有可能獲聘，且職位和薪資也更好。另外，還記得商業談判中，是哪一方獲得比較好的條件？是憤怒的人；假如他拿不到他認為公正的條件，他就不肯接受。不論是民調、公司內的階級還是在談判桌上，選民、公司主管、人評會成員和商業談判人員似乎會順從用憤怒來取得支配地位的一方。

不過，這一切有個非常重要的但書——憤怒若要有用，別人必須順從你的主張才行；當憤怒受到挑戰，你就無法控制人際關係改變的方向。憤怒有可能會有反效果。前文提過維多利亞時期的女性——她們必須為孩子和配偶奉獻無私的愛，但這樣完全與特權相關的主張和不接納相違。稱職的妻子會在丈夫發脾氣時依然心平氣和，稱職的母親會愛她的孩子，心情更會保持平靜和愉悅。憤怒則相反，它「使人看見人品之卑劣，如此而已。」[209]同理，在許多文化裡，憤怒被妖魔化，即使是稍稍透露出憤怒的跡象都有可能受到指責。

但在許多其他情況下，憤怒是協調出來的——而且往往協調不成功。我們先從當代的案例談起。萊瑞莎・提登斯的研究以男性政治人物和應徵者為主要對象，而在大約十年後，另一位柯林頓激發了另兩名學者的研究動力。[210]維多利亞・布雷斯科（Victoria Brescoll）和艾瑞克・烏爾曼（Eric Uhlmann）注意到希拉蕊・柯林頓（Hillary Clinton）的處境；她卡在兩難之中，正如一位評論者所言——如果她看起來生氣，她就是個「女巫和潑婦」；但如果她不生氣，她看起來「怯懦，像女孩子」。

這啟發他們進行一系列的研究，來比較男性和女性表現出憤怒的差異。在其中一項研究裡，布雷斯科和烏爾曼複製了提登斯的求職實驗，但這次的應徵者有男也有女。當應徵者為男性時，表現出憤怒的應徵者獲得比較好的結果，這一點和提登斯看到的結果一樣；但當應徵者為女性時，應徵者表現出憤怒就不會得利。憤怒不會讓女性獲得特權——情緒也有玻璃天花板。[211]

美國黑人也會有相同的際遇，甚至可能更糟。如果他們憤怒，其正當性往往會受到挑戰，而且更常成為受人憤怒的對象。政治學家達文・費尼克斯（Davin Phoenix）在二〇二〇年投書《紐約時報》時，就指出了這一點：[212]

> ……哪些人有權利表達憤怒和反抗，而且不必擔心嚴重的後果，在美國有極大的差異。憤怒的白人煽動者會被當作好人、愛國人士和革命份子；而憤怒的黑人煽動者會被當作極端主義者、暴徒，和趁機作亂的暴民。

憤怒關乎特權。如果別人不給你這個特權，憤怒有可能對你不利。

當憤怒與權力地位相關，那麼表現出憤怒有如投入一場賭局。別人會不會接受你主張的權力？人類學家愛德華・席費林在一篇經典的民族誌論文裡，說明了巴布亞新幾內亞的卡魯里人怎麼把憤怒當作一種扭轉權力的行為。「男性如果受到挫折或是不公平的對待，通常不會壓抑他的不滿；他更有可能會竭力展現他的怒氣，表現出極其抓狂暴怒的樣子……。」[213]在這種情況下，表現出憤怒是主張自己應該獲得補償。憤怒的人表現出他的特權，並且表達他預期別人會來支持他，彌補他受到的苦難。不過，卡魯里人往往會在憤怒形成這種意義之前，質疑憤怒的正當性，藉此阻止憤怒相關的主張；在日常生活裡，他們會用羞辱來反擊憤怒。舉例來說，如果小孩子怒稱自己應該要拿到食物，父母可能會不給他們食物，但也不會直接拒絕，而是問他們：「食物是你的嗎？」當然，羞辱更有權力的人有風險，因為他們可以不顧羞辱，用危脅恫嚇主控整個互動；他們只會一再重複和放大這個人際關係的行為，也就是最初的憤怒。

在其他文化和情境下，憤怒會被用來主張正當性；如果不憤怒，你就會失去岌岌可危的階級地位。在所謂的「名譽文化」中就是如此[214]；在這種文化裡，「名譽」既是一種美德，也是一種優先性（precedence）的主張。在主張優先性時，名譽是一種稀有的社交資源，必須用憤怒來捍衛。[215]

在一九九〇年代，文化心理學家朵夫・柯恩（Dov Cohen）和李察・尼斯貝特（Richard Nisbett）研究了美國南部的面子和名譽。[216]他們寫道：「名譽文化的其中一個關鍵，是侮辱的重要性，以及被侮辱後回應的必要性。一個人如果被侮辱，表示這個人處於可以被欺侮的弱勢。」他們進行的實驗，在心理學界稱作「混蛋實驗」；他們找來男性大學生，要他們在一條狹窄的走廊裡擠身經過一位正要打開抽屜櫃的研究助理，但助理在他們擠過去的時候大罵他們。和美國北部的學生相比，美國南部的男學生被侮辱時更容易憤怒；如果他們想要維護自己的面子，他們就必須憤怒，因為這樣能阻止他們的社會地位受到侵犯。

當社交互動進行時，憤怒能否發揮作用有一部分是取決於它的正當性，而正當性則是基於一般的道德觀、憤怒者的社會地位、年齡或性別，另外也有可能包括他人認為正當性可以受到挑戰的空間有多大。憤怒被挑戰時可能會熄滅；被正當化就會走完整個歷程。憤怒當中交織著種種道德的經緯：這個情緒是否正確？有誰可以具備這種情緒，有誰不行？情緒的對象是誰？這些細節在不同的文化有不同的脈絡。

憤怒的歷程

把憤怒視為人與人之間的行為之後，就會發現憤怒的方式千變萬化。我的孩子沒有把飯吃完，因此我對他感到憤怒；公司的人資部門沒想清楚就做了決定，我會感到另一種憤怒；川普政府在墨西哥邊界拆散父母和小孩，又讓我感到另一種憤怒。[217]憤怒的變體數不完。

一個人可以有各種憤怒的變體，一種文化內也會有各種憤怒的變體；但即使是如此，我們也能清楚看到不同的文化會有不同的典型憤怒行為（在同一個文化裡，不同的位階之間也會有不同的典型憤怒行為），一切要看「憤怒」代表的是什麼。假如某個文化認為特權、責難和不接納是正當、甚至是應該的，另一個文化則是視憤怒為「自私」或「幼稚」的行為，憤怒在這兩種文化裡會有不同的歷程。在我和唐澤真弓共同進行的訪談研究中（見第二章），我們的對象包括日本和美國的大學生與社會人士，而憤怒在這兩種文化脈絡裡似乎有截然不同的歷程。我們請受訪者描述他們「受到冒犯，或是沒有被別人認真看待」的情形，因為這是憤怒常見的主因。[218]

那時我住在北卡羅萊納州，我們在美國徵集受訪者時，便是透過北卡羅萊納州的教會和社區活動中心。一位叫吉姆（Jim）的受訪者曾被同事指控言語性騷擾；根據他的說法，那位「年輕女子」「想要吸引別人的目光」，而且「總是想要別人注意到她」。他還指控她是愛說謊的騙子：「事實上她經常說謊。她想要敲詐這間店。」美國受訪者向我們描述這一類的情境時，只會說冒犯者的各種惡行惡狀；在此例中，我們看到那位「年輕女子」讓吉姆完全脫罪，並且保住自尊。「她發現她和另一個人即將被開除。我猜這就是她為什麼會這麼做的原因，她拿我來出氣。」向我們陳述冒犯者有多麼惡劣、行為有多麼不公平的人，不只吉姆一個而已。

安德魯（Andrew）是州政府電氣部門的主管，有一次某棟公家建築出了問題，有人找他去處理。那棟建築有一位警衛不顧規定，要求安德魯說明他憑什麼介入火災警報。安德魯拒絕警衛的要求，但警衛不肯讓步，還要求安德魯出示身份證明文件；安德魯認為這是「踰矩的行為」：

> 我非常生氣……竟然會有人……敢質疑我的能力……。而且…對我來說〔他〕是我的屬下……他地位比我低還來質疑我，真的是最糟糕的事。我猜他大概是想藉此出鋒頭，想說這樣對他的升遷有幫助。

安德魯回嗆了幾句就住嘴了；他的朋友和同事鮑伯（Bob）出面幫他，要那位警衛出示證件。安德魯描述結果如下：

〔那位警衛〕最後因此被開除了……他因此丟了工作，……對，他非常挑釁。

安德魯和吉姆一樣，將不正當的動機（「他大概是想藉此出鋒頭」）和違反規範的行為（「他非常挑釁」）歸咎在警衛身上。如此一來，他能合理化他的憤怒，並且避免他的自尊受到挑戰。在我們的研究裡，美國的受訪者往往相當貶抑冒犯他們的人，當然也因此會避開這些人（像吉姆那樣），或者採取抵抗的作法（像安德魯那樣）。

但日本人的憤怒呈現出截然不同的樣貌。這裡要先記得一件事：在日本文化裡，憤怒被認為是「不成熟」的行為。日本受訪者提到的情境和美國受訪者不同，因此無法用相同的條件直接比較兩邊的情緒事件。雖然如此，日本人「憤怒」事件的態勢（gestalt）[①]和美國人的相差甚大。惠美子（Emiko）是一位三十多歲的日本女性；她在家裡等妹妹打電話來確認餐廳訂位的細節，因為她們打算和父親一起出門吃晚餐，但她姊妹直到第二天早上才打電話。這樣明顯替惠美子帶

① 編按：gestalt 為德語詞彙，中文經常直譯為「格式塔」。意指「動態的整體（dynamic wholes）」。主張整體並非各個組成部分的相加，整體具有各個部分所沒有的特性。

來困擾，同時覺得受到冒犯：

我以為她會來，所以我只好整天待在家裡，不能做其他的事，但一整天下來都沒有她的消息……父親要來東京，我們三個人已經約好要一起出去吃飯。她至少應該讓我們知道她不會來，但她也沒做到這件事……最後只有我一個人出門赴約。假如只有我一個人在等，那我還受得了──我會覺得這樣只是「和平常一樣」──但我們都講好要和父親一起了，所以……

妹妹後來道歉，但惠美子不知道這樣有什麼意義，因為妹妹平常就是這麼心不在焉。但惠美子決定不再多說什麼；她知道，她和她妹妹的觀點不同。

就算我跟她說：「我一直在等你，我要知道你打算怎麼樣才能規畫我的行程」，她一定也只會說：「你可以不必等我就自己出去啊！」可是我待在家裡就是讓她可以聯絡到我，因為我們兩個人都沒有手機，聯絡有些困難，但是……〔笑〕……〔沉默〕。

惠美子的回應方式和多數美國受訪者不同──不是透過和妹妹保持距離來中傷她，而是想到解決之道。訪談者問她想怎麼做，她的回答是：我覺得應該讓妹妹有一支手機才對。大多數日本受訪者會分析憤怒對象的行為，但不會出言責罵。他們受到冒犯時，會替對方找到辯解的方式，再不然至少會想辦法理解對方為什麼會有這種行為。惠美子認為她妹妹的個性就是這麼漫不經心，這種想法也可以理解成她試圖解釋或分析妹妹的行為。日本受訪者有時候甚至還會合理化憤怒對象的行為——惠美子覺得她的妹妹不太能打電話，是因為她沒有手機。她還是會覺得自己受到冒犯，但至少讓這樣的行為有跡可循。大多數日本受訪者還會說自己「什麼都沒做」，因為採取行動可能沒有用處，或者會有反效果——惠美子覺得她如果跟妹妹抱怨這件事，妹妹不會有什麼回應。

我們漸漸看出日本受訪者的反應模式——想辦法調整，盡可能找到方法因應。惠美子有跟她的妹妹講這件事，但她認為手機才是解決之道。第二章提到的博人也是如此；他被委員會其他成員批評後，也試著去理解對方的動機。那位女生搶走他自己的工作，讓博人覺得「被冒犯又不高興」；他覺得對方做錯事，因此跟她保持一些距離，但同時又想要在委員會裡保持合作的心態。智惠美的祖父母抱怨她常常晚歸，但她明明通常會提早回家；她也以她和祖父母的關係為重。她雖然想要「玩到深夜」，但她受指責後仍然一笑置之，而且還想辦法盡可能提早回家。

有人問我，我是否確定日本人感受到的是憤怒？他們感受到的憤怒，是否和研究中美國受訪者的感受「一樣強烈」？如前文所述，日本人被問到情緒的「強度」時不太知道怎麼回答，但他們會覺得這種被冒犯的情境是「重要的」；他們也稱這些是「怒り」（*ikari*）事件，而日語的「怒り」對應到英語的「anger」。美國和日本的日常生活不同，會不會因此導致兩地分別與「anger」和「怒り」相關的事件也有些不同？

不過，我們之所以會問這是不是「同一種情緒」，也許是MINE情緒模式使然——換句話說，我們會提出這樣的問題，是因為我們認為憤怒事件背後的心理狀態才是「真正的情緒」。有沒有可能是這樣：吉姆、惠美子、博人、智惠美在他們的人際關係中採取立場時，採用的方法就是「憤怒」呢？[219]

此時的情緒有沒有可能符合OURS的觀點，指的是人與人之間發生的事情呢？假如我們暫且採用這個觀點來看，那麼在日本和美國的文化脈絡裡，人與人之間會發生不一樣的事情。在典型的日本憤怒情境裡，當另一個人讓我感到委屈，我會試圖自保，不被他的行為傷害，同時也會想辦法維持我們之間的關係，不做出自私或幼稚的事情。我可能會想辦法理解對方的觀點，為整起事件事與我有關的部分道歉，或者可能什麼都不做。在典型的美國憤怒情境裡，我也會覺得受到委屈，但我會認為我不應該受到這種對待，對方應該要知道他不可以對我這麼不公平才對，我受到屈辱不會什麼反應都沒有。所以，我會表現出我的憤怒。或者，我也有可能會想，冒犯我的人這樣對待我，明顯就是他有錯，他這樣到底出了什麼問題？也許他別有居心，或者他就是這樣的個性；假如是後者，我可能就會決定主動和他保持距離。這兩種情況是相同的情緒嗎？假如我們用OURS情緒模型來看，任何憤怒都不可能完全一樣。日本和美國的憤怒事件最重要的重疊之處，在於它們都以當事者受到冒犯為起點，而且美國人稱之為「anger」，日本人也以相應的名詞「怒り」來稱呼。至於這兩種是不是相同的情緒？假如我們不再假定情緒指的是某種不變的心理狀態，這個問題就變得不那麼重要了。更何況，如果每個憤怒事件都稍有不同，我們又怎麼會假定心理狀態是恆定不變的呢？

羞恥

在WEIRD文化裡，羞恥是「錯誤」的。[220]羞恥的經驗，指的是別人認為你不好或不夠格；根據描述，人感到羞恥時會覺得沒有價值、畏縮、渺小、無力、無遮無蔽、被人貶低。當你感到羞恥時，你會想像別人在貶抑你自己；這個感覺是有人上下打量你，結果發現你有瑕疵。[221]WEIRD文化的人不喜歡依靠別人的評斷，更不用說被別人貶低了——他們應該獨立於別人，有良好的自我感受才對。正因如此，羞恥才會讓人格外難堪。

我在美國進行研究相關的訪談時（前面提到在日本的訪談正是同一個研究計畫），發現美國的受訪者覺得羞恥是最難以啟齒的情緒。有好幾位受訪者（特別是在非學生的樣本群體裡）還聲稱他們從來沒遭遇過這一類的事件。但當這些受訪者談起自己的羞恥經驗時，這些經驗往往對他們衝擊甚大——常常是很久以前發生的事，但他們不太可能忘記才對。[222]

這裡舉幾個例子；萊恩（Ryan）是一位已婚的二十八歲男性，他回憶十幾歲時的一場車禍導致他雙腿癱瘓，在手術成功治療之前必須完全依靠父母：

我出車禍的時候……那實在讓人覺得丟臉，因為上廁所或穿衣服都要有人幫你才行……〔我覺得〕毫無價值。沒有人會想要我——會想要有孩子的女人更不可能想要我。我責怪上帝，責怪所有的人，只有造成這一切的人我沒有責怪——那個人就是我……。我本來運動細胞非常好，可是現在連走都不能走，什麼事都做不了……我覺得我對誰都沒有用了……。

桃樂絲（Dorothy）是一位六十五歲的女性，她回憶她和她的第一任先生想要當教會營隊的隊輔卻被拒絕，因為她先生是同性戀（「他們覺得青少年不能放心給他帶」）：

照理來說，我們應該要當教會裡某一個群體的青少年輔導員……大家都有被指派任務，只有我們沒有……。我還記得那天晚上坐在青少年牧師的家裡，覺得我明明沒做錯什麼事，卻被歸類為不受歡迎的人……。〔牧師和他的妻子〕知道……我會有什麼感受……，但他們還是必須這樣做。〔我感受到〕深切的失落……覺得被曝露了。這個情

> 況你會想要出去把自己蓋起來，然後永遠都不要再出來了……。〔我那時覺得〕以後不想再去教會了，但是啊，我還是有去……

萊恩說他從來沒有比那時更激烈的感受；桃樂絲說，假如她有自殺傾向，當時她就會結束自己的生命。在這種文化裡，你應該有良好的自我感受，受到別人關愛才對，但羞恥表示你受人批評、被人拒絕。萊恩無法實現文化中「獨立自主」的理念，桃樂絲則是因為自認先生有不道德的性取向，因而被「曝露」出來；在這兩個例子裡，事件的主角都無法實現他們重視的正面認同。他們被別人拒絕（不能當營隊輔導員），或者至少自認會被拒絕（「會想要有孩子的女人更不可能想要我」），而他們也同意自己被拒絕的理由，因為這些理由符合文化的集體價值觀：萊恩覺得自己「毫無價值」，桃樂絲覺得她和她先生是「必須」被拒絕的。羞恥是「錯誤」的，因為這樣表示你沒有價值或很糟，但除此之外，羞恥之所以「錯誤」，可能也因為它象徵你脫離社交生活——萊恩寧可「待在床上」、「消失」，桃樂絲則是不想再去教會。在這兩個案例中，羞恥干擾了他們正常的社交生活。

我們還能從另一項研究當中，看到羞恥導致社交退化。這項研究以荷蘭金融業業務員為對象，行銷學教授李察・巴格濟（Richard Bagozzi）、威廉・弗貝克（Willem Verbeke）和雅欽托・加維諾（Jacinto Gavino）為此編出與客戶有關的羞恥事件。[223,224]舉例來說，客戶會跟業務員說，業務員忘記原本答應客戶會做的事情，或者業務員在進行簡報時發現自己犯了錯。研究人員請業務員描述他們發生類似的情況時，會有什麼樣的羞恥反應。研究發現，荷蘭業務員的感受，就是桃樂絲所謂的「被曝露」——在他們的想像裡，他們的一舉一動都會被客戶仔細盯視，而且都會被看穿。他們也和萊恩一樣，覺得自己「毫無價值」——他們覺得客戶知道他們是「有缺陷、有瑕疵的人」，而且「身而為人是個失敗者」。最後，他們還深切地感受到羞恥，這一點與萊恩和桃樂絲兩人不同，因為他們描述的羞恥事件都是很久以前的事。業務員說他們覺得「想要鑽進洞裡」、「瞬間縮小」、「身體虛弱」，和「舌頭打結」。[225]對荷蘭業務員來說，羞恥表示他們覺得被曝露、覺得自己失敗，以及覺得自己渺小又虛弱。[226]

巴格濟和同儕想要了解羞恥會如何影響業務員和客戶之間的關係。他們認為，荷蘭的業務員身處在強調個人主義的文化裡（這和美國類似），因此會「盡力讓自己獨特，促長自己的目標，覺得有自信，並且和別人比較，進而超越別人或達到更好的成就。」荷蘭業務員被羞辱時，會知道自己的行為或成果受到別人負面的評價，因此會威脅到他們理想的感受。巴格濟和同儕推測，由於荷蘭業務員會覺得「受到屈辱和恥笑」，因此會竭盡心力來維護他們的自尊，而且這會幾乎佔據他們全部的心思，導致他們無暇關注客戶。[227]他們的發現如下：荷蘭業務員感到羞恥時，就不太會想做對客戶關係有風險的事——不會和問客戶問題、聊天，或提出商業企畫。他們的溝通效率變差，而且也無法向客戶提供應有的服務。羞恥本身就是一種負擔，導致業務員在社交上退縮，一如萊恩和桃樂絲遇到的情形。

羞恥是不是會讓我們難受，而且難受的程度之嚴重，以至於我們集體的傾向是想要避免感到羞恥？你上次聽到有人談論自己感到羞恥是什麼時候？在我們的研究裡，麥可．波格（Michael Boiger）拿先前研究中美國和日本大學生認為會感到羞恥的情境，再請另一群美國和日本的大學生來替這些情境評分。[228]在美國學生的觀點裡，羞恥感最強烈的情境，也是他們認為最罕見的情境。其中有一個情境，當初描述的人是一位叫作伊麗莎白（Elizabeth）的美國大學生，她的母親在她畢業的時候說她的成績令人失望。

羞恥讓人極為難堪，因此強力的防衛機制會隨之而來。[229]最引人注目的防衛機制是否認自己的缺陷，將事情怪到別人身上。羞恥常常與憤怒或敵意相關；萊恩說：「我責怪上帝，責怪所有的人，只有造成這一切的人我沒有責怪——那個人就是我……」，這可能比許多感受過羞恥的人更懂得反思。精神分析學家將「羞恥轉作憤怒」（shame-turned-anger）稱為「羞怒」（humiliated fury）[230]；羞怒似乎會跳過被他人拒絕的痛楚，直接轉為攻擊性。[231]至於羞怒有哪些好處，一種理解的方式如下：受羞辱的人會利用憤怒來化解羞恥帶來的痛苦和麻痺感，並重拾能動性和控制能力；只是這樣有時會讓自己和其他人付出極高的代價。有一項獨樹一格的研究，追蹤美國受刑人從獄中到出獄後的情況，從中可以清楚看到這方面的代價。對自己犯的罪感到羞恥的受刑人經常（但不是百分之百）飽受羞怒之擾，而正是這種羞怒預測了他們落入再犯深淵的黯淡前景；跟自述感到羞恥但不感到憤怒的受刑人相比，感受到羞怒的受刑人獲釋後更有可能再度犯罪。[232]

臨床心理學家（特別是精神分析學家）格外關注羞恥，由此可知羞恥有多麼惡名昭彰。[233]發展健全的孩子是安穩、快樂、有自尊的；精神官能症的孩子則會害怕無法獲得別人認同，因此容易感受到羞恥。而孩子會有精神官能症，其根源是無情或愛批評的父母；這種父母所做的事情正好和文化價值相反——他們讓孩子有糟糕（而非良好）的自我感受。正因如此，容易受到羞辱的人當然容易罹患憂鬱症、焦慮和身心相關症狀；父母的責難永遠是他們的包袱，他們也無可避免地認為其他人也都想指責他們。[234]最後這一點可能是羞怒的緣由：愛批評的人很容易被他們當作怪罪的對象，而且「當事人不需要太費力，便能將令人痛苦的羞恥感歸咎於那些不認同他們的人」[235]。如果羞恥本身的意義已經與重視自尊與被愛的文化價值相牴觸，那麼被羞怒並不有助於改善聲譽。為了對抗羞恥而展現的敵意只會讓別人更加認定被羞辱的人具有反社會的性格。但是，羞恥一定要被視為「錯誤」嗎？

在許多文化裡，羞恥（至少是一種比較溫和的羞恥）無處不在，而且是「正確」的。回想一下，米南佳保人和台灣的孩子接受的教養會讓他們知恥，藉此讓他們在社會網路中安身立命。在這些文化裡，表現出知恥不是弱點而是美德。當文化的主要目標是讓一個人符合社會對這個角色的期望時，社會會看重那些懂得自己哪裡犯錯的人。羞恥意味著你自知本份，而且會設法讓別人接納你。羞恥也表示你會採取別人的觀點——他人覺得你的表現如何？你是否符合他人的期望？

換句話說，羞恥代表一個人看重自己與他人的連結。[236]

娜絲琳．阿濟米（Nassrine Azimi）擔任聯合國訓練研究所（United Nations Institute for Training and Research，UNITAR）資深顧問時，曾經在《紐約時報》投書〈令人稱羨的羞恥文化〉（An Admirable Culture of Shame）一文，描述了日本豐田汽車的社長表現出這種「正確」的羞恥，藉此讓美國的讀者反思：[237]

> 今年二月，豐田章男（Akio Toyoda）在美國國會前表明，親自為自己公司的錯誤負責時，這被視為理所當然的事。但我們有辦法想像在華爾街工作的美國主管，到另一個國家的國會去道歉嗎？為什麼我們無法想像美國人做出這樣的道歉之舉，但日本人這樣做卻一點都不奇怪？

若要理解豐田汽車的社長在美國國會道歉為什麼是理所當然的事，我們需要先認知一件事：日本人習慣覺得自己有缺陷，社會環境也會希望他們懂得自我批判。羞恥正好與這種重視自我批判的情形相應，也能敦促個人努力彌補自己必定會有的缺失（因為人人都有缺失）。[238]與美國文化脈絡相比，日本人覺得羞恥沒有那麼讓人難受，而且也有助於達成日本文化的重要目標——維持社交和諧，並為群體著想。[239]

日本的「はじ」（*haji*，「恥」或「辱」）情緒符合日本人「站在別人立場」的文化習慣，也體現出日本人極力「不想麻煩別人」。[240]日本的朋友和同事寄電子郵件給我的時候，開頭往往是「抱歉這樣麻煩你」。道歉是羞恥行為的核心，表示一個人認知到自己替別人帶來負擔，而且也希望原本不應麻煩別人才對。

在進行訪談研究時，除了發現日本受訪者不懂我們所稱的「情緒強度」是什麼之外，還有一件事讓我們覺得意外——日本受訪者談論羞恥情境最自在。在其他文化進行研究時，我們的訪談都從正面的情緒開始（像是自豪感），而把羞恥事件留到最後。但在許多日本文化脈絡裡，談論自己的成功或出類拔萃有可能衝擊到和別人的關係，因此和日本受訪者用這個話題起頭的效果不好；事實上，他們不太願意分享自豪、快樂的情境。[241]唐澤真弓強烈建議我們在訪談中將情緒的順序倒過來，因此我們照她的建議來做；結果確實和我的直覺相反：對日本受訪者來說，用羞恥事件開始訪談的效果最好。如果羞恥有助於彌補自己的缺陷和人際關係問題，那麼談論羞恥便是一件好事。[242]此時羞恥是「正確」的；根據我們的調查，和美國受訪者相比，日本受訪者提到自己感受到羞恥的頻率更高。[243]

在WEIRD文化裡，羞恥是惡性循環的開端；但如果羞恥在某個文化是「正確」的情緒，它的效果就剛好相反。在這些文化裡，羞恥會促使你更投入相關的人際關係，因而對社交有助益。巴格濟和同儕在研究羞恥時，比較了荷蘭和菲律賓的業務員。菲律賓的業務員與荷蘭業務員同樣覺得羞恥讓人感到曝露、失敗、弱小，但菲律賓的業務員不會因此退縮或出錯；對他們而言，羞恥意味著他們要投入更多心力來處理和這個客戶之間的關係。[244]他們不會因為感到羞恥而想要躲起來，而是更積極接洽客戶。除此之外，感到羞恥的菲律賓業務員還指出自己和客戶的互動更好，銷售量也更高——這表示他們更加投入與客戶之間的關係，而且收到回報。

在其他文化裡，表現出羞恥也更容易被別人接納。舉例來說，在米南佳保和台灣社會裡，知恥的孩子是好孩子，因為他們不會讓父母沒面子。能安穩信賴的家庭網路成員會共感羞恥，讓外部群體更接納他們。對日本人來說，朋友或伴侶表現出羞恥或自責是符合文化期望的行為，他們因此可以預期朋友或另一半會接納和支持他們。[245]事實上，日本大學生表示，他們遇過許多誘發出強烈羞恥感的情境——這一點正好和美國大學生相反。日本學生似乎會刻意找尋羞恥情境，而不是像美國學生那樣設法避開。[246]羞恥表示一個人知道自己的本份或缺點；當你的文化裡認為知道這些事情不會影響你的人際關係，那麼羞恥就是一件好事。

然而，如果處在個人地位不那麼有保障、且社會地位需要不斷協商的文化中，羞恥就是失去地位的標誌。在名譽文化中便是如此；當侮辱威脅到重要的事物——別人對你的正面觀感時，羞恥的感受就是合理的，因為它能讓你保持對社會地位的關注；但這種社會動能（social dynamics）和那些地位得到確保的文化是非常不同的。

在荷蘭進行訪談時（見第二章）我特別留意到，許多土耳其受訪者指出，他們被別人冒犯後會斷絕跟這個人的關係。歐瑪（Omer）是一位受過大學教育的四十七歲土耳其男性，他在訪談中描述他和朋友穆罕默德（Mehmet）有一位最近過世的共同朋友，但穆罕默德謊稱他竊佔這位共同朋友的貴重物品。[247]歐瑪補充說，竊佔這些物品的人其實是穆罕默德。穆罕默德的指控確實侵害到歐瑪的社會形象——歐瑪有一段時間無法獲得別人信任。歐瑪說，他最初知道穆罕默德這樣指控他時，他覺得「悲傷」，而且「對這位朋友的信任受挫」。這件事發生在他還在土耳其的時候；這幾年以來，他一直對此感到「憤怒」，而且再也沒有和穆罕默德說過話。

另一個類似的案例如下。伊明（Emine）是一位受過高中教育的五十歲土耳其女性，有一次和她朋友杜伊谷（Duygu）談到私事時，她的繼姊妹裴琳（Pelin）邊裝睡邊偷聽她們的對話；從此之後伊明就沒有再和裴琳講過話。這件事情發生後，伊明的世界崩塌了；她覺得憤怒無比。假如裴琳今天突然死了，伊明完全不會在乎；對伊明來說，裴琳「什麼都不是」。

幾乎所有的土耳其受訪者都說，他們被親近的人冒犯時會斷絕關係；[248]但也有些土耳其受訪者描述，他們被不那麼親近的鄰居或同事羞辱後也會感到非常憤怒，甚至到斷絕所有聯繫的地步。阿斯蘭（Aslan）是一位二十九歲的土耳其男性，在十九歲就搬到荷蘭；當他的荷蘭人鄰居威脅要揍他的兒子時，他說他感受到「這輩子最強烈的怒氣」。阿斯蘭的回應是揍了這位鄰居，還用拳頭打破鄰居的窗戶。阿斯蘭的妻子和朋友目睹這一切，同時設法平息他的怒火，但都沒有用。他的妻子最後打電話叫警察來介入；根據阿斯蘭的描述，警察叫他賠償鄰居的窗戶，不過

「相當理解他對這位鄰居的憤怒」。他後來確實有賠償鄰居；雖然他非常不想拿錢去給鄰居，但他沒有再次動粗。從此之後，他再也沒有和這位鄰居說過話。阿斯蘭所有的朋友都認為這位鄰居的行為太過火了。

在描述這些情境時，土耳其受訪者說他們覺得「憤怒」；沒有人自行提起「羞恥」。雖然如此，我們有理由推測，土耳其受訪者被人羞辱後會斷絕和對方的關係，可能是因為羞恥所致。我們沒有直接問他們是否有感受到羞恥，但他們也會同時提到，他們非常在意這些事件是否會衝擊他們自己、家人，或內團體（ingroup）①受到的敬重。[249,250]相較之下，荷蘭人受訪者遇到類似的情境時，幾乎不會關切自己的社會形象；他們也說自己感到憤怒，但結尾卻截然不同。在大多數荷蘭人描述的事件裡，怒火最後就消逝了；受訪者可能會和對方和好，或是不在意自己被羞辱等等。

在名譽文化裡，羞恥表示你意識到自己的社會形象曝露出來、受到威脅。而由於你的社會形象和你的家庭與內團體的名譽相連，因此當你的名譽受攻擊時，其他親近的人也會受牽連。羞恥會造成漣漪效應，你個人的羞恥會連帶影響你親友的羞恥，因為他們的名譽也會受到攻擊。[251]心理學家派翠西亞・羅德里格茲・莫斯奎拉（Patricia Rodriguez Mosquera）和同儕特別關注家庭的名譽；他們的研究對象是巴基斯坦當地和美國東岸的白人學生。[252]研究人員請受訪的學生回憶

①編按：由具有共同利益關係、歸屬感的成員組成，通常是生活密切結合的群體。

「家人的言行導致你全家受到貶抑的情境」；莫斯奎拉認為，在家人共喜家庭名譽的情況下，每一位家庭成員都必須避免家庭的名譽受損，每一個人都必須為家庭所有其他人的言行負責，而且每一位家庭成員都必須保護全家人免於受到外人的羞辱和其他貶抑之舉。以上幾項只要有任何疏失，你就會被曝露出來，並誘發出羞恥。

巴基斯坦學生確實覺得親戚導致家庭蒙羞的情境非常讓人羞恥，且感受比美國學生更強烈。此外，在巴基斯坦學生當中，認為自己家庭名譽受到最嚴重威脅的學生，羞恥感也越強烈，但美國學生就沒有這種情形。[253]根據巴基斯坦學生的說法，在這些情境下感受到的羞恥，強烈到他們往往會和親戚切斷關係——這一點跟我在荷蘭訪談的土耳其裔受訪者一樣。當與你關係親密的人不尊重你們共享的名譽時，你別無選擇。被一個本應和你更同承擔名譽的人冒犯是極為羞恥的事，因為這曝露了你的社會地位受到侵害的事實。在研究中訪談土耳其人時，我看到這種對社會地位的侵害是真實的——穆罕默德謊稱歐瑪侵佔貴重物品後，歐瑪就不再獲得其他朋友的信任；阿斯蘭的鄰居在眾目睽睽之下威脅要揍阿斯蘭的兒子，明顯表現出對所有人的不尊重。歐瑪和阿斯蘭受到冒犯後，會跟冒犯他們的人斷絕關係，不是因為憤怒本身所致，而是因為他們的憤怒基於羞恥——在這種情況下，憤怒是一種解決羞恥情境的方法，讓你切斷跟另一個人的關係，因為你不可能再和他共享名譽。

還記得伊明發現繼姊妹裴琳知道她的祕密後，她有多麼震驚嗎？即使她們是同一家人，伊明還是盡可能和裴琳切斷關係。不過，伊明除了和訪談者提到這件事以外，從來沒有和其他人說過。她甚至也沒有和她的朋友杜伊谷提到這件事，因為她不想傷到裴琳的名聲；她「讓裴琳免於他人的指責」。她這樣做，是不是要保住家庭的名譽，進而也保住自己的名譽呢？很有可能是這樣。

我們的受訪者試圖保護他們的社會形象時，採用的方法不只有斷絕和冒犯者的人際關係；假如情況允許，他們還會設法說服別人自己並沒有錯，有時候是藉由證明冒犯者的過失。阿斯蘭說服警察他打鄰居是有原因的，也說服他的朋友，讓他們同樣認為頭腦正常的人絕對不可能做出鄰居那樣的事。心理學家艾瑟・烏斯庫（Ayse Uskul）認為，當個人處在容易失去名譽的文化中，就會被社會化成盡力避免這種痛苦的後果。設法說服別人，讓他們相信冒犯者是卑鄙的人（如果你能疏離冒犯者，又更有說服力），便是避免痛苦後果的一種方法。

在WEIRD文化裡，羞恥是「錯誤」的，因為這樣會讓別人明白看到你的失敗之處；反過來說，在名譽文化裡，羞恥是「正確」的，卻也十分讓人不安。羞恥是正確的，因為它能讓你看到有哪些事情威脅到你和你的家庭（或團體）的社會地位，而這又表示你與所屬文化同樣關切「名譽」這個重要議題。在名譽文化裡，羞恥無所不在；而認知到羞恥時，你會設法保住自己和家庭的名譽。[254]要做到這一點，往往是藉由展現自己的力量——以恢復名譽的方法而言，憤怒雖然是個好方法，但並非唯一之道；有些心理學家認為這甚至還不是最重要的方法。[255]無論如何，你必須用你的行為來主張你的名譽，否則你就會失去難以保住的地位。[256]

名譽文化中的「羞轉怒」（shame-turned-anger），和WEIRD文化裡的「羞怒」（humiliated fury）是否不一樣？基於以下兩個原因，我認為兩者不同。首先，如上文所述，當一個人碰到非常不如意的事件時，羞恥在名譽文化中是「正確」的反應，在WEIRD文化裡卻是「錯誤」的。關鍵的差異在於：在名譽文化裡，保護名譽是一件重要的事，而羞恥有助於達成這件事；而在WEIRD文化裡，羞恥雖然能讓人意識到別人有可能因此不接納你，卻不會幫助人達成該文化認為重要的事。再者，「羞轉怒」在社交世界裡作協調地位之用（即以OURS為主），而「羞怒」是當事者遭遇不如意的事件後，將責怪的對象從自己轉移到他人（即以MINE為主）。

在某些情形下，羞恥在名譽文化裡也有可能是一個人意識到名譽受到潛在的威脅，並藉由這展現羞恥來避開這些威脅。像這樣的羞恥用以保護女性的名譽，也就是女性親屬的的操守（貞潔），而這又對家庭的名譽至關重要。[257]在埃及貝都因人的文化裡，女性被認為是弱者，必須依附他人，而*hasham*（大致可譯為「羞恥」）讓女性能有尊嚴地獲得敬重和名譽。[258]*Hasham*是操守的一部分，貝都因人遵循這些操守並非基於義務，而是出於自尊。在這種脈絡之下，羞恥和相關的規避行為（像是蒙面紗、避免接觸等等）是道德的，因為它們能讓較無權勢的一方避開踰矩可能帶來的惡果。這樣的羞恥也許更接近於在固定階級的文化中看到的羞恥；事實上，在名譽文化裡，男性和女性之間可能確實存在階級之分。

羞恥的歷程

每當我介紹羞恥的文化差異時，其他學者都會問，我這些「奇特」的例子是否真的都是同一種情緒。豐田汽車的社長是不是真的和桃樂絲一樣羞愧？豐田章男那樣道歉，是表現出他深感愧疚，或只是禮貌客套之詞？阿斯蘭那樣動粗，「表現」的是他由羞轉怒，抑或是羞恥本身？埃及貝都因女性是否真的有情緒，還是她們只是遵從規範而已？其他文化的人難道不會誤認情緒嗎？這些情境真的都是相同的羞恥嗎？

羞恥和憤怒一樣，都是人際關係的一部分。羞恥會因為（我們推測）其他人的反應，導致歷程相差甚大。「正確」的羞恥能讓人成功地重新融入群體，「錯誤」的羞恥則會讓感到羞恥的人更加孤立。正確的羞恥可能是基於本份或操守的人際關係之舉，或是一個人意識到自己的社會地位受到威脅、必須討回；錯誤的羞恥可能是「想要消失不見」，或是有失去名譽、永遠無法恢復的風險。[259]正確的羞恥是知道別人的觀點；錯誤的羞恥是知道自己差了一截。舉例來說，日本大學生談到羞恥時，一般來說更關注別人的評斷（「我專注在別人對我的看法」）；美國大學生則關注自己達不到標準（「會有這樣的結果，我怪我自己」）。[260]西班牙學生（來自一種名譽文化）認為羞恥較和「公眾眼光」相關，荷蘭學生則認為羞恥較和「自己的失敗」相關。[261]各種羞恥事件可能有些一貫的主題，像是當事者渴求受到接納；但我們沒有理由認為羞恥背後有著相同不變的感受，或者羞恥都會有相同的歷程。

正如憤怒一般，「羞恥是否都一樣」這個問題出自MINE的視角——不僅將重點放在羞恥的感受，還預設羞恥的背後有著相同不變的本質。假如我們改用OURS視角，「羞恥究竟是什麼」這個問題就沒有意義了。羞恥是各種事件的集合，這當中的人際關係行為是當事者尋求社會接納的某種形式。每個羞恥事件都有不同的歷程，一切要看這些事件在文化中的意義、其他人的反應（可能是當事者推測的，或是真正發生的）、事件發生在什麼樣的人際關係之中，以及人格和人際關係的集體理念。

憤怒、羞恥等情緒會在人際關係當中產生某些作用。在強調特權和個人自主能力，或是人人爭取「名譽」這個稀有資源的文化裡，藉由憤怒尋求支配地位是「正確」的；在強調慈悲對待萬物或人際關係和睦的文化裡則是「錯誤」的。而在強調人人互依的文化中，藉由羞恥來尋求接納（而且通常〔但不一定〕是透過服從他人來做到）是「正確」的；但在重視獨立和個人主張的文化裡是「錯誤」的。正確的羞恥可能以遵循禮節來表現，或是其中一方對尊敬和特權的要求；錯誤的羞恥可能會讓你想要避人耳目，希望其他人不要太注意你。當情緒是正確的時候，它就處處可見；當情緒是錯誤的時候，它就變得罕見。

健全的人際關係裡是否一定要有憤怒？羞恥是不是一種讓人自毀的情緒？答案是：視情況而定。當你的文化認為某種情緒是正確的，它就是健康的；認為它是錯誤的，那麼它往往就是不健康的。因此，當心理學家研究哪些情緒能讓人在生活中健康又感覺良好時，當然會發現不同的文化有不同的情況。一個人擁有其所處的文化中常見的情緒，便會主觀地認為自己比較健全。當我們的情緒符合所處文化的價值觀時，我們會感覺更好，甚至還會做得更好。

憤怒和羞恥盛行的地方不一樣，其後果也不一樣；但我們能不能就這樣認為憤怒和羞恥的存在是跨文化的？可以，但必須採用最薄弱的定義才行——亦即哲學家歐文．弗蘭納根所謂的「原憤怒」（proto-anger）和「原羞恥」（proto-shame），這兩種情緒分別與主張權利和避免被排擠相關。當我們具有憤怒般的情緒時，我們會體驗到什麼感受、做出什麼樣的行為，要看我們身處在維護自尊的文化、維護人際關係的文化還是爭取名譽的文化裡。另外，合理的憤怒又與被人否定的憤怒不同；自我貶抑的羞恥也與重建人際關係的羞恥不同。就算我們從中看得到某些原型，或是某些人際關係方面的核心議題（像是支配性或是避免被排擠），在不同的文化、情境和地位裡，憤怒和羞恥仍然會有截然不同的歷程。正因如此，我們在談論這兩種情緒時，可能更應該把它們當作複數名詞來看待。不過，像這樣具有多種形態的情緒，是不是只有「不悅」的情緒呢？人類不是應該都會歡迎和想要愛、快樂等等「愉悅」的情緒嗎？我們接下來就會討論這些情緒。

第五章
建立連結和感覺愉悅

有誰不想要人生中充滿愛與快樂？我們可能會認為這些情緒在所有的文化裡都是「正確」的，但人類是否真的有普世的欲望，想要感受到愛與快樂呢？這個問題可能比你想像的更有爭議。在許多文化裡，生活的導向不是將愛與快樂（happiness）最大化——或至少如果我們以美國中產階級或其他WEIRD文化脈絡定義愛與快樂的方式來看的話；在許多其他文化裡，愛與快樂無關緊要，甚至是「錯誤的」。儘管「正向心理學」研究讓我們更理解「心盛」（flourishing）①的概念，卻忽略了文化面向——整個學門只關注WEIRD文化。[262]

根據傳統的看法，正向情緒不會有什麼具體的作用；但心理學家現在開始問這個問題了：正向情緒有什麼作用？心理學家芭芭拉・弗德里克森（Barbara Fredrickson）認為它們的作用是「拓展與建設」。[263]「拓展」方面，我們可以想像快樂注入的能量，會讓你想要「參與、投身其中」，或者讓人產生「有動力去探索學習，將自己沉浸在……新鮮事物之中」的興致；「建設」方面，我們可以想到感恩、愛等情緒，以及這些情緒如何幫助我們建立最重要的一種資源：與他人之間的社會連結。[264]

本章將會探討兩種正向情緒，也就是愛與快樂。我們會看到「與人連結」和「感受良好」是心盛一貫的主題；但正如各種不同的憤怒與羞恥會在人際關係之內發生不同的作用，愛與快樂也會因為各種文化脈絡內的人際互動與關係而有所不同。[265]

愛

在西方文化裡，愛一直不可或缺。[266]在一項一九八〇年代末的研究裡，美國大學生被問到什麼是情緒時，認為愛是最好的例子。[267]另一項加拿大的研究約略與此同時，受訪的學生同樣認為愛是「人類至為重要的情緒之一」，而且「在我們的文化裡，我們從童年開始就會學到愛」。加拿大學生列舉出至少一百二十三種不同的愛，但認為其中最好的例子是母愛、父愛、友愛、手足之愛和情愛。[268]

愛會有什麼樣的作用？當一個人愛另一個人，就會全心全意投入和對方的密切關係，或者試圖和對方建立密切關係。[269]我們會感受到愛，多半是因為對方能提供我們想要、需要，或喜歡的事物，或者對方在心理或身體上對我們有吸引力，或者對方同樣需要、愛或欣賞我們自己。換言

①編按：心盛（flourishing）是正向心理學的重要概念之一，指一種完全、高度心理健康的表徵。

之，我們會覺得被愛者是特別的，被愛者也會覺得我們是特別的——特別到我們會花很多時間跟他們相處，共享特別的時刻。當人際關係安穩、有信任感，我們又樂於坦然溝通時，我們就會感受到愛。愛表示你會關心被愛者，而且有時候會因此忽略其他的東西；你會想要親近他們，想要對他們表達你的正面感受，想要擁抱、貼近、碰觸、撫摸（像是對寵物那樣）、親吻他們，如果是情愛的話也會想和他們有性關係。愛（特別是各方相愛時）會讓人有自信，並且對生命感到正面；愛會讓你覺得更安穩、更放鬆。在西方文化裡，愛是重要人際關係的基礎，也是核心。

在強調個人自主性的文化裡，愛與這種文化價值觀相符。一位美國女性在訪談中這樣說：「『愛』代表很多犧牲、很多努力、很多付出，但它必須是非常自由的，必須是你自己給的，不能是被逼的。」[270]愛表示人與人之間有不建立連結的自由，卻仍然選擇和某一個人建立連結，其中隱含的意思是被愛者有獨特之處，因此吸引人想要建立連結。

愛在WEIRD文化裡是「正確」的，因為這樣會個體化（individuate）和提升（elevate）被愛者。這在情愛中當然最明顯，但母愛也有可能如此。我還記得我的第一個孩子出生後，我愛他愛到覺得候診室裡的其他母親都比我可憐，因為她們不像我這麼幸運可以有「這個」孩子。在我眼裡，小奧利佛是最伶俐又美麗的小嬰兒。過了好幾年後，我才發現這個感受有可能是我對他的極愛（greatlove）的一部分。愛會讓人把一個特定對象挑選出來，並且提升他。[271]在非常重視個體性的文化裡，愛會讓人實現身為獨立個體的終極目標——和對方相互賞識、吸引或渴望，因此和對方結合。正因如此，我們認知的「愛」符合許多西方文化脈絡中盛行的個人主義。[272]

柔情、同理心和親密感一直都存在。不過，如果我們認為愛是對特定對象的私密感受，或者當事者選擇要彼此在一起，或者是自尊的來源——這種愛可能是近代西方發明出來的。

WEIRD文化看重和強調個體的自主性，將個人的目標放在群體的目標之前，但許多其他文化則是將人際關係和群體的目標放在優先。[273]在包辦式婚姻（arranged marriage）②為主的地方，假如伴侶之間有愛（往往確實有愛），這個愛不會比婚姻更早發生，而是在結婚之後才生成；這種情況比較不是兩人自行選擇，而是漸漸互相熟識與賞識。但你可能會問，如果伴侶不是自己選擇的，怎麼可能真正愛他呢？

這裡不妨來看看別的觀點，也可以看到自由選擇的婚姻其實是文化的產物——從小在包辦式婚姻的社會裡長大的人，同樣會嘲笑自由選擇和戀愛的婚姻。在一個新聞節目裡，一位印度女性聽到有年輕人根據「愛」來挑選配偶，覺得這個想法可笑，「兩人互相吸引？這不是什麼重要的事。」她說道。[274]同一個節目裡，一位年輕的印度男性這樣說：「我的父母比世界上任何人都更了解我。他們當然知道什麼事對我最好。我認為對方的父母也是如此。」許多社群認為配偶由一個人的家人或父母挑選才是好事，這些社群除了包括阿富汗、巴基斯坦、伊朗、伊拉克、中國等地

② 編按：包辦式婚姻（arranged marriage）指的是非由結婚者來決定對象的婚姻，其不一定是強逼婚姻，也可能是在結婚者的同意下，由他人代替他們選擇結婚對象。

的農村社區之外，也包括一些嚴格遵守宗教戒律的猶太社群。在這些社群裡，婚姻不只被視為兩個人之間的事，更是兩個大家族之間的結合；配偶會是其他熟悉的家族的子女，或者會從其他種族、宗教、社經地位皆相近的家族來挑選。

發生在婚姻之外的愛可能會充滿悲傷。在一九八〇年代，中國受訪者將各種情緒語彙依照相似度分類時，認為愛是「悲傷」的，並將它分類到負面而非正面的情緒類別裡。[275]在這個講究孝道的國度，愛有可能會破壞子女對父母應有的尊敬；這可能是中國受訪者會貶抑情愛的其中一部分原因。[276]另外值得注意的是，中國受訪者描述愛的時候，比美國受訪者更常提到負面的特徵，像是痛苦、悲傷、犧牲和孤獨。[277]

我在課堂上講解情緒的文化差異時，學生經常會以為集體主義的文化脈絡會更強調愛。在集體主義的文化裡，人與人之間的強烈連結難道不是因為大家對彼此感受到大量的愛嗎？難道不是因為大家一直想尋求親密感，人人互依的情形才得以實現嗎？以上兩個問題的答案都是否定的；事實上，這樣的想法和實際情況幾乎完全相反。在真正集體主義的文化裡，人際關係是理所當然、持續存在的，或是群體內密切協商後的選擇（例如包辦式婚姻）。在這些文化裡，人際關係依靠的不是人與人之間相互賞識或吸引（愛），而是依據其他人的需求（同理心／憐憫）。在許多文化裡，「正確」的情緒與理想化（idealization）和選擇無關，而是關乎人與人之間的需求，和無可避免的人際連結。

這裡再次以日本的「甘え」情緒為例。「甘え」和**愛**的核心都是對人的關心和依賴，但兩種情緒卻截然不同。[278]「甘え」的原型是母子之間的關係——如第三章所述，日本母親會接受和縱容年幼子女的幼稚行為，不會加以阻止，而是對這種行為表示同理心和理解。[279]在第三章描述的事件之後，奈緒緊抓著母親的腿不放，這樣的行為在她的年紀不應該出現。她沒有掌控當下的情況，而是等待別人來掌控。另一位同學真紀（Maki）此時成為教養的同伴，以這樣的行為接受了「甘え」的關係。真紀走向奈緒，說服奈緒跟她一起玩；如此一來，真紀接受了奈緒表現出不得體的行為，並讓奈緒獲得所需。「甘え」不僅是兩位小女孩之間關係的先決條件，更重要的是還創造出兩人互依的關係。[280]由此可見，「甘え」作為日本文化親密關係裡的核心情緒，實現的是互依的關係，而不是互相愛慕、吸引和渴望。「甘え」絕對不是只有童年才會有的情緒——當你的密友或戀愛伴侶有所需求，你會讓他們得到所需，就算這個需求不合理——或者說，當需求不合理時，你更會想要幫助他們實現。「甘え」的基礎是需求與縱容，而不是將另一方理想化或提升。

人類學家凱薩琳．勒茲在《不自然的情緒》（*Unnatural Emotions*）一書中，描述了伊法魯克社會表示親近與依賴的重要情緒：*fago*。[281]有人將*fago*一詞翻譯成「愛」；不過，美國社會的「愛」具備和「歡樂」相同的特徵，但*fago*的特徵卻是悲傷和憐憫。在伊法魯克社會裡，*fago*是「正確」的，成熟的人會以*fago*回應別人的痛楚——換言之，願意去照顧遭遇困頓的人。伊法魯克人通常會對病患、臨死，或沒有家人的人感受到*fago*，但這種情緒也有可能在比較愉快的情形中出現，塔瑪拉卡（Tamalekar）碰到的情況便是一例。一個年輕男性從另一個島乘船過來找她，這一趟造訪名正言順，因為男子和塔瑪拉卡屬於同一個氏族：

> 他們和塔瑪拉卡的其他家人低聲交談一整晚，〔……〕那名男子說話時保持敬意與禮貌。對塔瑪拉卡及其家人來說，這名訪客格外特別，因為他帶了一箱的香菸當禮物。晚上的交談超過了這家人平常的睡覺時間。訪客踏出屋子片刻〔……〕，此時塔瑪拉卡對她的家人說：「我們對這一位訪客有*fago*，因為他平靜。我們雖然想睡，但還是會跟他交談，不會現在去睡覺。」

塔瑪拉卡後來還拿了自己的珍藏送給那位訪客。在這個例子裡，*fago*代表的意義仍然是照顧別人，但此時引發照顧行為的是訪客平靜與和睦的行為（而不是他需要被照顧），男子透過展示自己的同情心，因而獲得同等的悉心對待作為回報；以此例而言，*fago*的行為是互惠的。

愛是獨立自主的個體互相覺得對方是特別的，因而讓他們想要有愉悅的親密感；但*fago*是關切、照顧和你之間已經存在連結、或是已經感受到連結的人。一般而言，*fago*是因應別人的需求，而且是一種無法避免的反應；愛則是你出於個人選擇想要跟另一個人親近，這個人具備某些特色並且特別欣賞或接納你。當然，相愛的伴侶在對方有需求時會互相照顧，正在實踐*fago*的人也有可能在相處過程中感到愉悅（就像塔瑪拉卡和家人接待另一個島來訪的年輕人那樣）。但是，這兩種情緒的核心作用不一樣——愛會讓人互相欣賞、吸引或渴望；而*fago*則是讓互相連結的人在有需要時獲得照顧。這兩種情緒都是「正確」的，因為它們都能在各自所屬的文化中，實現該文化最重視的人際關係目標。

還記得中文的「愛」被中國受訪者歸類為負面情緒嗎？這可能緣自於中國的「愛」有另一種歷程——包括當事者知道對方承受的痛苦、生活不順逐的哀愁，和滿足需求所需的付出；「愛」不只是跟另一個特別的人相連結的喜悅而已。只要有好，就一定也有壞。[282]

當一個文化裡人人都有早已存在又穩固的互依關係，「愛」在這種文化中可能就沒那麼重要了。一種理解的方式如下：在這些文化裡，人與人之間本來就已經十分親近，而「愛」這個情緒會讓人區別哪些人更值得受到照顧，因此「愛」在這些文化裡就沒那麼有用處；只要你和對方有相互依賴的關係，你就應該要照顧他。在這些文化裡，「甘え」、*fago*等與親近、照護相關的情緒會以照料他人的需要為重心，而不是尋找值得相交的對象；「甘え」和*fago*的主旨不是讓你享受和另一個人的快樂時光，而是幫助他人，確保他們不會遭受太多痛苦。

親近和依賴關係裡的其他情緒

還有一件事違背了許多學生（和研究同仁）的直覺——在集體主義文化裡，人們不會想要在關係中尋求更多親密感；相反地，在緊密相連、互依的人際關係網路中，人們會比較想要降低互依的負擔。[283]

這裡舉一個來自迦納的例子。人類學家葛蘭・亞當斯感到十分訝異，因為當地的口號、詩歌和故事處處提醒人們當心自己的朋友。[284]迦納有一首詩這樣說：[285]

> 小心朋友。
> 有些是草地裡的蛇；
> 有些是披羊皮的獅子；
> 有些是表面稱讚，內心嫉妒；
> 有些就不是什麼好東西；
> 小心朋友。

汽車保險杆貼紙會寫像「當心壞朋友」這樣的標語。另外，訪談人員分別到迦納和美國的公眾場域（像市場和公園），隨機找人談論他們的朋友時，迦納的受訪者認為對朋友保持戒心，甚至懷疑，都是正常的事。迦納人還認為，人有太多朋友不是太傻就是太天真，這一點和美國受訪者明顯相反。

迦納人為什麼不會覺得交越多好朋友越好？在大多數迦納人的觀念裡，交朋友表示你可以提供物質和實質的協助（相較之下，只有極少數美國人這樣想）——在資源匱乏的環境裡，對朋友有這樣的期望可能會帶來麻煩。除此之外，在迦納的文化脈絡裡，交朋友不是為了找人陪伴——你隨時隨地都有人相伴。最後，朋友永遠有可能會佔你便宜，或者不能信任。

美國人和迦納人對友誼的看法有多大的差距呢？對美國人來說，有朋友是一件好事，而且他們也比迦納人更信任友誼。從訪談結果來看，美國人的朋友數量一致比迦納人多，而且大多數美國受訪者都宣稱自己的朋友數量比其他人多（相較之下，只有少數的迦納受訪者這樣說）。和迦納人相比，美國人也覺得自己的友誼比較親近。在美國的文化脈絡裡，友誼首先代表情緒上的支持和共同的興趣（相處的時間甚久），除此之外還有信任與尊重。如此一來，假如有朋友是好事，沒有朋友便是壞事——美國人認為，沒有朋友的人會覺得孤獨又不幸。相較之下，迦納人覺得一個人沒有朋友是壞事，或是錯誤的，但不會覺得這樣的人會悲傷或不幸。假如友誼關乎物質上的協助，那麼沒有朋友的人就是吝嗇又自私的。

換言之，迦納人比較不會在意自己有沒有人陪伴（因為他們不缺人陪伴），而是比較關切自己會不會被人利用，或者被親友傷害。這裡要再次強調：這並不是說他們比較不看重親近的人際關係，而是在這種情形之下，「正確」的情緒會讓人傾向去降低親近的人際關係所帶來的負擔，而不是促長人與人之間相互的肯定、賞識和歸屬感。

人們也有可能會為了不要增加對方的負擔而降低親近感；社會支持相關的研究可以看到這樣的現象。心理學家金熙榮（Heejung Kim）、大衛・薛曼（David Sherman）和雪莉・泰勒（Shelley Taylor）想要探討互依文化的人是否擁有並尋求更多社會支持，也就是會透過他人知道自己「有人關愛、看重，並且屬於溝通和互惠義務的網路」。[286]他們發現，和白人美國大學生相比，亞裔和拉丁裔的美國大學生說自己面對壓力時，反而比較不會尋求社會支持，因為他們不想要用自己的問題去勞煩別人。[287]當他們在思考是否要尋求伴侶的社會支持時，他們關切的重點是伴侶的需求，而不是自己的需求。當伴侶比較有空的時候，他們就會尋求更多社會支持；舉例來說，戀愛中的亞裔美國人在解決簡單的謎題時，伴侶之間比較會有社會支持的行為，但較難的謎題就不會。[288]重點在於，在非WEIRD文化脈絡裡，如果人際關係的需求比個人需求優先，人們會比較不願意尋求「愛」或他人的慰藉。在一般的狀況下，他們不太願意增加人際關係的負擔。

有一項實驗找來白人和亞裔美國人當受試者，實驗過程是給他們三分鐘的時間準備演說，說明自己為什麼能勝任心理學系的行政助理工作。研究人員再請受試者於五分鐘內，以十三為一個單位、從二千零八十三開始倒數，而且研究人員還會一直催他們加快。倒數完後，他們才發表演說。這樣是不是壓力很大？那當然。

在這個過程中，有些受試者在準備完演說之後，還會寫信給一個他們覺得親近的人，希望在接下來的任務裡能得到他們的社會支持。這件事對白人受試者有幫助，他們的壓力因此降低了；

但對亞裔美國人來說，他們的壓力並沒有因此降低。[289]有沒有方法能降低亞裔美國人的壓力呢？有，但不是找親近的人或是尋求社會支持，而是當他們想到「他們親近的群體」，並且寫下「他們為什麼覺得該群體重要」。在亞裔美國人的文化脈絡裡，人不會主動尋求別人的肯定，但在遇到困難時，還是會想要知道自己是群體的一份子。

我們能從這些和其他相似的研究知道什麼呢？愛是重視個人獨立自主的社會發明出來的；而人際關係網路穩定、無疑的社會比較不需要愛。愛在現今育兒方法中如此重要並不是巧合：由於WEIRD文化的教養目標是讓孩子獨立，而我們身為父母就必須讓他們安心知道我們不會離他們太遠，因為他們是特別的孩子。我們現在會覺得必須有這種情緒才能讓孩子成長健全；但在親子關係裡，愛並非一直都是「正確」的情緒。[290]

「我愛你」是相當晚近的發明，但人際關係不是。[291]沒有任何人是獨自生存的，人人都需要且重視社會關係。但是，哪些情緒是「正確」的（亦即，能讓人際關係符合該社會脈絡的需求），會因文化而異。在個人主義的文化裡，獨立自主的人會想要尋找與他人的連結，此時愛是正確的情緒；在集體主義的文化裡，人際關係當中的同伴會互相顧及需求，此時「甘え」和*fago*是正確的情緒。在集體主義的文化裡，愛有可能以某種形式出現，但不會像在WEIRD文化裡那樣「正確」。

「愛」有許多種，每一種都以人際連結為經緯。沒有人會混淆「情愛」和「親子之愛」（如果有人會，我們一定會強烈譴責）。但當我們觀察集體主義文化時，這個現象更加真實——人際連結的情緒有許多作用，包括協助其他有困難的人、讓別人覺得特別、維繫既有的連結或尋找新的連結、向別人提供物質資源，或讓人珍惜彼此相處的時光。哪個情緒才是「正確」的，要看文化脈絡而定。

快樂（Happiness）

假如你是美國的讀者，你可能相當重視快樂。[292]快樂的人更健康、更成功，也更受人歡迎。語言學家安娜．菲茲畢茨卡（Anna Wierzbicka）描述美國中產階級白人的社交生活時，點出當中有「重要的互動規範，並且非常強調受到別人歡迎與認同，以及被別人認為個性友善又**愉快**……」。[293]美式的快樂是無所不在又「正確」的，原因可能是因為快樂有助於撐起當代美國生活的三個支柱：成功、掌控一切，和選擇。

在一項研究裡，心理學家內田由紀子和北山忍（Shinobu Kitayama）請美國白人和日本大學生列出快樂的「特徵」。[294]美國大學生列出的特徵幾乎全是正面的；更重要的是，他們認為一個人感受到快樂時的正面特徵（像是愉悅、微笑）與個人成就（像是對自己感受良好、得到自己想要的事物）相關。北山忍、唐澤真弓和我進行研究時，也看到這個現象；美國大學生（絕大多數是白人）在「自豪」、覺得「站在世界之巔」又「高人一等」、有「自尊心」的時候，認為自己是快樂的。[295]心理學家菲利浦・夏弗（Phillip Shaver）和同儕進行另一項研究，發現美國大學生描述過去的快樂經驗時（可能是他們自己或是別人的經驗），也會感受到「良好」和「成功」。[296]因此，快樂在美國的重要特徵，是讓人對自己和自身的成就感受良好。[297]

美國白人大學生描述快樂的經驗時，認為這種情緒具有外向、有活力，和趨近導向（approach-oriented）的特性。[298]他們覺得快樂的人有禮貌、和善、會擁抱別人、幫別人做好事，並且想要和別人溝通、分享良好的感受。另外，他們還將「快樂」描述為有活力、動態、蹦蹦跳跳——甚至到了「過動」、一直上下跳來跳去的地步。快樂的人會開懷大笑或微笑，也會激動說話。最常用的心理量表將「快樂」界定為動態、趨近性導向的情緒。用來闡釋快樂的形容詞包括「熱情的」、「感興趣的」、「有決心的」、「激動的」，和「受啟發的」。[299]

如果你想要讓事情順著你的意思走，充滿活力、動態、蹦蹦跳跳的快樂會特別管用。[300]心理學家蔡珍妮在一項實驗中發現，在進行互動式任務時，被告知要當「影響者」的人會選擇表現激動，而且來自完全不同文化的「影響者」都有這個現象。[301]蔡珍妮認為，美國白人偏好帶有活力的快樂，是因為在他們的文化裡，每個人都有許多機會去影響和控制自己周遭的環境。

打從美國人的幼年起，這種快樂就深刻烙印在他們心中。美國母親在逗弄嬰兒時，會移動他們，和他們玩耍和交談，由此埋下蹦跳式的快樂的種子。[302]美國社會強烈希望父母讓孩子有一定程度的娛樂，這樣也能誘發出活化的（activated）快樂。孩子應該要享受樂趣（高度激發），而不是感到無趣（低度激發）。他們一直有事做、一直受到刺激，因為他們有數不完的玩具、各種課外活動、一趟又一趟的遊樂園之旅，和其他形式的娛樂。

成年之後，美國人仍然會尋找這種充滿活力的快樂。在一項研究中，蔡珍妮發現，美國白人在渡假的時候，會想要「到處探索，做一些精彩刺激的事」，而不是去一個讓人完全放鬆的地方。另外，他們也偏好咖啡勝過洋甘菊茶。[303]最後，使用非法藥物的人會偏好興奮劑（像古柯鹼和安非他命）勝過麻醉劑（海洛英）。這些偏好都可以看作是促成一種興奮（例如外向、主動、有活力、趨近性導向）的快樂，讓人有掌控、操縱的感覺。

快樂還有另一個重要作用——美國文化的第三個支柱是選擇，而快樂會啟發選擇；但並非一直是如此。[304]心理學家大石繁宏（Shigehiro Oishi）和同儕以大約一八〇〇年以後的美國國情咨文和書籍為資料，追蹤了「快樂」一詞的意義如何改變；他們發現，「快樂」一詞到了相當晚近才被用來形容個別的人，而不是國家整體。[305]大約到了一九二〇年代，消費文化剛剛興起時，「快樂」一詞才開始被用來描述欲望和自我表現獲得滿足。此時廣告裡的人開始有笑容，用來表示廣告中的產品一定能讓你愉悅。快樂成為選擇的準則——你做出什麼樣的選擇，就代表你是什麼樣的人。

在一項研究裡，美國白人學生如果想起自己兩周前籃球打得不錯，讓他們覺得快樂，這時再要他們選擇打籃球或射飛鏢，他們更有可能選擇打籃球。[306]「做讓自己快樂的事」——這句格言

圖 5.1 以快樂當作好選擇的標準；這是一九四九年的廣告（圖像授權：Candy Hoover Group, SRL）

反映當代社會某些群體有許多選項可以選擇；但在孩子必須承襲家傳事業，或是除了到最近的工廠工作、到最近的富人家庭當幫傭之外別無選擇的年代，這項建議不僅不適合，更完全不適用。

成功、掌控一切和選擇是美國夢的三個支柱，而快樂完全融入這些支柱之中，使得它成為「正確」的情緒。這個情緒可以看出一個人怎麼認定自身的價值，並反映了社會想要的標準常態。快樂點出了個人的主動能力，也讓人有方向。這樣的快樂很可能深植許多讀者心中，但它其實並不是一直都存在的——而且可能讓人難以相信的是，它並非到處都存在。許多地方的人不會想要快樂的情緒，快樂在某些地方甚至是「錯誤」的。

有人會不想要快樂嗎？

道家思想哲學家王蓉蓉（Robin Wang）教導她兩位在美國出生的女兒要遵從「王媽媽的守則」，這些規定並不難——好好吃飯，天天運動，睡眠充足，認真讀書。其中一位女兒問她：「那保持快樂呢？」她回答：「不，快樂並不重要。」

在道家思想的傳統裡，快樂並不是目的；事物倘若真有什麼目的，也不會是固定的，這樣才能因應萬變。人生一直在變化，快樂的事情有可能會有黑暗面，或者帶來惡果。古文有言：「禍兮福之所倚，福兮禍之所伏。①」[307]

早期美國人的看法可能比較接近道家思想的觀點，而不是我們現在的觀點。一八五〇年的《韋氏字典》（*Webster's Dictionary*）②寫道：「全然的快樂，亦即不帶絲毫痛苦的享受，在此生中不可能實現。」[308]這本字典也認為快樂一定發生在不快樂之中，「快樂是相對的。對於承受痛苦的人而言，從痛苦中解脫即是快樂。」到了一個世紀後的了一九六一年，「快樂」的定義已經變成包括「維持相對恆定的健全狀態……並且自然想要這種狀態持續下去。」完全不打折的正面狀態，此時已經進入快樂的定義裡。

不過，許多文化的模式比較接近王蓉蓉和道家思想的定義：樂與悲緊密相連。我的好友、心理學家唐澤真弓跟我說，她小時候如果獲得好成績，父母和老師會提醒她不要表現得太高興，因為這樣會破壞她和同學的關係。日本文化的目標是保持和睦的人際關係，而快樂（特別是美國白人常常表現出自豪、興奮的快樂）對此並無幫助，因此被認為有害。在前文描述的研究裡，內田由紀子和北山忍比較了美國人和日本人認知的快樂；他們發現，美國學生認為快樂完全是正向的，但日本大學生幾乎都會指出負面特徵——快樂是「虛幻」的，因為它不會長久、難以捉摸，而且會誤導人（讓人看不清現實）。[309]快樂會「干擾社交」，因為它會讓人忽略周遭環境和自身義務，也容易在別人身上誘發嫉妒。

其他地方的人也會覺得快樂不理想，因為這種情緒會為人際關係帶來負面影響。我記得我曾被母親指責，叫我行為要正常一點，因為「已經夠瘋狂了」。在一九六〇年代的阿姆斯特丹，興奮的高興情緒並不是好事。成年以後，我感受到快樂的方式仍然受童年教養的影響。我兒子奧利佛的棒球隊打得好的時候（或者他們的對手失誤，讓他們得利），場外其他母親興高采烈的情緒看起來強烈又無拘束；她們會毫不保留地歡呼和慶祝。兒子的球隊如果表現好，我也會高興，但我不會那樣歡呼，而且其實我會顧慮到另一個球隊的感受，因為那些六、七歲小男孩也一樣盡全

① 出自《道德經》第五十八章，作者引用的論文將此句出處誤植為《古文參同契集解》。
② 原出處：Noah Webster, *An American Dictionary of the English language; containing the whole vocabulary of the first edition*, ed. Chauncey A. Goodrich (Springfield, Mass.: 1850), "Happiness"。韋氏於一八四三年過世，此一版雖然仍然掛名作者，但編輯為他的女婿。

力打球。我的快樂沒有那麼極端，也比較不會想要歡呼。我用這個例子只是想說明一件事：另一種看待和體驗快樂的方式，其實不需要在多麼「奇異」的文化中才能找到。

如果阿姆斯特丹還是太奇異，我們不妨看看作家芭芭拉・艾倫瑞克（Barbara Ehrenreich）描述美國早年的拓荒者，即可知曉快樂並不是世人一直都在追求的目標。美國現今是一個追求快樂的文化，但他們祖先的文化幾乎完全以「不快樂」為導向：[310]

> 白人拓荒者將喀爾文主義帶到新英格蘭，那可以說是一種強制、抑鬱的社會體系。喀爾文主義的上帝「全然無法無規」……，這個全能的神「只讓人看到祂多麼憎恨祂的創造物，而不是祂對創造物的愛……。」世人需要做的是一直持續自省「心內各種可憎之惡」，設法根除絕對會招來天譴的邪念。在喀爾文主義裡，若要脫離這種焦慮自省的功課，方法唯有一種，就是勞力工作——清地、栽種、縫紉、建造農舍、經營企業。只要不是勞身或勞心的事，像是游手好閒或尋歡作樂，都是應該被唾棄的罪惡。

過去沒有人可以評量美國拓荒者每天有多麼快樂，但我們倒是有辦法比較東亞文化和當代美國白人文化的日常快樂感受。為了進行比較，心理學家採用經驗取樣（experience sampling）的方法，每天問受訪者好幾次他們當下有什麼感受。我們發現，和美國白人大學生相比，日本和亞裔美國大學生一致認為自己感受到的快樂比美國白人大學生來得少，而且不快樂的感受也比較多。[311]日本和亞裔大學生比較不常體驗到快樂，而且就算真的感受到，強度也比較低。顯然，一個文化賦予快樂的價值，會影響快樂在日常生活中的盛行度。

不過，就算某個文化沒有那麼重視快樂，這個情緒本身難道不會讓所有人都一樣有動力嗎？答案是否定的。在WEIRD文化裡，快樂會啟發和促成行動，但在世界上絕大多數的文化裡，人會根據自己在社會裡的角色以及別人的決定和希望來行動，而不是追求個人的快樂。[312]

在心理學實驗裡，日本和亞裔美國受試者進行任務時如果失敗了，反而會比成功時來得更有動力。美國白人覺得自己擅長解謎或運動的話，就會喜歡做這些事；但對東亞受試者來說，他們發現自己不擅長某件事，就會覺得讓自己能力進步才是重要的。東亞受試者並不**樂於**一直做這些任務——他們本來就沒有預期這些任務會讓他們快樂——但他們還是選擇花時間來做。[313]對他們來說，追求快樂實在沒有那麼至關緊要。正如道家思想哲學家王蓉蓉一樣，參與實驗的東亞大學生重視勤奮認真，但不重視快樂。

事實上，美國白人似乎相信快樂對他們進行任務的表現有幫助，但東亞文化脈絡裡的人可能不會。美國白人大學生如果知道自己接下來會面對一件消耗腦力的任務，他們會先享受自己從另一件不相關的任務當中得到的快樂；而東亞大學生（不論他們在亞洲或美國就讀）像這樣享受快樂的程度遠低於美國大學生。[314]對東亞大學生來說，快樂本身既不是目的，也不是成功完成任務的手段，因此不需要培養這種情緒。

事實證明，美國式的快樂並不像一些人可能認為的那樣被普遍追求。在許多時空上距離我們遙遠（或不那麼遙遠）的文化中，對它的重視要少得多。但是，即便這個情緒在某些文化裡具有不同的價值，它還是會存在才對吧？就算它比較沒那麼常出現，或者出現的時候會伴隨不快樂或焦慮，或者就算它的表現方式會受到控制，這個情緒本身應該還是一樣的吧？良好的感受不論何時何地一直都存在過，但美國式的快樂是現代、區域性的發明，正如愛和憤怒一般。WEIRD文化對於快樂有獨特的理解和體驗方式，中產階級美國白人更是如此，但這種理解和體驗僅屬於我們這個時代。感受良好的方式有千百種，一切看這些感受在人際關係中扮演什麼角色；它不一定是充滿活力、行動導向的快樂，也不一定與成功或自尊心相關。

感覺良好的其他方式：平靜

大禹治水是道教的一個古老傳說——他不像我的荷蘭祖先那樣築堤堵水，而是「順應水流」；順從水的自然力量，用新的渠道來疏導水流。

心理學家蔡珍妮發現，許多東亞文化脈絡重視平靜、與人相連的情緒。不論是香港華人或美國華人，都指出自己「理想上」想要感到平靜、舒適、放鬆、安詳，而非興奮式的快樂；另外，他們偏好的感受也與他們實際上的感受相關。[315]我們是如何知道這種平靜的快樂感與「順應水流」

相關呢？如前文描述，蔡珍妮在實驗中讓一部分受試者當「影響者」，另外一部份受試者則是當「調適者」。影響者決定十二張七巧板圖卡的順序（每個圖卡上有不同的圖案），調適者則要想辦法把圖片排成相同的順序。在這個任務裡，調適者一方面必須細心聽從影響者的指示，另一方面還要試者「進入影響者的思緒」。[316]這個實驗找來不同文化的受試者③，在各種文化裡，調適者都偏好平靜、連結的情緒，而不是充滿活力的情緒。由此看來，平靜、連結的情緒有助於讓他們順應影響者，並調整自己來配合。

東亞的日常生活習慣會帶出平靜的快樂。正如第三章描述的喀麥隆母親，日本和中國的母親，她們會輕搖嬰兒，經常和嬰兒身體接觸，並用聲音哄嬰兒，藉此讓他們平靜。[317]與美國相比，在台灣暢銷的童書（兩者的目標年齡皆為四至八歲），角色比較多平靜的微笑，與奮大笑的

③ 論文的描述如下：受試者兩人一組，隨機分配「影響者」和「調適者」角色。兩人都會拿到相同的一組圖卡，每張圖卡上有不同的七巧板圖案，總共有十六張圖卡；另外，兩人還會拿到一組放置圖卡的架子。實驗進行時，影響者要先選擇其中十二張圖卡，「依照你覺得最合理的順序」將這十二張圖卡放在架子上。接著，影響者必須口頭描述每一張圖卡的樣子，讓調適者猜影響者指的是哪一張圖卡；而調適者獲得的指示是：「記住，影響者會依照他覺得最合理的順序排列圖卡，所以你在猜他描述的卡片是哪一張的時候，要想辦法進入影響者的思緒。」調適者認為自己猜對圖卡時，才將圖卡舉起來讓影響者確認。受試者包括歐裔美國人、亞裔美國人，和香港華人，都是在美國或香港的女性大學生。（Jeanne L. Tsai et al., "Influence and Adjustment Goals: Sources of Cultural Differences in Ideal Affect", Journal of Personality and Social Psychology 92(6), 2007, 1109）

角色則較少。[318]打從幼年開始，東亞文化脈絡的兒童就偏好平靜而非興奮的情緒。當研究人員拿平靜微笑和興奮大笑的圖片給台灣幼童選擇，問他們哪一種笑法更快樂，他們都指向微笑的圖片。

成年人也會偏好平靜的快樂。[319]我記得有一次和唐澤真弓一起吃了一頓佳餚，我看到她閉起眼睛，彷彿要睡著一般，口中一直唸：「這太棒了！」我必須提醒自己，她看起來想睡是因為完全放鬆是好事，而不是因為我沒辦法用熱絡聊天讓她愉快。她的目標是平靜（甚至會想要入睡）的快樂，而不是充滿活力的興奮。

我還記得，蔡珍妮在進行她的研究計畫之初，在心理學研討會上受到挑戰。許多同儕直接問：「平靜和安詳真的可以算是情緒嗎？」這裡要記得一件事——心理學界許多常用的情緒量表裡，只有興奮的快樂。[320]同理，我的比利時碩士班學生也將日本人偏好「平靜」一事，誤認為他們想要「有理性」，並將之與比利時文化願意接受「人有情緒」相比。[321]對我的比利時學生而言，「冷靜」是保持理性，不是想要平靜。我們的文化特別重視興奮的快樂，心理學家有可能因而受到影響，導致他們忽略平靜的快樂的重要性（甚至是不把這個當作一種情緒來看待）——而且，就算是在WEIRD文化裡，平靜的快樂也可能比我們認為的更舉足輕重。

心理學家和健康科學家現在認為，一個人的身心健康與所屬文化重視的感受相關。[322]你可能還記得在日本文化裡，要推測一個人是否健康，不是看他是否覺得興奮，而是從洗澡等靜態活動來看。在日本，靜態活動是健康的；日本人不僅比較不偏好充滿活力的快樂，更認為這樣不太健康。另外，在香港華人的認知裡，「抑鬱」指的是不夠平靜，但美國白人則認為這代表缺乏興奮感。[323]「身心不健康」與缺乏快樂相關，但要是該文化重視的「快樂」。

另有強力的證據顯示，在重視平靜的文化裡，人們會偏好其他看起來「情緒平靜」的人。蔡珍妮和同儕一再發現，和情緒不正確的人相比，當別人具備「正確」的情緒時，會更受人喜愛和信任，也會受到更好的對待。從研究的發現來看，人會偏好平靜的快樂，不是只是嘴巴說說而已，以下便是一個例子。商界大佬、大學校長、政治人物等身負責任的領袖人物，公眾肖像上的笑容會符合自己國家裡「正確」的正面情緒——假如這個國家的文化偏好平靜的快樂，肖象裡的笑容會是「平靜」、嘴巴合起來的；假如文化偏好興奮的快樂，肖像裡的笑容則會是「興奮」、嘴巴打開的。[324]這個差異無法用國家的人均生產毛額、民主程度或開發程度來解釋。[325]

蔡珍妮的團隊還發現，當韓國學生玩一個有虛擬角色的電腦遊戲時（這個虛擬角色用來代表真實世界裡的玩伴），和臉上笑容興奮的虛擬角色相比，他們會更相信臉上有平靜笑容的虛擬角色，也會給他更多錢；但白人美國大學生則剛好相反。[326]值得玩味的是，笑容的強烈度會影響這些學生對虛擬角色的信任度，但虛擬角色的種族或膚色不會。這些實驗使用的是電腦自行產生的虛擬角色，因此並沒有完全模擬真實、自然的互動行為，但也正因為實驗具備這種人工條件，我

圖 5.2　「興奮」和「平靜」的微笑。笑容是以面部動作為單位進行編碼的。AU6= 拱起眼睛，AU12= 嘴角上揚；AU25+26= 嘴唇分開（可能露出牙齒）和下巴下垂。（版權所有 ©2016 年，美國心理學會）

們可以確定這件事：我們在判斷哪些臉孔值得信任、要給誰錢的時候，這些用來判讀情緒的臉部細節確實扮演重要角色。韓國學生偏好平靜的臉孔。

感覺良好的其他方式：與人連結

我剛開始研究拉丁裔美國人和墨西哥人的情緒時，這個領域充斥著東亞與北美的對照研究。那時我可能會以為所有的**集體主義**文化都一樣——比美國白人不快樂，但我知道實情後可能會嚇一大跳。從問卷調查來看，在我研究過的所有對象裡，最快樂的人是拉丁裔美國人和在墨西哥境內的墨西哥人；他們自認的快樂程度甚至超越了我的美國白人樣本。[327] 我和威克森林大學幾位出色的碩士班學生，以及現任教於墨西哥普埃布拉美洲大學（Universidad de las Américas Puebla）的同儕伊妲・費南德茲・德・奧特哈（Hilda Fernandez de Ortega）共組團隊，在二〇〇〇年代初期針對快樂感受蒐集資料。我們後來沒有發表這些資料，因為當時我們不知道要怎麼解讀。樣本包括北卡羅萊納州的第一代墨西哥移民社群和在墨西哥的墨西哥學生，我們發現他們非常快樂，而這代表什麼意義？跟日本人比起來，他們是不是沒那麼重視連結？看起來不太可能。

我現在會認為，拉丁文化非常重視連結與家庭主義（*familismo*），而快樂的感受在此當中至為關鍵。核心家庭與大家庭成員之間有強烈的依附感、忠誠感、互惠感和團結感，快樂是這一切其中的一個要素；另外，拉丁裔和墨西哥社交生活強調人際關係的「好感」（*simpatía*），快樂也是當中的關鍵。[328]「好感」指的是在正面情境下覺得快樂、正面，在負面情境下將負面的感受與行為化小。用*simpático*／*simpática*來形容一個人，表示他／她快樂、有禮、愉悅待人，並且盡量避免緊張焦慮或發脾氣。由此可知，東亞某些文化脈絡認為快樂可能會傷害連結，但在拉丁文化脈絡裡，在家庭內外的連結正是快樂的主因。

在訪談北卡羅萊納州第一代墨西哥移民時，我們也看到他們重視與人相連。[329]我們請勞工階級的男女墨西哥裔美國人描述一個他們覺得快樂的情境，許多人用與他人的連結來說明他們的快樂感。卡門（Carmen）是一位二十二歲的家庭幫傭，六年前來到美國；她描述的情境是女性友人替她安排的一場驚喜生日派對。

我覺得快樂到想哭，因為我覺得……我從來沒遇過這種事……。我想要一口氣把她們全都抱住。真的，我那時快樂到我覺得我不能只抱一個人，一定要全部一起同時抱。（笑）我高興到哭了。

胡安（Juan）是一位二十七歲的餐飲勞工，在美國待了八年；他覺得高興的事情，是四年前他協助妻子生下他們的長子：

我兒子出生的時候，我的在場很重要。我太太有點緊張，因為這是她的第一胎。我一定要在場，這樣一切才不會出問題……。我那時只能一直說「繼續推」，但她會說：「我推不動了」……。有些朋友事先跟我說我會碰到什麼情形。對吧？我想要做對事情，想要保持平靜，繼續在這個時候鼓勵我太太……事情就是這樣發生。當時，我們發生這些事情……當時翻譯人員不夠……這不是我們的語言……我盡可能用我知道的溝通……我同時有〔各種不同的〕感受，我覺得好糟，但後來……有非常……大的快樂。我當時想要的就是在我家人身邊；跟家人在一起，我也做到這件事。

胡安覺得快樂，因為他能幫助他的妻子；他是因為和人有連結而感到快樂。事實上，拉丁裔的訪談人員後來問胡安，這件事情是否增強了他的自尊心，胡安反而說這個問題他聽不太懂。訪談人員再次提到胡安與他妻子之間的連結後，胡安才聽懂這個問題：

訪談人員：在那個困難的時刻，你陪在你太太身邊，這件事會不會讓你覺得更看重自己，讓你覺得更……

胡安：會，因為我覺得，知道自己對別人重要是一件好事。

即使自己有成就，快樂感也是因為自己獲得別人的敬重。別人看重你的時候，你同時會有整體的良好感受，也會對自己有良好的感受。路易莎（Luisa）是一位四十二歲的農工，八年前來到美國；她在田裡播種使用的牽引機故障了，但她想辦法修好了。

其他男人做不到，所以得由我來做……老闆稱讚我，還說假如他有更多像我這樣的員工就好了。我跟我先生講了老闆的事，他也稱讚我，他說：「這就是我的好太太。」這件事讓我覺得很好。

在另一項研究裡，心理學家克里須納・薩法尼（Krishna Savani）和同儕（其中包括我）找來在墨西哥的墨西哥大學生和美國白人大學生，請他們描述讓自己「感覺良好」的情境。[330]墨西哥學生的情境有更多與人連結的快樂，描述中使用的語彙包括「愛慕」、「感激」和「同情」。這些情緒能讓你和別人建立起正面的連結。例如，有一位墨西哥學生這樣說：

> 我剛出生的姪子睡醒並睜開眼睛，盯著我的臉看了十五秒。我感受到〔不對等的兩人之間的〕愛與和睦。

根據美國白人大學生的描述，讓他們感覺良好的情境一樣多，但與人連結的快樂沒有那麼多；他們的快樂與自尊心相關，在描述的時候會使用「自豪」、「優越」和「信心」等語彙。

墨西哥大學生除了有更多與人連結的良好感受外，這些正面的連結還成為他們的動力。在後續的研究裡，薩法尼和同儕找了在墨西哥的墨西哥學生，和美國白人學生，請他們寫下讓自己感覺良好的經驗，可以是對別人的良好感受（連結的快樂），或對自己的良好感受（自信的快樂）。寫完之後，他們再請這些學生解一些重新排列字母的謎題。以墨西哥大學生來說，他們回想一個自己與別人連結、感到快樂的情境之後，解謎題會更有動力——對他們而言，為家人來盡力是一件重要的事。[331] 由此可知，拉丁裔人士或墨西哥人更常在與人連結的脈絡之下感受到快樂，而且他們在進行工作時，這種快樂（而不是高度自信、高度活化的快樂）才是他們的動力。

在拉丁文化脈絡裡，感覺良好就是感覺與人相連。這種快樂會隨著連結的行為而來，像是想要陪伴在別人身邊，或者擁抱別人。對他們來說，在「正確」的快樂裡，自尊心不是重要因素。與人連結的快樂是正確的，也是一種動力。

不論在何時或何地，「感覺良好」都是人追求的目標，但快樂感則不一定。美國式的快樂是現代、區域性的情緒。快樂的人有可能會想和別人接觸，但他們的主要特徵是搶眼、突出——這正是中產階級美國白人的理想。在許多東亞的文化脈絡裡，「感覺良好」是感到平靜，因為平靜的快樂能讓你達到最佳狀態，以便調整自己來因應社會和當下情境的需求。正因如此，平靜的活動是健康的；另外，東亞文化脈絡的人在選擇活動時，用意是讓讓自己調整到可以平靜、不必再擔憂的狀態。[332]在這種情況下，人會犧牲當下的享受，來換得長久的平靜。

愛和快樂都不只一種

在我們與別人的關係裡，愛和快樂會產生作用。美國式的愛會讓人尋找渴望的對象，並提升這個對象。由於這種文化強調個人自主和出自個人意願的人際關係，因而非常需要這樣的情緒；但在人際連結無法擺脫，又帶有沉重義務的文化裡，愛就不是重點（而且也不太正確）。在個人獨立負責決定行動、方向和人生抉擇的文化裡，強調自我價值的快樂能帶來能量和動力，是「正確」的情緒；而在一個文化要求每個人扮演好各自的角色，或者隨時調整自己來配合外在環境的文化中，這樣的快樂就沒那麼重要，甚至是「錯誤」的——比較重要的目標是保持平靜、平衡、彈性，並準備好隨時調整自己。

但是，難道愛和快樂是所有人在內心深處都會有的感受嗎？這種情況是否有可能：其實全世界的人都會感受到美國式的愛和快樂，但在文化規範之下必須壓抑這些感受？在包辦式婚姻的傳統文化裡，私奔的情侶不就證明，我們認知中的情愛再自然不過？[333]小孩子表現出興奮的快樂，卻因此被責備，這不就證明我們「這種」快樂才是自然的，但文化規範會要求人壓抑情緒？[334]

以上的答案都是否定的。

假如我們把情緒當作人際關係的一部分，把情緒理解成一次次的事件，而且會跟著別人的情緒一起演變，那麼愛就會有不同的樣貌——一切要看愛在你的文化是「正確」、「錯誤」，或是「無關緊要」。同理，活蹦亂跳的孩子如果一直受到激勵，最後在人生當中經歷的文化事件，會跟興奮但被責備的孩子截然不同。我們往往把文化當作一種會規範先天、自然情緒的外在力量，但我們應該要改變這種思維模式才對；我們應該要認知，文化不斷在各種日常互動中上演，而且這些互動會形成我們情緒生活的框架。

回到正向心理學。我們不可以自認自己知道在其他文化裡，哪些情緒會造成心盛。在迦納若要達到心盛，可能需要限制愛，並設下界限；在日本，心盛可能不是依靠快樂，而是靠自我精進；伊法魯克人的心盛可能要靠*fago*，而不是愛。由於不同的文化（和地位）會有不同的人際關係目標，達到心盛的情緒也因此有異。另外，就算大多數文化的心盛會有某種形式的愛或快樂，不同模態的愛和幸福仍會有不同的歷程。我們更應該把愛和快樂當成複數名詞來看待才對。

第六章
言內之意

在馬達加斯加，當巴拉族的父母要求小孩*tahotsy*，或是將小孩的行為標示為*tahotsy*時，是在告訴孩子在階級中應該服從的文化目標。伊法魯克島的母親要求小孩*fago*時，是在告訴孩子要顧及其他人——朝兩歲大的表弟丟珊瑚碎片並不合乎*fago*。同樣地，當歐美的父母說自己或小孩的行為是angry（生氣／憤怒）時，是在告訴孩子責備、個人責任、公平等概念，以及維護自身權益的目標。日本小孩年紀稍長後，父母會教他們要「思いやり」，並在日常生活中經常強調或塑造「思いやり」的情境（見第三章）。

小孩對情緒詞的理解不是從認知自己內在的精神狀態開始（因為照顧者不可能觸及這方面），而是把*tahotsy*或angry等文化概念與眼前的事件連結起來。[335]父母親持續地為子女提供情緒概念，用以分辨眼前的狀況。特別是在兩歲前後，當小孩開始自己運用情緒概念時，父母親會更頻繁地使用情緒詞。[336]在一項研究中，日本城市中的母親和兩歲兒子互動時，每分鐘會使用一到兩次情緒詞。照顧者使用的情緒詞愈多，孩子學到的情緒詞也越多。[337,338]

父母親在孩子生氣或即將生氣時提醒他們，或是形容故事書裡的某個人物看起來很生氣。我們可以想像「生氣」這類情緒概念是容納某種情緒事件的容器，容器就位之後，父母親和其他人開始填入各種生氣的例子。最後，我們或許就能完全自己了解這些情境。這些例子將成為「生氣」事件容器的一部分，我們每遭遇一次「生氣」事件，生氣的情緒概念就會隨之更新。最後，生氣的經驗將會充滿我們的人生經歷。這表示即使在某種文化或是某個個人中，「生氣」這個類別也不是同質的。它不代表單一狀態，而是包含許多不同的事件——當你的母親嬉鬧挑戰你、而你輸給母親時，當我們與朋友爭奪玩具並爆發肢體衝突時，當母親責備我們不尊敬她時。「生氣」成為了那些特定事件的容器——那些被文化認定為「生氣」的事件。[339]

心理學家麗莎・費德曼・巴瑞特（Lisa Feldman Barrett）確切地描述了這個概念的學習過程，指出情緒概念將表面上看起來沒什麼關聯的情緒事件聯繫起來。[340,341]米南佳保父母用 *malu* 一詞將「因為陌生人接近而感到羞怯」、「因為不聽母親的話而難過」，以及「因為不當行為而被當眾嘲笑」連結起來，儘管這些事件感覺不同、看起來不同、並且有著不同的前提和與之相關的行為。通過將事件歸類為 *malu*，孩子學著把促成不同行為的大量情境連結起來。[342]同樣地，美國父母教導孩子「為把書翻正而感到高興」、「為贏得比賽而感到高興」、「為身為好學生而感到得意」，這些都是屬於「自豪」這個類別（也就是「覺得自己很棒」），儘管這些「自豪」的事件發生在不同的情境中、需要採取不同的行動，在某種程度上「感覺」可能也並不相同。父母親教導孩子情緒概念，為這些事件賦予文化上共同的意義和目標。父母親稱呼某個事件 *malu*，意味著應該服從；指出孩子應該「覺得自己很棒」，意味著個人愉悅和擁有掌控權極為重要。透過學習自己有什麼「情緒」，孩子們可以與父母親（以及他們的文化）的意義和目標保持一致。

但這還不是全部。我們身為自身文化的一員，擁有一個跳躍式的起點。小時候，當我們開始學習語言中的情緒詞時，這些詞是已經半滿的容器。並非每個孩子都需要在父母親協助下重新蒐集「生氣」或 *malu* 的例子。情緒詞伴隨來自文化集體記憶的情緒事件以及關於這些情緒的集體看法。我們藉由和他人談話、聽取關於這些情緒的集體見解，以及觀察這些詞在公眾生活中的使用方式來學習這些情緒詞。正是這些集體知識構成了個人經驗。[343]

情緒單詞

母語裡的情緒概念會建構你的經驗。你的父母會把這些情緒概念當作工具，讓你理解當下發生的事，包括你自己的反應。[344]情緒概念也促使你做出適切的行為。但是，如果情緒概念因語言而異，我們如何知道其中的差異呢？

首先需要知道一件事：不是所有的語言都有「情緒」（emotion）一詞。若以我們對「情緒」的理解來看，這種分類方式其實相當晚近才出現，其地理分佈也相當罕見。[345]如此一來，我們連不同文化之間要拿哪些概念來比較都有困難。有一些語言會將情緒和「疲倦」、「疼痛」等生理感受歸為同類，有一些語言則是將情緒和行為歸類在一起。前文描述我請受訪者列出情緒單詞的實驗，其中土耳其裔的受訪者就屬於後者——他們將哭泣、笑、協助和吼叫列為情緒。瑪麗亞·詹德隆研究的辛巴人是另一個將行為和情緒歸為同類的實例：當他們看到許多相同情緒的臉孔時，他們描述的共同特徵不是心理狀態而是行為，像是「他們都在笑」（見第二章）。若要判別哪些情緒會因文化而異，必須先知道一個重點：我們無法為「情緒」這個領域畫出一個放諸四海皆準的界線。[346]正因如此，跨文化的比較更加複雜。

就算先不管「情緒概念」有多麼難以界定，我們也馬上就知道，英語裡有些單詞在其他語言裡找不到對應的詞彙。在某些語言裡（像是馬來西亞的徹翁語〔Chewong〕），情緒語彙可能只有七個單詞，但在其他語言裡可能多達上千個——英語就有超過兩千個情緒單詞。[347]由此可知，不同的語言會用完全不同的方式來畫分這個領域，區分出來的種類和數量都不一樣。[348]

最重要的情緒類別是否都找得到適合的翻譯呢？英語裡有一些區分的類別看似再明白不過，像是**憤怒**、**悲傷**、**愛**和**羞恥**，但許多語言並沒有這樣的區分。英語會區分一些核心的情緒概念，但這些情緒概念在其他語言裡可能會使用同一個單字。舉例來說，在烏干達的干達語（Oluganda）裡，*okusunguwala* 一字既是「憤怒」，也是「悲傷」；以干達語為母語的通譯很難在英語裡分辨這兩個概念。[349]其他語言也會用同一個字表示「憤怒」和「悲傷」；我在荷蘭進行研究時，發現在當地屬於少數的土耳其裔族群會用 *kızmak* 一字表示「充滿悲傷的憤怒」，這種悲憤通常發生在親密關係中期望落空的時候。[350] *Kizmak* 不會伴隨攻擊行為，而是不理會或避開對方。

印尼的尼亞斯人（Nias）不會明白區別憤怒和嫉妒。在尼亞斯人的重點情緒語彙裡，*afökho dödö*（字面意思是「痛心」〔pain-hearted〕）指涉多種情緒，包括受到冒犯、怨恨、憤慨、敵意和惡意；這個單詞也被用來指稱「怨恨的行為，以及怨恨感本身」。[351] 在某些文化中，悲傷、愛和同理心之間的區別同樣模糊，伊法魯克人的核心情緒 *fago* 一般譯作「愛」，但也帶有悲傷和憐憫的特徵；[352] 在薩摩亞文化裡，*alofa* 一字除了表示「愛」之外，還有同情、愛憐和喜歡之意。[353] 我的土耳其裔受訪者使用 *üzüntü* 一字時，除了指自己命運不順之外，有時也指其他親近的人命運不順。因此，*üzüntü* 除了會導致哭泣、無力做任何事情、想要別人協助之外，也會讓人伸出援手、對別人好。我的受訪者說，這在土耳其是一種受到推崇的情緒，從該情緒的社會性面向來看，這樣確實有理。

許多語言將「羞恥」（shame）和「尷尬」（embarrassment）合而為一。日語的「はじ」（音同 haji）即兼指二者，並無明顯區別；前文提到的貝都因人會用 *hasham* 一字來指涉多種情緒：羞恥、尷尬、羞怯，謙遜或循規蹈距；[354] 在菲律賓伊隆戈人（Ilongot）的語言裡，*betang* 同樣兼指羞恥、膽怯、尷尬、敬畏、服從和尊敬。[355]

有些情緒概念在英語裡相當重要，但在其它一些語言卻沒有對應的單詞。《科學》（*Science*）期刊近裡年有一篇論文，將接近兩千五百個語言分為六大類，並綜覽這些語言裡的情緒語彙。[356]

心理學家克莉絲汀·林奎斯特（Kristen Lindquist）、約書亞·傑克森（Joshua Jackson）和同儕，將重點放在英語裡的二十四個情緒概念，包括**憤怒**、**愛**、**快樂**、**自豪**、**悲傷**等。假如情緒概念真的有跨文化的相似性，那麼以英語當中如此分明的情緒概念來看，所有的語言都應該要有唯一一個單詞和英語單詞完全等同才對。然而，唯一一個接近百分之百對應的詞彙只有「良好」（good）（感覺好）而已——幾乎所有的語言都有單詞專門表示這個意思。與英語裡其他情緒概念相對應的語彙比例就少很多了——只有百分之七十的語言有單詞對應到「不好」（bad）（感覺差），有**愛**的語言不到三分之一，有**快樂**和**恐懼**的語言只有大約百分之二十，有**憤怒**和**自豪**的語言更不到百分之十五。這本身就是一項重要的發現，而且非正式的口頭傳言也印證這件事。多語流利的語言學家安娜·菲茲畢茨卡就曾經指出，她的母語波蘭語沒有「厭惡」（英語中的「disgust」）一字。[357] 同理，大溪地語似乎也沒有單字表示「悲傷」（英語中的 sadness）；遭逢變故的大溪地人不會覺得自己悲傷，而是用「各種其他的詞彙，表示廣義的煩憂或生理狀態低下」；但這些詞彙也可以用來描述疲倦或生病。[358]

就算英語的情緒單詞在其他語言裡確實有對應的直譯詞，這些單詞指涉的情緒類別也可能有所不同。同一篇《科學》期刊的論文還指出，當人們學習一個新的語言時（特別是如果這個新語言不屬於印歐語系，亦即跟英語不同家族），會發現新的情緒語彙比其他概念（像是新語言裡的顏色）難學許多。[359] 然而，其實連顏色也會因語言而異；舉例來說，你知道在某些語言裡，「粉紅色」和「紅色」是同一個字嗎？或者，有些語言只有「青色」，而不會細分「綠色」和「藍色」？顏色概念有這樣的落差，也許就讓你嚇了一跳，但情緒語彙的差異又遠比顏色更大。不同語言的情緒單詞不會工整地相互對應。我們應該可以從前面幾章清楚看到，就算某個英語情緒單詞在另一個語言裡有直譯詞，你也不能直接認定你能理解那個文化裡的情緒——你可能是投射該情緒在英語裡的意義，而不是理解那一個單詞在當地代表的情緒類別。

這項刊登在《科學》的研究檢視了各種語言當中，多種情緒共用一字的情形。以前文為例：在干達語裡，「悲傷」和「憤怒」共用 *okusunguwala* 一字；在日語裡，「羞愧」和「羞恥」共用「はじ」一字。從語言學來看，假如多種情緒共用同一個字，就表示該語言不會區別這些情緒。研究人員在研究之初界定了多種情緒概念；他們發現，這些概念全部都有共用一字的情形。幾乎所有的語言都有單詞表示「良好」，但在四分之一的語言裡，同一個字也會用來描述研究人員界定的其他情緒。舉例來說，與「良好」共用同一個單詞的情緒類別，可能還有「快樂」（happy）、「需求」（want）、「歡樂」（merry）、「喜歡」（like）、「愛」，和「希望」（hope）。研究人員指出，某些語系的語言會用同一個字表示「憤怒」和「嫉妒」，另外有些語言會用同一個字表示「恨」（hate）、「不好」（bad），和「自豪」。想像一下，假如憤怒無法和嫉妒或自豪區分，這樣的憤怒會呈現多麼不同的樣貌。這裡再舉另一個例子：（英語中的）「憐憫」（pity）在某些語言裡和「悲傷」（grief）、「後悔」（regret）是同一個字，但在別的語言裡則和「愛」是同一個字。合併懊悔的憐憫，與合併同情的憐憫，兩者是不是截然不同？這裡需要留意一件事：沒有任何一種情緒概念，在所有的語言裡都對應到相同的範疇。我們可以說，不同的語言會用不同的方式將情緒概念化。

這項大規模研究關注的情緒概念，只涉及「可以被感受的心理狀態（例如：感到良好、感到悲痛、感到憤怒、感到憐憫）」，而且「在過往情緒學術文獻中有前例」的概念。[360]因此，像「哭泣」、「大笑」等等，某些語言會認為這些是情緒的例子，但其他語言不會這樣認為，這項研究就沒有關注這一類的語彙。哭泣不是心理狀態（「我感到哭泣」不是一般會講的話），在學術文獻中也不被看成是一種「情緒」。[361]不過，由於「哭泣」和「大笑」在某些語言裡是經常使用的情緒單詞，卻被這項研究忽略，因此這項研究有可能低估了情緒語彙的文化差異。

這項研究也忽略了某些文化特有的概念，像是伊法魯克人的*fago*、荷蘭人的*gezellig*、和日本人的「甘え」；這些概念在英語裡無法只用一個字來翻譯，但在其所屬的文化裡至為重要。如前文所述，*fago*意味著你想要照顧一個跟你關係非常密切的人；但有意思的是，*fago*含括的面向，在英語裡屬於多種情緒——包括對方受苦時，你對他感受到的愛或同理心，以及你和對方分離時的悲傷（脆弱性〔vulnerability〕）。

我母語裡的*gezellig*也無法只用一個英文字來表達。它既含括當下的情境（像是場景裡有壁爐、客廳、熱飲、沙發椅等等），也包括與他人之間的親密感、安穩感和放鬆感。我身為心理學家，也許自己不會認為它是一種情緒，但我的荷蘭受訪者會。

「甘え」又是一個特定文化的情緒。這個情緒指的是一個人「有倚賴或接受他人撫養寵愛的傾向、一種想要依附別人的願望；通常出現在母子關係之中」；母親既代表權威，但也有如僕人。[362]在「甘え」關係裡，依附者會完全放棄控制權，徹底屈服於養育者；養育者則會全力供應依附者所需，而且不會有任何的評斷，只會站在依附者的立場去著想。接受「甘え」（也就是身為依附者），有點像是放心往後倒下去，因為你知道會有人接住你——養育者會接住完全信任自己的依附者。「甘え」深植日本文化的程度，可以從這件軼事看得出來——日本心理學家土居健郎（Takeo Doi）跟他的同事說這個字無法翻譯成英文時，他的同事完全無法相信：「怎麼可能？連小狗都會這樣做啊！」[363]

這項研究略去其他語言裡的核心情緒語彙，也有可能導致研究低估情緒語彙的文化差異。土居健郎的同事會有那樣的反應，表示有些單詞在其他文化裡是情緒經驗的根基，卻因為研究人員以往只關注WEIRD情緒，導致這項在《科學》發表的研究的字彙表沒有列入這些單詞。

我們在社會化情緒時，情緒單詞扮演要角。情緒概念雖然不是一言一語就能表達的，但如果我們想尋找情緒的文化差異，情緒語彙是一個好的起點。就目前所知，我們可以看到不同的語言會用不同的方式將這個領域分為不同的概念，不同的文化也會以不同的方式來理解「情緒」這件事；另外，不同語言的情緒語彙不會工整地相互對應。這是不同文化的兒童無法以相似的方式理解情緒的原因之一。

文化事件

兒童會如何理解情緒概念，取決於情緒單詞與哪些事件連結在一起。對我的兒子奧利佛來說，「自豪」這個概念會包括父母稱讚他把書翻正，或者他的棒球隊在比賽中獲勝，以及勝利的歡呼聲。他的「自豪」還會有「模範生」獎項，以及《小火車做到了！》（*The Little Engine that Could*）的主角；這是他最愛的童書之一，主角小火車頭決心要完成壯舉，當然可以有良好的自我感受。同理，回頭看第三章提到的「弟弟」，他的羞恥經驗包括所有他不聽媽媽的話、讓媽媽沒面子的情境，另外可能也包括他姊姊讓人丟臉的情境，以及一些童書主角的遭遇。米南佳保幼童的 *malu malu*（「嬰兒的羞恥」）包括父母叫陌生人關注到幼童自己的行為。總結來說，某個情緒概念會有什麼樣的意義，取決於該文化裡人與人怎麼相遇與互動，或者哪些相遇與互動會受到關注。

發展心理學家麥可．馬斯寇洛（Michael Mascolo）和同儕的研究，說明了情緒概念會如何融入兒童在所屬群體裡的經驗。馬斯寇洛和同儕根據現有的文獻資料，針對歐裔美國和中國兒童，說明了他們的「自豪」與「羞恥」概念當中可能會融入哪些經驗。[364]在各種可能被父母認為是「自豪」的經驗當中，最早的可能是嬰兒出生不到六個月時，就會因為自己做的事而露出笑容——像是放掉手裡的一顆球，讓球掉下來。嬰兒如果會去觀察照護者的反應（根據馬斯寇洛的推估，這大概是在嬰兒滿周歲左右），父母也可能將此視為自豪——我的兒子奧利佛把書翻正之後抬起頭來看我們，所以他一定是有看到我們的讚賞；最起碼我們認為這是自豪感。像「靠自己的力量做到某件事」和「自己做了某件事獲得讚賞」如此基本的經驗，在許多文化裡可能是自豪概念的一部分；但即使是這麼基本的事件，嬰兒在經歷的時候也有文化差異。舉例來說，一歲大的美國白人嬰兒會對自己選擇做的事情感到「自豪」（奧利佛只是有一天湊巧把書翻正，我們完全沒有慫恿他），但中國嬰兒會對父母慫恿他們做的事情感到自豪（「來，給奶奶糖糖！」）。另外，與中國兒童相比，對自己感受良好的美國白人兒童會有更豐富的言行舉止：他們會抬頭挺胸、臉上有笑容、想要和父母眼神接觸、指向他們所做的事、拍手或甚至自我吹捧一番）；中國兒童則是會說「我給奶奶糖糖了」或「媽媽想要的，我做到了」。在這兩種文化脈絡裡，父母都會注意到結果，但和中國父母相比，美國白人父母對孩子的讚美更加熱情。

孩子快要滿兩歲時，開始知道他們自己的行為會造成特定的結果，此時自豪概念可能會出現更多文化差異。[365]孩子漸漸社會化，也逐漸能夠掌握所屬文化中的各種人際關係，此時的自豪與羞恥更具有文化層面的意義，並反映出不同的文化習慣（cultural practices）。如前文所述，美國中產階級白人父母會促長孩子的自尊心，孩子有任何成就都會誇獎。正因如此，美國白人兒童認為自己會有成就，是因為自己能力的結果（「我很擅長！」）。

中國家庭的情形比較複雜。從一方面來看，中國父母確實會製造一些契機讓自豪感發生——根據馬斯寇洛的描述，中國人習慣讓孩子在親友和訪客面前表現自己在學校裡學到的東西，藉此讓親友和訪客大力稱讚孩子和父母；但另一方面，父母會自我貶抑，因為孩子的表現也跟他們有關。孩子在別人面前唱歌時，父母會說：「他唱得不錯，但還可以再練得更好！」這個情形正是台灣孩童羞恥事件的翻版——強調的是孩子與父母之間的連結，而不是孩子在大環境中的地位。父母不能太快就對孩子滿意，因為他們有責任督促孩子繼續努力。孩子可能也會認同這種想法，因為他們成功的時候，會克制自我慶祝的行為。中國兒童感到自豪時，重點會放在他們還要繼續練習，來維持他們的表現。

對美國白人兒童來說，自豪感的意義逐漸變成代表他們比別人更強。相較之下，中國兒童的自豪事件則逐漸與謙卑和面子相關。在美國，自豪感日後可能還會包括當地重視的身份認同，像是以身為美國人自豪；而中國人的自豪事件會演變成努力工作、功成名就，讓父母有面子。

對美國白人和中國兒童來說，羞恥的背後同樣有兩種不同的情節，其中一種比較單純，而且可能普世皆然——照護者表現出不滿，孩子覺得自己無能；另一種就比較複雜，且因文化而異。對美國兒童來說，當他們缺乏美國文化重視的特徵時，這樣的事件就會被他們連結到羞恥；而對中國兒童來說，羞恥事件是他們沒有實現社會要他們做到的事，讓父母蒙羞。[366]最早讓兒童連結到羞恥的事情，可能只是兒童以為父母會笑，但父母沒有笑；而日後的情境還會牽涉到不同文化當中常見的人際關係目標，以及兒童試圖達到這些目標時（無論這些目標最後是否有實現）所扮演的角色。

這些例子試圖說明的是，情緒概念從它們出現的社會化背景中獲得意義。中國和美國的自豪與羞恥分別指涉不同的情節，而且在孩子生命的早年時光就已經如此。華語和英語是否都有「自豪」和「羞恥」這兩種概念呢？有，這兩種文化都有這方面的單詞，而且根本的情境是一樣的──「自豪」是所做的事讓別人稱讚，「羞恥」是所做的事讓別人不滿。但是，如果你熟悉的是中國的自豪感，那麼你會難以預料美國人什麼時候會感到自豪；他們自豪時會有什麼行為？別人會有什麼反應？他們心裡究竟是什麼感受？反之亦然；知道美國的自豪感是什麼樣子，無法讓你掌握中國的自豪感通常是什麼樣的感受。在不同的文化裡，自豪的常見元素會不一樣，包括不同的前提、行為、他人反應、後果，甚至連相關的感受可能也不相同。

我們有可能替許多其他的情緒找出根本的情境──「憤怒」可能始於焦慮、痛苦或挫折（而且碰到阻礙也不肯放棄），「愛」的開端可能是和別人相處時有良好的感受（並渴望跟別人相處），「快樂」可能始於感覺良好。但是，最終讓快樂、憤怒或愛有意義的事件會因文化而異，導致不同的文化有不同的情緒概念。

事實上，某個語言裡的某個情緒概念不會單指一種事件──無論是自豪、羞恥、憤怒，或任何其他情緒，指的都是各種不同情境的集合。不同語言的自豪情境集合有可能重疊：美國白人兒童可能因為做到媽媽想要的事而感到自豪，中國兒童也有可能覺得自己比同伴更聰明；兒童感到自豪後的反應也不一定完全沒有交集——美國白人兒童有可能會謙卑，中國兒童也有可能表現得興高采烈。我想指出的重點是，情緒概念指涉的情緒集合會因文化而異。

為了說明這件事，我們不妨看看元子（Motoko）和希瑟（Heather）某一天的行程。兩人分別是日本和美國的藥廠業務員，這一天她們都碰到好幾次讓她們憤怒的狀況。她們在早上有團隊報告，說明新一季度打算採用的銷售策略。一位剛剛到職的年輕同事開始大聲批評，認為這樣的策略完全錯了。同事這樣干擾元子和希瑟，兩人都覺得相當挫折，無法專心把報告講完；不過，希瑟想的是她應該怎麼做才能讓報告更有說服力，元子是因為這位新人完全不尊重前輩而感到震驚。幾個小時後，兩人都有行程要去一個醫學中心，於是走到停車場準備開車。兩人早上到公司的時候，車子都停在公司貨車專用的車位，因為當時其他車位都滿了；此時她們發現貨車就停在自己的車子後面，把出路擋住了。希瑟暗自咒罵貨車司機：他難道沒看到停車場一般車位都滿了嗎？他難道不能停在旁邊那個貨車車位嗎？她真希望能當面教訓那位司機一頓。相較之下，元子只是對自己說，她本來就不應該停在貨車車位裡，只有自己吞下怨氣而已。

就算希瑟和元子都認為她們碰到的情境是憤怒，兩人的憤怒會是一樣的嗎？在一項研究裡，麥可．波格和我一起檢視了各種情境下的憤怒，並將該情境的意義和經常隨之觸發的行為也列入考量。[367]在進行這些研究時，我們看了各種情況之下的憤怒與羞恥經驗。我們想要知道的是，在不同的文化裡，憤怒與羞恥經驗的集合是否會有差異。我們以美國、日本和比利時的學生為對象（總計將近一千人），請他們閱讀一些假設性的情境；這些情境經由我們挑選，用來涵蓋憤怒與羞恥在所有文化當中的全貌。這些情境之所以是「假設性」的，是因為受訪的學生不一定遇過完全吻合的情況，但事實上這些情境都是過往的訪談研究當中，這三種文化的學生描述的實例。從這一方面來看，這些情境不是假設性的——都是學生真實遇到的情境，而且讓學生在所屬文化當中感到憤怒或羞恥。

受訪者在閱讀這些情境時，情境中的人名會配合受訪者自述的性別與文化；舉例來說，美國男學生讀到的主角會是約書亞、馬修、安東尼、理察等等。除此之外，受訪學生不論國籍或性別，讀到的情境都一模一樣。[368]以下列出四種截然不同的憤怒情境：

一、約書亞和朋友約好一放學就碰面。放學時間一到，約書亞馬上就衝去朋友家。等了二十分鐘後，他的朋友仍然沒出現。

二、馬修離家讀大學，放假時回家。馬修每次講到他覺得自豪的事情時，父親就會轉移話題，講起他弟弟身為足球球員的表現。

三、安東尼和朋友在一間餐廳裡走樓梯上去，此時正好有一大群人從他們身旁擠身下樓。其中一個人對著安東尼和朋友大吼：「喂，別推我們！」

四、理察和另一名學生住在同一間寢室。有一天晚上，理察回來時看到房間一團亂。他的室友找了很多人來房間裡喝酒，但喝完後明顯沒有把東西收拾乾淨。

受訪者讀完這些情境短文後要回答問題：假如他們是約書亞、馬修、安東尼或理察（或者其他與受訪者性別和文化相配的名字），他們會怎麼看待這些情況，以及覺得自己會做出什麼樣的事，並告訴我們他們自己在當下會有多麼憤怒（或羞恥）。[369]參與者一致認為，當他們站在約書亞、馬修、安東尼和理查的立場時，憤怒的感覺都不一樣。然而，關於這些不同的憤怒的描述，個體之間的差異大致可以歸類成兩組集合。有趣的是，所有文化中都存在這兩組集合，但不同的文化在最常見的集合上存在差異。[370]關於羞恥的描述，我們則發現了三個集合；同樣在美國、日本和比利時文化中都存在羞恥的集合，但普遍程度不同。

根據受訪者的描述，絕大多數的日本學生都有第一種憤怒感集合，但美國和比利時學生只有少數才有。這種集合的特點是「關係越疏遠，受到的指責也越多」。舉例來說，屬於這個集合的人會認為，與約書亞的朋友和馬修的父親相比，理察的室友更不得體，也更不公平。另外，假如冒犯到他們的人是親朋好友，這個集合裡的人比較不會那麼在意，當親友是刻意有這種行為時（像是馬修的父親那樣）又更明顯不在意。

第二種憤怒感集合在美國和比利時最常見。這個集合的特點是「責怪違背人際關係規範的親友」。屬於這個集合的人會責怪約書亞的朋友和馬修的父親，但比較沒有那麼指責理察的室友。這些人認為，和一群陌生人相比，朋友和父親的行為更不公平，也更不得體。當親友冒犯他們時（像約書亞或馬修的情況），他們會非常在意，但如果是陌生人無禮（像安東尼的情況）或刻意冒犯人（像理察的情況）就不會太在意。只有當他們處在約書亞或馬修的情況時，他們才會覺得自己無法動彈、不能專注在別的事情上。大多數美國和比利時學生都有第二種集合，但日本學生只有極少數才有。

集合的文化差異看起來與各個文化主要的焦點一致：日本人最在意的是保住親近的人際關係（因此在這種情況下不會責怪對方），而美國和比利時人更注重自主性的維護——這在親近的人際關係中更顯重要，因為人際關係的規範一方面能確保自己受到良好的對待，另一方面又讓人有自主的空間。[371]

我以前會說，人的情緒生活有異，但情緒本身是一樣的。但是，「情緒是一樣的」又是什麼意思？所謂的「情緒」，會不會就是這些「情緒事件」呢？我們談論的分類是否不同，但又有些重疊呢？假如「情緒概念」是各種事件的集合，那麼沒有任兩個群體（或者任兩個人）的情緒概念會完全一致。[372]如此看來，我們之所以認為日語的「怒り」、英語的 anger，和荷語的 *kwaadheid* 是「同一種情緒」，也許只是因為我們採用 MINE 的情緒模型；換言之，我們認為真正的情緒是某個「憤怒」事件背後的心理狀態。倘若情緒概念指的是某個群體裡的事件集合，我們把 anger

一字譯為「怒り」時，就是踏進另一個世界的事件了。[373]

相似的情緒概念？

有些人可能會說，許多語言都有單詞表示快樂、平靜、自豪、愛、憤怒、羞恥、恐懼、悲傷、厭惡和嫉妒，可能還有一些其他的情緒單詞。[374]他們說的沒錯。那麼，假如「情緒概念」指的是文化事件的集合，為什麼各種語言都有這些單詞呢？首先，在各種文化裡，人性條件有些根本的相似之處。人類學家安德魯・畢提這樣說：「因為所有的人類群體終其一生都會有愛、得到、想要，和失去。」[375]

另一個原因是，在這些人性條件之下，合理的行為有限。你可以靠近另一個人或另一群人，或者你可以遠離他們。[376]西方學者以此提出分類法，其中「愛」、「敬重」（esteem）、「快樂」和「感興趣」是靠近他人（或者靠近現實中的物體）的行為，「恐懼」、「鄙視」（contempt）和「厭惡」則是遠離的行為。[377]世界各地的大學生都把「喜悅」（joy）（或相對應的翻譯）連結到靠近，把「羞恥」、「罪惡感」（guilt）和「厭惡」連結到遠離。[378]情緒概念可能會指出是誰進行這樣的行為。根據一般的認知，「愛」表示靠近另一個人。[379]日語的情緒單詞「甘え」指的是（想要）另一個人靠近你（不過這個單詞的意義不只有這個）。「憤怒」被認為是讓別人遠離你，「恐懼」則是你遠離別人或其他事物。[380]

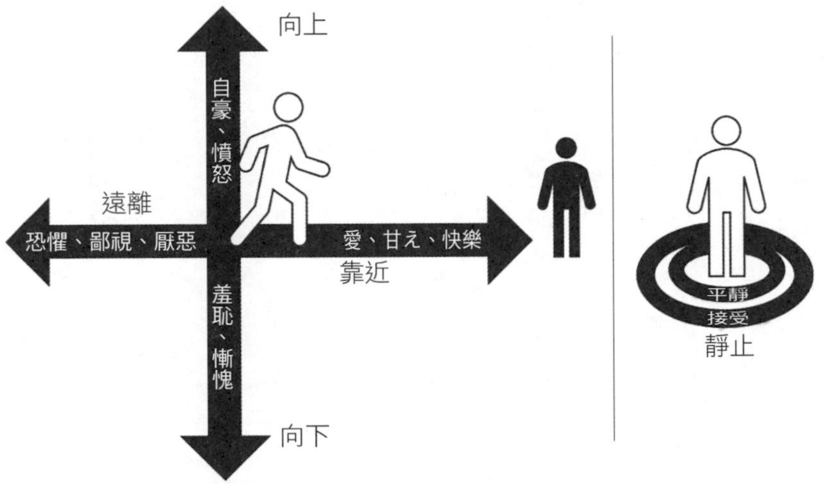

圖 6.1 各種可能的趨向，以及相應的情緒範例。
注意：同一種情緒概念不一定在每次事件中都有相同的方向。

你的地位也可以變成支配（向上）或服從（向下）；憤怒（和相對應的翻譯）表示你處於上位。[381]我的先生晚歸，我對他憤怒，這是一種改變權力的行為；這表示我「強勢」（這是相對的概念；舉例來說，假如我感到悲傷，我的地位相對不強勢）。自豪也表示你處於上位。西方的成年人（包括一些心理學家）則是將這一點翻轉過來，當一個人在成功的情境下處於強勢、支配的地位時，就推論他感到自豪。[382,383]然而這樣的推論並非到處都說得通。*Fago* 情緒表示你知道其他人比較弱，需要你來保護他們。羞恥和慚愧表示你在人際關係中處於下位，悲傷也可能有這個意義[384]；這些情緒概念帶有服從之意，或者表示你知道自己處於弱勢，最起碼地位弱於人際關係中的另一方。[385]敬畏（awe）又是一種表示你居於下風的情緒；另一個人或整個大環境相比，你意識到你自己有多麼渺小。[386]以敬畏而言，想像你在聽一場音樂會，或是台上有一位深具魅力的老師或名人在演講，讓你覺得深受感動。

你可以靠近或遠離，往上或往下，除此之外也有可能停在原地不動。有些情緒就是如此：包括接受或平靜，還有憂鬱。[387]靜止不動可能是因為你對環境感到安心（平靜），不論已發生什麼事或接下來會發生什麼事都能接納（接受），或者你就算想要動，也不知道可以往哪裡動（憂鬱、無助）。[388]你也可以像英國人說的：「保持冷靜，繼續前進」。在這當中，你的動向就是靜止不動。結果就是環境不會馬上發生變化——最起碼沒有你造成的變化。

這些情緒動態不是多麼複雜的科學——任何人際關係都脫離不了這些基本動態，而且正因為它們如此基本，因而在所有人類社會和群聚動物（像是猿類）中都看得到。[389]世界各地都找得到情緒概念來對應這些基本動態（也就是我在前文所稱的「事件」）——這應該不讓人意外，因為人若要在環境之中調整自己的方向，可能性就是這些——換言之，我們就是這樣過生活的。但是，就算我們都以這些可能的方式和這個世界相處，我們的情緒概念卻不是普世共有的。

作用中的語彙

如果我是埃及貝都因女性，我遇到同年紀的男性會覺得不自在。由於我知道這是*hasham*的情境，我馬上就能理解，而且也知道該怎麼做——我的眼睛會往下看以避免眼神交會，若有可能的話我會消失；而我知道我這麼做是正確的。如果我是日本母親，看到自己的孩子不講理又吵鬧，我會覺得他在「甘える」（*amaeru*；「撒嬌」），因此我會知道我要「甘やかす」（*amayakasu*；「嬌慣」）——孩子做出這種不該做的事，我要接受。[390]好的母親就是要這樣做才對。假如我是德國母親，我可以動用*Ärger*（惱怒）；此時如果孩子依然不講理又吵鬧，我可能會覺得他不聽話，而且拒絕接受他有這樣的行為。我會讓孩子知道他們要為自己負責，要求他們改正自己。再一次，我會讓情緒概念帶動我鋪陳整個故事。情緒故事有一個特徵：你會有想要反應的衝動，**不**反應不是選項之一。你會用什麼方式去理解你的感受，要看你所屬的文化裡有哪些情緒概念；這些概念是你的社群共有的。[391]我能取得哪些情緒概念，會決定我能用哪些方式「撰寫」我的情緒故事，也因此故事不太可能會有其他的結局。

和別人互動時，情緒概念也能幫助我們理解互動對象的行為。當我們「用錯」情緒概念，就必須付出一定的代價。在心理學家菲利浦．夏弗的研究裡，有一位美國學生叫瑪莉（Marie）；根據她的說法，她只是遲到一點點，她的男友卻因此對她「非常生氣」，她為此覺得困惑。[392]她以「生氣」為線索，想要知道到底是什麼樣的行為讓男友這麼火大。她為什麼要檢視自己的行為呢？因為「憤怒」這個情緒代表背後有原因——有怒必有因。假如她認為男友的舉止是表示「嫉妒」，她可能就不必這麼傷腦了。事實上，她男友以為遲到的原因是她出軌，因此才會火大。

我們將情緒概念套用在自己或別人身上時，就會釐清正在發生的情緒事件的意義。我們會專注在情境的某些層面而忽視其他層面，會用某一種特定的方式來理解這個事件，並且偏好某一類型的行動。我們在這裡將不同的情緒概念套用在同一個情境上：如果你把孩子不聽話當作「甘え」的事件，你的焦點會轉移到你的孩子還不成熟、又有某些需求這件事上；但如果你把這個當作*Ärger*的事件，焦點就會變成你身為母親感到多麼挫折，並且讓你更重視孩子的行為是多麼不懷好意。身為孩子的母親，處理這件事的方式會因為你的解讀而異：如果你解讀為「甘え」，你會抱持同理心去哄孩子；如果你解讀為*Ärger*，你會心浮氣躁地處罰孩子。當你在眾多可能的情緒之中認出其中一種，就會帶入你對某一種事件集合的認知，其中包括你對你在相似情境之下的情緒事件有哪些認知，以及你所屬的文化對這樣的事件集合有哪些認知。[393]我們可以合理推測，沒有「概念」，就沒有我們所認知的「情緒」。[394]

在情緒概念之中，還交織著各種文化事件的集合，其後果可能有好有壞，一切要看脈絡和當事者的地位而定。若以本書使用的語彙來說，假如事件的後果是你想要的，這樣的情緒就是「正確」的；假如故事的結局是你不想要的，這樣就是「錯誤」的情緒。

如第四章所述，在美國的文化脈絡裡，「憤怒」雖然讓人不愉快，卻也是一種有用的情緒；它能造成符合期望的結局。在親近的人際關係裡，憤怒可能讓人守住自己的需求和期望，在工作場域中也有助於劃清界線。憤怒能讓青春期的青少年爭取獨立性，也可以點出社會上的不公義，燃起公平正義（也就是不接受現狀）的運動。[395]在美國白人的文化脈絡裡，受控制的憤怒是正確、健康的，但這種看法並非普世皆然。[396]

特別在緊密連結的社群裡，憤怒往往被認為是錯誤的（例子詳見第四章）。烏特庫因努伊特人告訴讓·布里格斯，憤怒是一種危險的情緒，因為他們強調平靜和慷慨，但憤怒可能會侵害到這些美德。同理，信佛的圖博人認為 *lung lang*（生氣）「根本上是一種有破壞力的情緒，對自己和他人同樣有害……造成它的心理動機本身即有瑕疵（殘害有情眾生之慾），最終會導致惡果。」[397]伊法魯克人（讓人類學家凱薩琳·勒茲長居的玻里尼西亞民族）也認為日常生活中的憤怒應受譴責：不論是生病導致暴躁易怒，一連串小事漸漸累積下來的挫折，或是因為親戚沒有盡到本份讓人不高興，族人認為這些憤怒都是不道德、不高尚的。同理，日本人也認為憤怒是一種有破壞力的情緒，最好要避開。在強調人際關係和睦勝過個人自主性的社會裡，憤怒會被認為是錯誤的情緒。

重要的是，當憤怒的情緒概念會帶來不理想的後果，人們在撰寫情緒故事時可能就會傾向於將注意力轉移到其他情緒——將故事撰寫成與憤怒不相關的版本。在某些語言裡，有些概念似乎就是用來保留「憤怒」的某些元素，同時又不讓憤怒進入整個故事裡；換言之，這些概念會重新引導行動的衝動。薩摩亞人的 *musu* 情緒用來表示「一個人不願意做他的要求做的事情」，但沒有怪罪任何人。[398]根據族人描述，這種情緒通常發生在父母提出不合理的要求時；另外，語義相似度（semantic similiarity）測驗①也證實 *musu* 一字和 *ita*（薩摩亞語的「憤怒」）緊密相關。這個單詞允許當事人表達出他「不接受」的行為，同時又能避免批評父母——批評父母是無法想像的事情。

在西方文化裡，「羞恥」可能也有類似的情形。社會學家湯瑪士·謝夫（Thomas Scheff）認為，羞恥在當代美國社會是一種禁忌，因為它代表一個人被別人排拒——有可能是真的被排拒，也有可能只是想像中被排拒。[399]而如果承認自己感到羞恥，這種排拒最後會導致自尊心降低、畏縮、避免與他人接觸；在一個強調自尊心，以個人獨立自主為目標的文化裡，這些都不是理想的行為。[400]在這種情況下，人可能不會「撰寫」出羞恥的情緒事件，而是用「尷尬」（awkward）、「好笑」（funny）等概念帶來比較理想的結局——這兩種概念都不需要採取任何行動。

欠缺某個概念

假如你自己的語言欠缺某個情緒概念的單詞呢？當你跟一個波蘭人說，「厭惡」或「噁心」是聞到食物腐爛的感覺，或是有人的行為令人作噁，他會無法理解這個概念嗎？語言裡的單字與生命中的體驗之間的關係頗為複雜，但假如語言裡有這個單詞，情緒的編碼（encoding）確實會有差別。干達語口譯員將英語的「感到悲傷」（to get sad）譯為干達語的 *okusunguwala*（感到憤

① 編按：語義相似度測驗是一種評估兩個詞語、短語或句子之間語義相似程度的方法，目的是量化文本之間的相似性，通常使用演算法來計算文本之間的相似度分數。

怒），即使被人「糾正」後也不覺得自己有錯；他們只是沒有為憤怒與悲傷的差別編碼而已。當沒有現成的概念可用時，差異就察覺不出來了。同理，大溪地語沒有「悲傷」一詞，因此法語和大溪地語雙語者碰到法語的 *triste* 一字（其中有一層的含義是「哀怨、悲傷、憂鬱、失落」）時，只知道這個字代表「疲倦」或「溫柔」；他們不僅缺乏「悲傷」一詞，也缺乏這個概念。[401,402]最後，心理學家麗莎・費德曼・巴瑞特和她的團隊明確證實，當一個人的語言裡缺乏某個情緒的單詞，他也會更難以察覺臉部表情裡的這個情緒。[403]情緒語彙將我們的經驗組織起來；我們可以合理推測，不同文化的語彙會讓你建構出不同的情緒經驗。[404]

這並不是說，當別的文化有單詞代表某個感受，而你自己的文化欠缺那個單詞時，你就無法想像那個感受是什麼樣子。我的美國朋友似乎很能體會荷蘭語的 *gezellig*，甚至還喜歡這種感受。[405]同理，英語母語者也能體會「甘え」、*fago* 和 *hasham*。一項針對美國大學生的研究發現，他們的語言裡雖然沒有「甘え」一字，卻認得「甘え」的情境，而且解讀的方式和日本學生相似。[406]根據美國學生的看法，「甘え」的情境像是「好友的電腦出了問題，在半夜的時候打給你求救」，這種情況雖然不貼心，但也可以接受——這和日本人對「甘え」的定義一樣。另外，他們也日本大學生一樣，認為這種不貼心的要求能讓他們和朋友更貼近。

不過，假如你身為英語母語者，你學到 *gezellig* 或「甘え」的時候就像是幼童第一次碰到這些情緒概念一樣——不知道這種情緒可能會有哪些千變萬化的樣貌；你只有一個骨幹而已。你只掌握了情緒大致的輪廓，而且很可能也只掌握到其中一個面向而已。在上述針對「甘え」的研究裡，研究人員只問了美國大學生關於照護者（即做出「甘やかす」的一方）所扮演的角色，而且美國人對這個角色的認知和日本人有些出入。假如他們需要扮演這個角色，美國大學生認為自己能掌控局面，但日本人覺得不能。美國受訪者或許比較注重自己以及自身的能動性，相較之下日本受訪者的焦點只有人際關係而已。但就算我們忽略這種認知的落差，我們還是可以說，美國學生的「甘え」和日本人不一樣。我先前應該沒提過一件事：*gezellig* 一字還可以指荷蘭冬天戶外又冷又黑暗，但大家聚在火爐旁取暖，不必再出門。我想，我說 *gezellig* 是「在一個溫暖、親切的地方，好朋友圍繞在身邊」，你很可能不會猜到這是一種冬天的情緒。

在一個刻意清楚刻畫出來的情境下認出「甘え」或 *gezellig*，或是有朋友向你指出這時是哪一種情緒，都跟你自己擁有一輩子的情緒故事截然不同。一個以成年後學習外語者為對象的研究，似乎就印證了這一點：英語母語者學習俄語時，不會難以理解動詞 *perezhivat* 的意義——深切地體驗到某件事、為此擔憂和承受折磨；但他們無法像俄語母語者一樣懂得使用這個字的情境，因為他們「不確定這個詞涵蓋的範圍，和適用哪些情境脈絡。」[407] 就算你大概懂某個概念，如果你自己沒有相關的經歷，就不會活出那樣的情緒。

當你碰到其他語言裡奇特的情緒單詞，可能很快就會發現自己難以掌握它的意義；而即使某個情緒單詞可以翻譯成你的語言，你可能依然無法掌握它的全貌。伊法魯克語的 *ker* 可以譯成

happiness（快樂），但在英語裡happiness是值得擁有的情緒，*ker*卻受伊法魯克人鄙視；這兩種概念所連結到的文化事件有極大的差異。日語的「怒り」和「はじ」分別可以譯成英語的anger（憤怒）和shame（羞恥），但這不代表日語和英語的這些單詞會伴隨著相同的故事。因此，就算某個情緒單詞在你自己的語言裡找得到適合的翻譯，仍不代表這個情緒概念在這兩個語言裡有相同的歷史或文化內涵。我們會用不同的方式來理解情緒，而且連結到這些情緒的文化事件也不相同。[408]我以前會說，即使故事不同，情緒都是一樣的。但是，少了故事之後，情緒還剩下什麼？就算以MINE模式來看，被鄙視的*ker*絕對和值得擁有的happiness不同。假如以OURS模式來看待情緒，「實踐」*ker*更是和「實踐」happiness不同。情緒即故事、劇本。[409]

影響別人

情緒概念讓你能和相同文化脈絡的人溝通；首先是跟父母溝通，接著是圈子越來越大的其他人。我說出我的情緒時，同時也喚出和這個情緒相關、你我盡知的文化事件，藉此來影響你我之間的關係。哪些事件會發揮作用，取決於我們之間是什麼樣的關係，以及當下特定的情境脈絡；而每當我講到情緒時，我也帶著你、我，和同一個文化裡的許多人對這些情緒的認知。

在我的文化裡，我告訴先生他晚餐遲到了，就是在警告他我不會接受他的行為；我怪罪他、我覺得我是對的，以及我有立場希望他對我更好。我說出我憤怒時，就是在這個關係裡採取某個立場。[410]心理學家布萊恩・帕金森（Brian Parkinson）提出一個有趣的看法：我說「我生氣」，比起我說「我不接受你的行為」更有力道，因為憤怒傳達的訊息是「假如情況沒有改變，我可能無法阻止自己堅持到底，我的行為本身就有一股我控制不了的衝動力。」因此，「我在憤怒中警告我要攻擊，可能真的會讓人覺得受到威脅。」[411]當然，憤怒事件的結尾不只一種，但假如在你所屬的文化或關係當中，憤怒的故事最後很可能以攻擊行為收場，你的憤怒也許就會更有威力。在這樣的情緒故事裡，衝動毫無疑問是一個特徵；其他人可能會覺得你將採取行動。

同理，埃及貝都因女性不僅能用*hasham*來「書寫」她的故事，也能用來將這個故事傳達給別人，而且傳達故事就是達到*hasham*的目的——讓人知道你屈從。說出自己感到*hasham*，可能就跟避開眼神、避免接觸或消失一樣有力；另外，這麼說也格外有效，因為如此傳達出來了大家都知道是正確的回應。

類似的例子還有很多。我跟伴侶說我做了某件（或者沒做）讓他們不安的事，導致我有罪惡感；此時我傳達出感受到罪惡的劇本——我願意認真經營兩人的關係、彌補我的過錯。我對他人說「我愛你」，光是說出這幾個字就已經開始寫下浪漫情愛的劇本——我關注對方，想要貼近對方。[412]當然，就算不說出來，我也可以感到罪惡或感覺有愛，但說出來就是一種情緒的「行為」——朝著該情緒的目標推進；以愛和罪惡感而言，就是投入（或重新投入）兩人之間的關係。

有時候，說出你感受到某種情緒，就單純只是一種行為而已。你說出「媽咪生氣了」，主要的作用是有效地傳達出你不接受孩子的舉止。這不一定不表示你真的感到生氣，但你到底有沒有動怒並不重要。對朋友表示感到罪惡或後悔也是如此；即便你不是真的有罪惡感，你也可能會這樣說，用來表示你願意採取行動。「我不敢相信我竟然忘了。我覺得糟透了，」這句話表示我希望我記得某件事，或者這個行為完全是我造成的——但不見得表示我有這種感受。

在OURS情緒的文化裡，我們常常可以看到人說出情緒的單詞，但不一定有感受到那個情緒。[413]他們是不真誠嗎？倒也不一定。[414]假如人與人之間的關係才是情緒最重要的部分，那麼內在的感受就無關緊要了——語言也許會暗示內在感受，但可有可無。根據人類學家安德魯．畢提的描述，印尼的尼亞斯人基本上只會在公眾活動中使用情緒概念。尼亞斯島上的族人「是印尼最貧窮的族群之一，但他們結婚時會極盡鋪張。這種矛盾的行為必然會引發激烈情感、引人熱議。」[415]新娘的家族要盛大款待新郎的家族，而新郎的家族也必須付出嫁妝，其價值必須等同「生命之禮」，亦即新娘的生育能力和勞動力。而正是在雙方家戶聚在一起、公開的、戲劇性的嫁妝談判中，使用了最多的情緒概念。與這場談判最切身相關的是雙方的父母，但進行談判的人不是他們，而是代表他們的辯士。在一場談判裡，新郎一方抱怨他們受到的款待不周，可能以此當作降低嫁妝的籌碼：「如果我接受了，我會覺得沒面子，會被自己的孩子嘲笑……。」新娘一方表示，他們很在意新郎家族的抱怨，但也對嫁妝失望。雙方都宣稱有情緒，但如畢提所述，辯士雖然講出這些情緒，但他們很可能並沒有實際感受到。即使如此，他們說出來的情緒會在人際之間發揮作用——影響別人，藉此達到它們的目標。在一來一往之間，「人們指向自己的內心，紛紛宣稱事情無法進行是因為自己受挫或不滿，藉此表達出自己的立場，或是逼迫對方讓步。」[416]

將情緒標籤化也可能直接引導他人的情緒：照護者要兒童具備文化當中正確的情緒，或者不要具備文化認為不正確的情緒時，就是在做這樣的事情。烏特庫因努伊特人會叫孩子不哭泣，不然「你會弄濕褲子，然後會凍結起來。」[417]爪哇兒童被要求要在長輩面前有*isin*（羞恥）；伊法魯克母親指責孩子時，會叫他們*fago*，「用以促長溫和（和慷慨）的行為。」[418]

成人之間也會做相同的事。當鄰島的年輕男性來訪時，「收養」人類學家凱薩琳．勒茲的伊法魯克族人塔瑪拉卡就叫家人以*fago*對待這位訪客。[419]再舉一個跟我自己切身相關的例子；我的良師兼益友、社會心理學家哈澤．馬寇絲一再提醒我：「你應該要有良好的自我感受！」藉此讓我社會化成具備美式的情緒。她鼓勵我享受成功的片刻，在眾人的眼前閃耀發光；我原來的荷蘭式反應源自荷蘭的「成功故事」，但這和美國中產階級的成功概念截然不同，如此一來，她的建議等於是把我退縮、膽怯的荷蘭式反應替換掉。我的母親一直跟我說：「當個正常人就已經夠特別了」，我的祖母也告誡我不要自誇。多年下來，哈澤和其他美國友人的鼓勵讓我獲得更多美式的自豪故事，我也可以從中找到方向。

現實世界中的故事

當我和感興趣的親友或記者說我研究文化和情緒時，他們一定都會問我同一個問題：（其他文化和我們）有哪些情緒不一樣？這個問題我一直不太知道要怎麼回答，因為這需要推翻許多我們原有的假設。這個問題有點像以下的情況：假如有一部日本電影和皮克斯的《腦筋急轉彎》類似，我們問「樂樂」和「驚驚」兩個角色的顏色是不是和《腦筋急轉彎》裡一樣——但其實我們連這部電影裡有沒有這兩個角色都不知道。

我們可以用MINE的情緒模式來做個譬喻；如果你有辦法掀開一個人的腦袋，你會看到情緒人偶住在裡面——情緒單詞描述的應該就是這些人偶。如果情緒單詞有文化差異，這可能表示某些文化裡的人對「真正」的情緒有一些錯誤的認知。英語雖然沒有單詞表示「甘え」，但即使美國人的語言裡沒有確切編碼這個情緒，他們可能還是可以感受到「甘え」。反過來說，MINE的情緒模式也有可能表示，情緒語彙的差異反映了「在內心裡」的情緒因文化而不同；依此來看，伊法魯克人內心裡可能有人偶代表*fago*，日本人內心裡則有人偶代表「甘え」，但美國人都沒有。同理，說英語的人可能有個人偶代表「厭惡」，但說波蘭語的人可能沒有。但是，「頭腦裡有小人」的譬喻到底有多貼切？

本章提出一種全然不同的方式來理解情緒概念，這種理解方式更接近OURS情緒模式。情緒概念是文化事件的集合，這些事件可能是我們直接經歷到的，也有可能是觀察得來的，另外還加上該情緒類別的文化內涵。不同文化的人會有不同的情緒語彙和經驗，他們可以分辨的情緒經驗也因此有異。這不是激進的建構主義②觀點（constructionist view）：文化不可能從無中創建出人的情緒。這是因為我們的情緒都座落在人與人之間的關係裡，而任何人都擺脫不了肉身的侷限。人際關係和人體有許多跨文化的共同點，但也有不少變異的空間。

倘若情緒概念是文化事件之集合，而「文化事件」根據定義就會因為文化、群體和人而有所差異，那麼我在剛開始研究情緒時，研究領域中被視作典範的「臉部辨識」實驗可能要因此重思了。回想一下：根據當時的看法，世界各地的人都能將一些面部表情配對到憤怒、厭惡、喜悅等特定的情緒概念。但是，假如不同語言的情緒語彙難以完全相應，「憤怒」、「厭惡」、「喜悅」等單詞翻譯成其他語言後，語意只有部分重疊的話，當時那樣的看法又會受到什麼影響？這些帶有情緒的面部表情可能有些相似之處，畢竟翻譯後的同義詞照樣可以連結到同樣的面部表情；但相似之處可能就不是某個普世皆然的情緒了。[420]事實上，最近的研究就是這樣認為的。

假如情緒所指涉的並非心理狀態，而是現實世界中的種種故事，那麼我們的情緒會有差異，

② 編按：建構主義是文化研究領域中的理論，主張人類對現實世界的理解和知識是通過社會和文化的建構而形成。這個觀點強調我們所感知的現實並非客觀存在的，而是通過我們的語言、符號和社會互動的過程中建構出來。

是因為我們生活的世界不一樣。而我們之所以能在不同的文化裡探討情緒，是因為有些東西是恆定不變的——不論在哪種文化裡，針對自己關心的對象、社會地位的挑戰、群體的成功以及自己認為美、善、道德之事物，我們都會有情緒。

第七章
學跳華爾滋

剛搬來美國時，我做了些準備以迎接各種困難，包括學習新語言、試著在一個新的經濟體中建立起自我、熟悉新的人及新的習俗。但我沒料到一件更困難的事：一次搬遷將會挑戰我從小就持有的、關於如何「做情緒」的假設。

就像舞蹈中的舞伴一樣，你的情緒和其他人的情緒會相互補充和引導，形成互動。[421]跳舞時，交響樂會引領你及舞伴的舞步；而做情緒時，引領你與他人的則是你們的共享知識——一種由語言及行動所形成的知識。做情緒就像跳探戈，你與舞伴配合著旋律共舞，他知道他的舞步，而你也知道你自己的。跳舞，從每個人都知道自己的舞步，以及從每個與音樂合拍的舞步當中浮現；而當你用一種適合你的文化的關係，以及適合這個關係的位置去做情緒時，你就像用一種與音樂合拍的舞步，跳著正確的舞。

那麼，當人們搬遷至另一個文化時會發生什麼事？如果做情緒就像跳探戈，那麼，在另一個文化中做情緒，會不會如同在和一個完全不曾學過探戈的人跳舞？這個比喻之所以適用，是因為你認為自己正在踏出正確的舞步，並期待你的舞步會與另一人的舞步合拍而成為舞蹈——結果它們卻不同步，還可能因此踩到彼此的腳趾。當你在另一個文化中做情緒時，你不只是與你的舞伴單獨共舞而已——而是你跳著探戈，但舞池中的其他人都隨著音樂跳華爾滋；最少一開始時是這樣的。

有些人終其一生都沒能注意到他人所跳的舞步與自己的不同，因為他們太習慣自己文化中原有的舞步。人類學家讓·布里格斯就承認，自己在理解烏特庫因努伊特人的情緒時遇到了極大的困難。[422]起初，她無法理解接待她的主人於何時及為何會發脾氣，而且當那些有憤怒意味的表示出現時，她也很難認出它們。雖然這位人類學家的民族誌最終還是顯示出對烏庫特因努伊特人情緒常規（norms）的理解，但她不曾將其內化。語言學家阿內塔·帕夫連科（Aneta Pavlenko）敏銳地猜測，布里格斯之所以未曾完全融入新的情緒社群，是由於她認為她自己做情緒的方式是一種「自然的」方式。[423]布里格斯可能無法（或許也不願）那麼做。這或許是由於她不曾認為她正永久地生活於烏庫因努伊特人的社群之中。

但在光譜的另一端，有些移居到另一文化的人卻能在新的音樂中清楚地掌握新舞步。伊娃·霍夫曼（Eva Hoffman）在她的自傳《迷失在翻譯之中》（*Lost in Translation*，書名暫譯）就描述，她在十三歲從波蘭移民到美國之後，如何逐漸吸納了新的做情緒的方式。[424]

她寫道：

最終，那些聲音進入我之中；我擁抱它們，逐漸將它們變成我的。我正被一片一片地重組，就像正被拼湊成一條花被子那般；這世界的顏色遠比我所知的還多。

霍夫曼或許曾暫時地「迷失在翻譯之中」，但她最後還是成為新的情緒文化的一部分。移民**能**學跳華爾滋，但能學會多少，或其中有多少人學會？以及，在什麼情況下他們學會？

我在本章中所提到的大部分研究成果源自於兩位移民之間的交心對話，其中一位是來自韓國金熙榮，另一位則是來自荷蘭的我。當我們用流利的英語交談時，我們都在美國的大學裡教授心理學，都有位美國白人丈夫，而且，我們也都在美國養育出頗有成就的孩子們。[425]我們過著美式生活——慶祝感恩節及七月四號，看《週六夜現場》（*Saturday Night Live*），也讀《紐約時報》（*New York Times*）。我們舉辦烤肉及聚餐，在夏天時去棒球場看球賽，在冬天時開美式足球趴。我們完全沉浸於美國文化之中——但我們都向對方坦承，覺得自己不太「美國」。即便經過了這許多年，我們仍不能自然地跳「情緒」華爾滋。當你搬到另一個文化時，我們覺得，「做情緒」可能是最難學的事情之一。[426]

金熙榮和我很想知道，平均而言，移民們適應新情緒的過程會較像布里格斯或是伊娃·霍夫曼？還是像我們兩個一樣介於中間某處呢？我們還想知道，是什麼使情緒發生改變：移民在什麼情況學會跳華爾滋？最後，我們也好奇學會了華爾滋是否就意味你會失去了原有的探戈技巧。這會是新顏色取代了舊顏色，或是學習更多「你先前不認識的顏色」？[427]

MINE情緒模型並未解釋為何情緒會慢慢調整。如果情緒是硬連結，那麼當你搬去一個新地方時，它們將不太可能有什麼改變（就像你的眼睛所見的顏色不會改變那般）。心理學家們普遍認為，當一個人搬去新文化時，他所需的僅是學會新語言當中的正確情緒名稱，或僅是學會其中正確的情緒表達方式。[428]然而金熙榮和我所做的自我觀察，與這些假設完全相悖。[429]

在我們的研究中，我們的初始構想是：情緒是OURS。如果情緒與我們的文化脈絡緊密聯繫，那麼當一個人搬進另一個文化脈絡時，他所需要的就不僅僅是學會替腦袋裡的小人另取個新名字。語言學家帕夫連科在描述那些準備要學第二語言的人所會面臨的挑戰時，就曾對此爭議表示：[430]

> 為了超越那些最初（且通常也是錯誤的）假設，以及為了理解新社群的情緒世界，第二語言的學習者⋯必須苦苦思索那些不熟悉的舉動，以便認出哪種東西會於何時引發哪種「情緒」、學會如何處理某種特定的「情緒」、發現哪些線索是該注意的、以及知道如何詮釋那些語言及非語言的「情緒表現」（emotion displays）。

如果情緒與我們的文化脈絡是綁在一起的，那麼搬遷至另一個文化脈絡就會涉及從互動中學習一種完全不同的「做情緒」的方式。

新文化

坦率的真實是一種荷蘭美德。這可由一段著名的荷蘭歌詞中看出來（部分擷取）：[431]

生命是美好的事物
但你得展翅飛翔，不要被困於籠中
勇敢地活出生命的豐盛……
不要在乎別人的看法……
在自己的一方天地成為一位王子吧！

通過隨心所欲地表達自己的真實感受，你忠於自己，即使別人可能不喜歡或者投來不贊同的眼光。在一段關係中保持誠實。當我離開荷蘭時，我整個人徹頭徹尾表現出這種特殊的荷蘭式的「智性自主」。[432]

在荷蘭，你可以依照自己的感覺與喜好行事，而如果你對於正在發生的事情有所不滿，你也會堅決反對。透過感受並表達出憤怒和憤慨，你與主流對抗，但這並不意味著你是反社會的。相反地，憤怒和憤慨為「真實」的連接提供了機會，因為它們展示了你真實的自我。

在北卡羅萊納州的十年間，我逐漸將一些「坦誠」的憤怒及憤慨擱置一旁。我這麼做是因為北卡羅萊納環境中的關係目標是尊敬及禮貌，而憤怒及憤慨恰與其衝突。在以名譽為主的南方文化中，怒氣及強烈的憤慨代表不和諧，且只有在有人挑戰你的名譽或以不敬的方式對待你時才派得上用場——這是避免成為笑柄的最後手段。[433]在荷蘭，憤怒與憤慨不僅是表達個人觀點和真實性的標誌，還幫助我與他人之間產生真實的連結——但在此處它們顯然沒有起到這樣的作用。

促使我擺脫那些情緒的還有其他原因：周邊的人都不像我那般專注於自我表達，他們也從未正向地回應這種自我表達的方式。經由一些委婉及不那麼委婉的回饋，我逐漸看見我那荷蘭式的自我表達太逼人，沒有必要也沒有禮貌。有些回饋清楚寫在給我的教學評鑑上：「她有時候太直率了」，或「梅斯基塔教授會試圖將她的看法強加在別人身上。」但必定還有其他更隱微的跡象（從同事、朋友、我的小孩的老師）可詮釋為對我的行為不贊同。有一次，我教書的那所大學的月刊雜誌記者來採訪我，而當我自告奮勇地批評學校的研究政策時，他只對我禮貌地點點頭，似乎急著將這個議題帶過。我那像根刺的、格格不入的感覺成為一個信號，它通知我該壓抑或降低我的憤慨了。剛開始時，我會試著不顯露我的感受，或至少試著不那麼直白。但經過一段時日之後，那種我曾認為是自然浮現的感受已失去了它本該如此的道理。我經歷了一段頗長的旅行，學著在新文化的環境當中使用另一種更有效及更易被理解的方式做情緒。當我偶爾露出憤慨或怒氣時（例如當那位大學雜誌記者訪問我時），我立即明白那是我荷蘭時代所留下的殘跡。先前那種「對」的感覺不在了，已不在當下的脈絡中。我的情緒後來寧可是為了尊敬及禮貌而發，而非為了智性的自主。這樣的學習不僅僅是表面上的——我**覺得**不那麼生氣及憤慨了。我雖不曾成為一個徹頭徹尾的北卡羅萊納人，但我確信，幾年下來我的華爾滋跳得越來越順了，越來越不會踩到別人的腳趾。我的情緒曾讓我成為荷蘭式關係中一員，如今也同樣讓我更能與北卡羅萊納式的環境合拍。

我和我的同事們（金熙榮、約瑟芬・德・萊爾施耐德〔Jozefien De Leersnyder〕、阿爾巴・賈西尼）都從我們所研究的移民群體看到類似的變化。這種變化若以心理學的術語來說，就是**情緒涵化**（emotional acculturation）：學著用新文化的方式做情緒。大多數時候，我們用下述的方法進行情緒涵化的研究：在某種特定的情境下，將少數移民的情緒拿來與多數人的**平均**情緒比較。

假設阿希（Ayse）是一位第二代的土耳其裔比利時學生，她由於上課時說話而被老師當著全班同學的面斥責，並被要求離開教室。[434]從圖表中，我們看到阿希頗為生氣，同時也相當尊敬她的老師。然而，由於她覺得她應該更尊敬老師才對，因此她也覺得羞愧。她的「特寫」（profile）主要是生氣，同時結合了不少的羞愧及尊敬。我們將阿希的特寫與其他作為多數的比利時同學在類似情境下的平均感受相較。比利時學生會生氣，但也有些人會感到自豪，或許也會質疑老

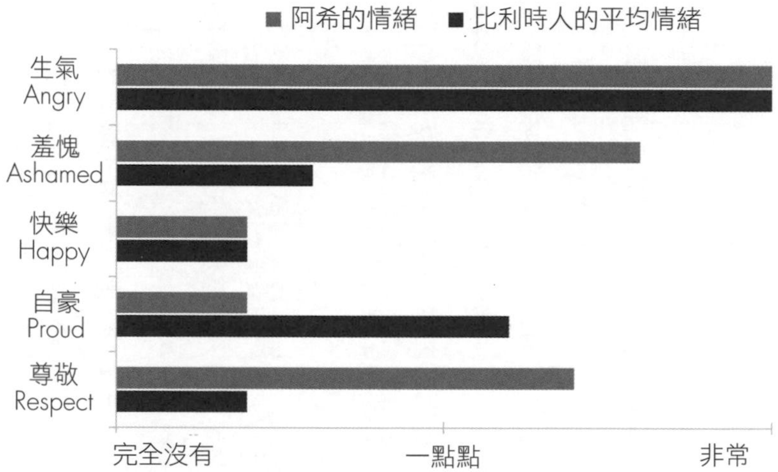

圖 7.1 比較阿希的「情緒特寫」與多數人的特寫的例子。

師的干涉（「為什麼她對我像在對待三歲小孩那樣？」）。在此特定的情境下，比利時學生的平均特寫顯示，他們重視生氣的程度與阿希相同，但在羞愧及尊敬方面則否。阿希的感受不太「符合」多數比利時人的平均常規。[435]

你可能會問，怎麼可以這種方式比較這些情緒特寫——如果**生氣**、**羞愧**、**自豪**、以及**尊敬**這些字彙在各個文化及各語言中的意義並不對等？我們的回答是：這些範疇的意義**夠相似**（similar enough）了，相似到足夠讓我們知道某些東西有了變化；例如當一個像阿希這樣的女孩在比利時待了一段時間之後，她開始說自己不再那麼羞愧及尊敬了，也開始有點自豪。我們確保在土耳其語及比利時語（或韓語及美國英語）當中，有些字詞在意義的特定維度上有類似的位置，即評價（valence）（正向或是負向）及目標（維護個人導向或是維護關係導向）。如果阿希在比利時多待了些時日之後，開始覺得不那麼羞愧且多了點自豪，這意味她的「情緒」從負向的、維護關係導向的，轉變成正向的、維護個人導向的。[436]

透過這個方法，我們從一個又一個的研究中發現，第一代移民在與多數人的平均情緒相較時相合度最低；每個下一代移民的文化相合度則逐漸遞增。如你所料，多數人的情緒（無論美國白人或比利時白人）最接近多數人的情緒常規。[437]

在其中的一個研究（其中有大量來自比利時具有代表性的中學的學生）中我們甚至發現，相差半個世代的移民也會有差異——第二．五代的移民（由一群第一代以及另一群已經為人父母的第二代組成）不同於第三代的移民。一直到了第三代，這些人的情緒特寫才會與大多數人的平均情緒無異。於是非常明顯地，**平均而言**少數群體須花比一輩子還長的時間才能達成與多數人的情緒相合的境地。當然，有些人在他們的有生之年就能學會與大多數人無異的華爾滋（例如伊娃．霍夫曼），但對大部分人而言，這仍難以實現。當我們考量移民人口中少數群體所面臨的現實時，最好能將這放在心上。

過去的二十年間（尤其是許多北歐國家的）政府期待少數群體在抵達之後的五年內就能完全參與新文化。在我原生的荷蘭，會對移民實施一種「融入考試」（integration test）。在所有關於這場考試的談論中，總有一種弦外之音：如果「他們」想待在這裡的話，就必須（至少）部分地以我們的方式生活。[438]我將於第八章再回頭討論這種期待，但在此我僅先指出：就「情緒涵化」而言，五年幾乎肯定不夠——任何與此牴觸的期待，都會是心理上的天真。在反思這個問題時，我的父親指出，我們的賽法迪猶太（Sephardic Jewish）祖先在十七世紀前半從西班宗教法庭逃出後，花了一百多年才適應阿姆斯特丹這個新家，「我們怎能期待新移民在五年之內就達成？」他很納悶。我們的研究證實他是對的；在情緒方面，只有第三代移民才會變得與多數人無異。

為了避免你認為如果在美國那個「大熔爐」就不會如此，我們也在那兒也進行了研究；結論是我們沒有理由認為情緒適應的過程有根本上的差異。依據對第一代韓裔美國成人的研究，他們出現的模式與比利時中學的代表性樣本非常相似；平均而言，第一代移民的情緒並不與美國白人的情緒常規相合，但其後的世代做到了。[439]

人們能學會在不同的文化中做情緒，但對大多數人而言，那得花上比一輩子還長的時間。不只如此，對情緒的感知（perception）可能也是這樣。心理學家希拉蕊・埃爾芬賓（Hillary Elfenbein）及納里尼・安巴迪（Nalini Ambady）發現：當臉部表情來自他們自己的文化而非其他文化時，人們對情緒的解讀更容易與標準答案①一致。[440]他們邀來四組不同程度地曝光於美國及中國文化之中的參與者：非亞裔（non-Asian descent）②後代的美國人、華裔美國人、居住在美國的中國學生、以及居住在中國的中國學生。所有參與者都觀看由保羅・艾克曼和華萊士・弗里森所設計、用於展示六種基本情緒的高加索人臉③及中國人臉圖片。[441]人臉首先在螢幕上播放，然後是六個情緒詞；參與者從中選出最符合那張人臉「情緒」的詞。然後下一張人臉，如此重複。

埃爾芬賓和安巴迪兩人發現，當參與者熟悉人臉模特兒時，他們最常選對。相較於中國人臉圖片，非亞裔後代的美國學生更能立即從美國白人臉圖片中選出合於答案的情緒詞；對居住於中國的中國參與者而言則剛好相反。重要的是，那些華裔移民參與者待在美國的時間越久，其表現就越接近那些非亞裔的美國學生。華裔美國人在辨認歐裔美國人臉的情緒時，比起那些暫居於美國的中國學生具有更大的「圈內（ingroup；又稱內團體）優勢」；而那些暫居美國的中國學生又比居住於中國的中國學生更有優勢。而即使在華裔美國人的樣本中，曝光在美國文化下的程度也很重要——後代人比前幾代人更能體現出辨識歐裔美國人臉部表情的圈內優勢；相反地，前幾代人比後幾代人對華裔臉部圖片的辨識表現出更多的圈內優勢。儘管這種將情緒詞與靜態人臉聯繫起來的經典範式對於描述移民或其後代的日常情緒互動並沒有太大幫助，但它確實有助於證實情緒的所有面向都受制於文化學習——即便那些原本被宣稱為普世皆然的也是如此。記得嗎？我們的日本觀察者認為，那個看似已很快樂的喬恩（或太郎），如果被一群看起來也很快樂的人圍繞時將會更快樂；而如果喬恩被一群看起來生氣、悲傷、或沒什麼情緒的人圍繞時，也許就不再如此

① 譯註：「標準答案」意指能讓實驗設計者認為受試者「答對了」的答案。
② 譯註：意指「不是亞裔」，而不是「非洲亞洲裔」。
③ 譯註：作者意指居住於美國的各種白人，例如歐洲人。下文中的「美國人臉」、「歐洲裔的美國人臉」等指的都這組人臉。

快樂了。[442]

同時，還記得那些北美人嗎？當他們被要求判斷喬恩的快樂時，他們只專注於喬恩，而不考慮那些會影響情緒的脈絡。我將此一發現作為例子，以說明北美人所感知的是MINE情緒，而日本人所感知的則是OURS情緒。有位出生於日本、任教於亞伯達大學的增田貴彥著手研究日本移民的感知鏡頭是否會從OURS變成MINE；在稍微調整了我們的初始研究之後，他發現確實會如此。[443]

加拿大白人在不考慮情緒脈絡的情況下判斷喬恩的情緒——只是專注於喬恩的臉。當移民逐漸融入北美人的社會生活時，他們的情緒模型似乎逐漸從OURS變成MINE；雖然亞裔加拿大人及在加拿大的亞洲留學生在被要求判斷喬恩的情緒時也會依賴周邊人的情緒表現，但隨著他們沉浸於北美文化裡的時間增長，也逐漸變得**較不**仰賴周邊人的情緒。[444]依據眼球追蹤資料，亞洲留學生即便待在加拿大的時間相對沒那麼長，他們對主要人物的情緒專注度也比居住在日本的日本學生還多；但與歐裔加拿大人相比時仍有段距離。[445]

描述移民因搬遷至另一個文化而引起的情緒生活改變並非易事；目前的研究只觸及到皮毛。當人們曝光於異文化之中，情緒生活會發生很多改變：我們可能學會以不同的方式去感覺及感知情緒，並以不同的方式去行動、與他人互動。移民或旅居者需要經很多步驟才能學會與多數人跳舞，但哪些是最必要的步驟目前仍不很清楚。可以確定的是，大多數移民並無法在他們的有生之年學會所有舞步，但同時，即使只是短暫地接觸另一種文化，也會影響我們做情緒的方式。

學習情緒

我的賽法迪猶太祖先花了一整個世紀才將情緒調整到與其他的阿姆斯特丹人一致，這是因為他們被完全隔離了很長一段時間——他們有自己的學校、自己的管理委員會、自己的轄區、自己的社會及文化大事、他們與自己人結婚。[446]他們甚少與其他的多數人往來，除非是為了生意；就做情緒而言，這個脈絡非常狹窄。

在七〇年代末期，社會心理學家三浦康子（Yasuko Minoura）追蹤了七十多個在日本出生且達學齡的兒童；他們的父母由於工作之需暫時移居美國。[447]她深入訪談這些小孩，結果發現情緒學習大多發生在那些已過著美國式社會生活的小孩身上。那些能夠侃侃談論自己的長處（「自豪」），以及說清楚自己的期待（也就是清楚指出能使他們「快樂」的是什麼東西）的小孩，都是已待在美國較久、有最多美國朋友，以及更能流利使用英語的小孩——這些都顯示他們更沉浸於美國文化之中。

與三浦康子的研究同一時期，有些學者相信在早期社會化之後才搬遷至另一個文化的人很難將其做情緒的方式調整成新文化的方式。早期社會化所養成的習慣被認為會將情緒習慣永久定型。三浦康子的觀察證實有些日本父母的情緒確實未因搬遷而發生太大變化，但這與他們子女的情況不同；他們的子女去上學，去與其他小孩混在一起。這些出生於日本的青少年的「情緒」持續向新社會及新文化環境看齊。[448]

我們的許多研究與三浦康子的發現一致。當移民中的少數族群有越高比例的時間於多數文化環境（相對於少數）中渡過時，他們與多數族群的情緒相合度就越高。這意味著人們不會因為太老而學不會，但其情緒受影響的程度可能不只是你在文化中曝光多久的問題而已。[449]我花了差不多我一生當中四分之一（十五年）的時間在美國生活，我的小孩大概也花了同樣長的時間；但對他們而言，這十幾年占他們一生極高的比例。依據我們的研究，他們在美國生活的時間的比例越高，他們的情緒就會比我更「美國」。在幾歲移民是個重要因素，但這大部分是由於時間越晚，你從新文化所獲得的經驗量就會越不如你從自己的文化中繼承的那麼多。沒人會太老以致於無法從經驗中學習，但也沒有人能夠抹掉他們的過去。

當然，只是去到一個國家並不足以讓人學會那個文化做情緒的方式——你必須參與到社會生活之中。在那個大型的比利時中學研究裡，我們發現與來自多數群體中的人結成好友確實有助於移民生產「比利時情緒」。[450]每個來自多數群體的好友都會對情緒相合度有貢獻，所以好友越多越好，比只有一個更有幫助。多交朋友，比只是讓很多來自多數群體的人圍繞在你身旁更有幫助。如果一個少數群體的學生擁有較高比例的多數群體同學，且他也花上許多時間與這些同學在一起（包括校外期間），以及如果他**在不上學的期間**花較少時間說自己的母語（因此而騰出時間說荷蘭語④），那麼他的情緒就會較「比利時」。[451]當你與來自多數群體的他人互動時，你就是在學習如何在多數群體的文化中做情緒。

關於我們如何學習另一個文化的情緒的研究並不多，但成年後的情緒社會化可能與早年的情緒社會化沒有什麼根本上的不同——都是由外而內的。我有個社會化經驗，發生於我第一次抵達密西根大學時。當時我參加了一場情緒研討會；其他參加者大部分是研究生，我則是博士後學生。在自我介紹時，我說我的興趣是「文化及情緒」；此時一位資深教授補充我輕描淡寫式（荷蘭式的）的介紹——他說我在文化及情緒這個議題上是世界有名的專家之一。在這麼做時，他為我創造了一個「自豪」的機會——這與很多年之後奧立佛的父親及我為他創造的自豪機會沒什麼太大的不同，也和「弟弟」的母親及其姊姊為他創造羞恥的機會相去不遠。

若不是真的**創造**，他人也可能會用新文化中的方式去**歸類**情緒事件。[452]作為一個移民，當新文化中的他人依據他們共享的情緒概念歸類情緒事件時，你就學到了新的情緒；這與小孩學做「情緒」的方式並無太大區別。

其他人會展示，也會教你**如何**做情緒。我記得當那位資深教授第一次那樣說我時，我難為情地低下頭，嘟噥說：「專家」是頂大帽子。當那個創造「自豪」的情緒互動發生時，我不知所

④ 譯註：比利時有四種官方語言，荷蘭語是其中之一。

措。當時，我未加入主持人的努力，也就是感到高興並感謝他（後來我學會的美國式腳本），反而以荷蘭式腳本回應他，只為表明我自己「不比其他人好」。我跳了探戈，當我的互動夥伴邀我在新的環境（北美）跳當地普通的華爾滋時。後來我逐漸觀察到，當有人提供機會時，別人會優雅地就位，然後發光，於是我也逐漸學會在機會來時上台驕傲一番。

當參與多數群體的脈絡時，即便平順的互動也能教你一些東西。而我之所以學會，是因為當我做出美國式的「自豪」時，互動明顯順暢了許多。同樣地，由於注意到我的憤慨並不會引起他人跟進，以及我的怒氣在美國南方不被重視，我開始減少表示（以及最終，不再感受到）這些情緒了。如果他人在跳的始終是華爾滋、正在演奏的音樂也是華爾滋，且你的探戈舞步並未收到回響——那麼你就得開始學跳華爾滋了；你的「情緒」被校正了，雖然不是立即，也不代表不會不再次出錯。

當他人創造機會以便讓另一人感受到「正確」的情緒時，當他人熱切地將情緒事件以「正確」的情緒加以歸類，或當他人示範在類似的情境中如何感到「正確」的情緒時，移民學會了新情緒。就如幼童的情緒社會化是由外而內的，長大之後的情緒社會化也是如此。如我們先前所見，這並不代表如此獲得的情緒會比較不真實。[453]在美國生活期間，美國式的「自我感受良好」逐漸成為我的一部分；我想，這所代表的意思是：在反覆將我自己及我的成就看成是重要的、值得注意的、值得被人挑選出來的之後，我確實開始如此看待它們了。這不只是**演戲**而已；這是以對的方式做情緒，真正將「自我感受良好」的概念體現出來。[454]社會化並非在我們生命早期就一了百了地完成了，我們持續變化，持續適應來自新社會——以及新文化——的挑戰。

新概念

當我還在荷蘭時，作為一個研究情緒的學生，我記得我常為「苦惱」（distress）這個字困擾。這個詞經常出現在那些用英文寫的研究情緒的心理學文章中。我知道苦惱並非一種快樂狀態，但我卻無法明確地指出它的意思。「苦惱」究竟是比較接近於荷蘭文的 *angst*（英文的 anxious〔焦慮〕／afraid〔害怕〕），或比較接近荷蘭文的 *verdriet*／*wanhoop*（英文的 sadness〔悲傷〕／despair〔絕望〕）？當時，我並不了解「苦惱」作為一種情緒是什麼意思；但在美國待了相當長一段時間之後，當我遇上這個詞時，我不再一片空白了。我知道我會於何時會感到苦惱，同時也知道苦惱的感覺是什麼。苦惱已經成為我的「情緒」。

蘇菲亞（Sofia）是一位已在塞浦路斯住了七年、會說英語及希臘語與兩種語言的人；她提到一個希臘詞彙 *stenahoria*（大致相當於「被侷限的空間」〔constricted space〕）也有類似的情形。*Stenahoria* 並無可與其對應的英文單詞。蘇菲亞大致知道 *stenahoria* 會於**何時**被使用，但除了知道這個單詞以及一些使用它的狀況之外，蘇菲亞真正的麻煩是描述 *stenahoria* 背後的情緒。[455]這個單詞「只被老年人使用」；她的希臘籍丈夫就不曾用過。蘇菲亞不曾參與過能完整提供

stenahoria 這個希臘詞彙意思的文化事件或互動。學說一種語言並非只是學新文字而已，還包括養成新情緒。這個過程可能很緩慢——研究結果證實，移民在學習新語言時，是先學詞彙、再學習相關的情緒。

我知道我先前不知道一個人在什麼情境下會苦惱、苦惱的感覺如何、以及苦惱時人會做什麼；我也知道我先前不知道苦惱是否會將你變成一個糟糕的人，或會引起別人什麼反應。同樣地，蘇菲亞也不須經歷什麼困難就能知道她不熟悉 *stenahoria*。但當你學到一個新的單詞，而你的母語也的確提供了一種語言上能與其對應的詞彙時，你就很難察覺你必須去學與那個詞彙相關的情緒；而學習**這些**「情緒」，不見得會比學習文化中特定的情緒詞更快或更容易。事實上，那些未沉浸於新文化當中的第二語言學習者會直接將新語言中的情緒詞與他們原來文化中的情緒概念連接起來。[456]這是在教室裡（而非文化情境中）學第二語言時會發生的事——也是我從前開始學英語時的方式；我們學新語言中的符號，卻沒學它們真正的意思。

語言學家霍華德・格拉布瓦（Howard Grabois）在他對學習西班牙第二語言的研究中精確地闡明了這一點。[457]為了標出西班牙語及英語中**愛**、**恐懼**及**快樂**的意思，他比較了那些母語是西班牙語的人及母語是英語的人對這些詞彙的相關概念，結果兩組之間的關聯圖出現許多差異。例如，英語中的 fear 與恐懼反應（如：焦慮、緊張、壓力、出汗、尖叫、顫抖）更密切相關，而與其對應的西班牙詞彙 *miedo* 則與寂寞和孤獨更為相關。有趣的是，那些不曾在說西班牙語的環境中生活過（或者待的時間很短）的外語學習者，他們學會了這個西班牙詞彙，卻沒有學會那些西班牙式的情緒關聯——僅僅是將一個新詞彙（例如*miedo*）與一個現有的概念（例如與fear相關的）黏在一起。[458]只有那些曾在西班牙生活一段時間的外語學習者才能開始指出這個西班牙詞彙的含義；他們可說是已習得這個「情緒」（也就是說，一組事件）而不只是這個符號。除非你親自經歷或看到新文化裡的情緒互動，否則你將不會知道在新文化中「有某種情緒」是什麼意思。在那之前，新情緒只是一艘空船，或應該說——一艘塞滿舊包袱的船。

當我學英語時，我不曾懷疑anger（憤怒）會與荷蘭語中的*boos*有何不同。[459]我只是將它們互換使用，將對於*boos*這個詞彙過去的理解貼到anger這新字上。透過研究，現在我知道這兩個詞彙在某種程度上並不相同。英語中的angry，與具有侵略性的情境（例如吼叫、大吵、打）關聯性更強；荷蘭語中的*boos*／*kwaad*則與「使自己遠離某種情境」相關的情境（例如離開、忽略、遺忘）更有關聯。之所以如此，可能是由於angry及*boos*在各自文化中所涉及的事件不同；你必須親身體驗這許多事之後，才能習得新文化中的「情緒」。

在以情緒特寫為方法的研究中，我們僅挑選了一些在評價及目標這兩個維度上相似的情緒概念，且完全專注於這些維度上，就已釐清了各個移民學習新情緒概念的方式。但在某些情況下，當我們僅以這兩個我們所考量的基本維度去檢查那些在語意上能夠彼此對應的土耳其語及（比利時的）荷蘭語時，會發現其中某些對應語詞仍有差異。例如土耳其語境裡的「認命」（resigned）

及「尷尬」（embarrassed）是正向的，但在比利時荷蘭語境裡，這些字則是負向的；土耳其語境裡的「忌妒」（cjealousy）是關係維護導向的，但在與其對應的比利時荷蘭語彙裡則是個人維護導向的。如此，若說一個土耳其移民在學習荷蘭文時不只是學荷蘭字，同時也在學與其相關的**新意思**，可能是一件有道理的事——「認命」會從「接受自己在這世上的位置」，變成一種缺乏個人控制能力的情緒；「尷尬」會從「知道自己在社會中的適當位置」，變成一種極倚賴他人評價的情緒；「忌妒」則會從「關係受到威脅時的正當反應」變成自私的情緒。這些原有的概念穿戴上新的意思，因為它們反映了不同的社會現實。

諷刺的是，也許是由於辨認出對應的語詞並不指涉相同的「情緒」是一件困難的事，於是阻礙了我們理解來自另一個文化的人的情緒。[460]那些現成的（也許不完美的）翻譯作品也可能誘惑我們，使我們誤以為來自其他文化的人與我們都有「相同的情緒」——**深藏在我們裡面**。正是這種困難使得許多科學家不太願意辨認情緒在文化上的差異。[461]

探戈及華爾滋

在三浦康子的研究裡，有些日本後代的小孩（由於他們父母的工作，他們花了相當長的時間待在美國）經歷了重新進入日本文化的困難。其中一位十七歲的次郎（Jiro）告訴三浦康子：「我必須從自己當中生出個日本人來⋯⋯。」[462]次郎的「情緒」已美國化到可對身為日本人的自己開玩笑了。其他於日本出生的青少年也提到，他們已採取美國式的做情緒方式，而其程度已到了完全取代日本式的地步了。他們已很難接受那些在日本是常態的順從及間接式溝通；有人甚至覺得日本式很「噁心」。

次郎的經驗可反映出很多移民的命運，就如我的同事萊爾施耐德的研究所表明的。[463]約瑟芬．德．萊爾施耐德將我們的情緒特寫問卷拿去土耳其及韓國，在不同的情境類型中建立土耳其及韓國的情緒「常規」；例如在一個類似於阿希的老師公開斥責她的情境中，土耳其特寫的主要成分可能是羞愧及尊敬。後來，當德．萊爾施耐德將移民的情緒特寫與他們原生文化中人們的情緒常規相較時，她發現移民已失去某些他們原初的情緒文化。[464]平均來說，第二代的土耳其裔比利時人已不再是土耳其人了——他們與那些比利時多數群體同樣地不「土耳其」。同樣地，韓國裔美國人已不再「韓國」——與那些歐裔美國人（對照組）同樣地不「韓國」。只有第一代的土耳其裔比利時人⑤仍會感受到「土耳其式」的情緒：他們「土耳其」的程度與土耳其樣本一樣。如同你將會記住的，第一代土耳其裔比利時人做情緒的方式與比利時人的方式很不一樣。

但這是真的嗎？新的做情緒方式必定會取代原先的？次郎（那個在三浦康子的研究中的青少年）的故事並不如此顯示。當次郎回到日本後的第三年，他找到一個機會再度回到美國。在美

⑤譯註：「第一代比土耳其裔比利時人」指那些在土耳其出生，然後移民到比利時的土耳其人。

國，他反思兩個文化做情緒的方式，且辨認出日本系統的順從及「甘え」的好處。次郎現在知道美國的關係目標與日本的不同，而他二者都能體會：[465]

在日本，除非你跟上別人否則就不會被接受。在美國則有很多種〔可選的行為〕，只要你高興就好。當我回到美國時〔當待在日本一段時間之後〕，我覺得解脫了；我以為我可以堅持自己的主張，不必再為須順從他人而擔心了。但從另一個角度來看，這也很難。在這裡，你必須自己做決定……你必須機警且養活自己，否則你就會出局……被日本式地照顧不像我原先以為的那麼糟。畢竟，你更喜歡有點安全感。

儘管來自移民群體的人最終會花更多時間跳華爾滋，但很多人仍記得如何跳探戈；他們熟悉兩種（或多種）文化中的情緒。我仍記得當我聽到我的學校系上那位新當選的主任發表他的當選致詞時（當時我剛回到歐洲不久），我有多驚訝。他說他會接下這個很耗時的新職位，即便他的太太絕對會對這消息感到不悅；他也保證他將會盡他所能地為這個系所努力工作。他不是個會偷懶的人，但在他接受職位的致詞裡，沒有一絲被選上的光榮，也沒提到自豪或快樂——沒有表示他因為這個很棒的系所對他的信任而感到快樂，也沒有提到這是一個傑出的系所，而他將使其更傑出。他的接受致詞謙遜而非興奮。我之所以感到驚訝，是因為我在期待北美式的華爾滋；但我也立即想起來：我回到這個跳探戈的國家了。是我自己做情緒的方式改變了。儘管如此，那超過三十年待在荷蘭的經驗仍繼續發揮它不可磨滅的影響。[466]但我能立即換檔。

次郎與我的共通之處是，當我們住在美國時，我們偶爾會與那些繼承了與我們相同文化的人互動。**大致上**，那些答卷的第二代土耳其裔比利時人及韓裔美國人或許也是如此：平均而言，在德・萊爾施奈德的研究中，第二代移民的情緒特寫並不很「土耳其」或「韓國」。但也會有些例外，他們仍很「土耳其」或很「韓國」；這些例外的共通處在於日常生活中他們都有很多土耳其或韓國**朋友**。當涉及情緒時，擁有一個實質的「土耳其人」或「韓國人」朋友勝過任何其他因素。你可以很遵循你所繼承的傳統、認同你所繼承的文化，也可以**希望**四周有很多來自自己原生文化的人；但除非你擁有來自原生文化的朋友，否則這些並不足以保住那些你繼承來的做情緒方式。未進入關係將會令你迅速失去你原有文化的做情緒方式，雖不見得是永久性的。[467]

我那位名叫北山忍的朋友是一個雙文化的日本裔美國人，同時也是一位心理學家。他小時候在日本用一種OURS情緒模式長大。對他而言，來到美國意味著從一個OURS情緒模式轉換到MINE。在日本，「情緒」在外面；但住在美國這許多年之後，他學會將他的情緒視為一種精神狀態。然而，每當他去日本待了一段時日又剛回到美國時，他發現他在回答「你覺得如何？」這個簡單的問題時會遭遇到困難。那就好像他必須將原本朝外的焦點快速調轉方向，使其朝向他的內在。每次，他都必須經歷這個小調整。

另一個同樣有力的例子是：我在美國脈絡下所感受到的興奮及自豪，當發生於歐洲的日常生活時，就不會受到相同方式的支持。一旦我在歐洲待上一段時間後，我的興奮及自豪就會慢慢消退，被一種更適當、與歐洲脈絡更諧調的感覺所取代。

以漸進的方式進出某種做情緒的方式是可能的，在各個脈絡中都動用「正確」的情緒也不是辦不到的事。在這個或那個脈絡間進行調整可能很花力氣，就如北山忍及我都經驗到的那般；但其困難的程度則遠遠不及第一次在異文化中學「做情緒」。此外，經由訓練而學會轉換也是可能的。北山忍與我可能不是典型的雙文化者——我們搭飛機往返於兩個文化脈絡之間，而很多雙文化者每天都在不同的文化間換來換去。[468]比利時的移民中學裡有很多學生來自移民家庭，他們在家中沉浸於經由繼承而來的文化，但他們會去比利時學校上學，其中有些人甚至在學校裡交了比利時白人朋友。雙文化者是多數文化中的一員，但他們同時也花了相當多時間待在移民社群裡。

雙文化者由於經常在兩個（或更多）文化之間進行轉換，以至於他們可能不再覺察到自己正在這麼做。經過練習，我們可以在聽到華爾滋音樂時跳華爾滋，當探戈音樂響起時就換成探戈——豪不費力地這麼做。例如，有些日本裔美國人於美國的脈絡中進行互動時會採用MINE情緒模式，而當他們在自己家中時則採用OURS模式。在這個或那個文化脈絡中參與關係時，可能會引發相關的做情緒方式。[469]有些研究提出，雙文化者會在正確的脈絡中做「正確」的情緒。

還記得在許多東亞文化中，快樂及不快樂是緊密相關的嗎（見第五章）？[470]在東亞脈絡的人經常報告這二者同時發生，但在歐美文化中就不會如此——快樂的意思（若未特別說明）就是你沒有不快樂。在一個研究中，東亞裔加拿大的大學生會報告不同模式的情緒，取決於他們更認同西方文化還是亞洲文化。[471]這個研究連續十天觀察這些學生的情緒。當東亞裔加拿大的學生覺得自己處於西方（或說英語）情境時，他們能夠「只」感到快樂；但當他們認出亞洲（或說亞洲語言）的情境時，快樂及不快樂就會同時發生。整體而言，當這些學生在他們認為是西方的情境時，其不快樂的程度與當他們認為那是亞洲情境時相同，但快樂及不快樂的感覺同時發生的模式確實會依他們對於情境的辨識而不同。

由德．萊爾施奈德、金熙榮及我所做的對韓裔美國移民及土耳其裔比利時移民的研究也顯示，當移民在公眾場合（一個很可能與西方文化相關的場合）與他們在私人場合（一個趨向於非西方的場合）時相較，更會出現經由涵化而得的情緒。[472]這群移民的情緒特寫（當他們工作或在學校時）更與那些相對多數群體的特寫相合，而當他們在家時則不。情緒特寫會因文化脈絡不同而有所不同。[473]

情緒特寫之所以變化，很可能是因為移民在公眾場合（比起他們在家時）更容易遭逢不同類型的人際情境。如果他們在公眾場合顯得更高興，或許是由於他們在那兒遭逢更多會引發快樂的情境。舉例來說，當我移民至美國之後，我可能更「快樂」，因為那些住在美國的人會創造極多快樂的機會，例如為你慶祝或給你讚美。另一個情緒特寫之所以變化的可能原因是，如果各種情境都相同的話，移民很可能已轉換至另一種做情緒的架構（就像當我在北卡羅萊納州時變得不那麼「固執己見地憤慨」，因為那裡的關係目標與我原生的荷蘭不同）。兩種解釋都站得住腳，但我的同事德・萊爾施奈德與我想要知道，在他們所遭逢的是相同的人際情境下，我們是否能偵測到雙文化者的情緒架構轉換（frame-switching in emotions）。

所以我們設計了一個研究來測試它。[474]我們請一些雙文化的土耳其裔比利時人與他們的「鄰居」合作，去設計一個理想的居住環境。他們的任務是共同提出一個計劃；可以使用住處附近的地圖、能顯示他們希望在社區裡出現的東西（例如遊戲場及樹）的圖片，以及筆、膠水等物來輔助。我們設計兩個文化脈絡。一半的雙文化者去一間位於土耳其社區清真寺的交誼廳；在那裡，他們可與一位土耳其「鄰居」以及一位執行實驗的土耳其人互動，全程都說土耳其語。另一半的雙文化者則去一個由地方（比利時）政府籌建的社區活動中心；在那裡，他們與一位來自比利時多數群體的鄰居及一位執行實驗的比利時人互動，全程都說荷蘭語（比利時在這個地區所說的語言）。我們的問題是：當土耳其裔比利時人的雙文化者處於土耳其環境時，他們的情緒反應是否會更「土耳其」？以及，當他們處於比利時多數群體的環境時，他們是否會更「比利時」？他們所跳的舞會因其舞伴，以及那正在背景裡播放的音樂而不同嗎？

我們確保這些雙文化者（無論他們是在土耳其式的或比利時式的脈絡中）都會遭逢相同的人際情境。在所有的情境中，那位「新鄰居」都是實驗同謀，會在合作任務的過程中上演幾次經過仔細演練的不當行為。然後，我們將這些雙文化者在面臨相同的人際情境、其文化脈絡卻不相同的情緒反應錄下來。例如，在過程尾聲，當理想社區的計畫正逐漸出現輪廓時，會出現一次不當行為——一位實驗者會進入房間檢查進度，而這位「新鄰居」見狀立即跳起來解釋計畫，主動說這整個計畫實際上是他自己想出來的（明顯暗示他的同伴並沒做出什麼有用的貢獻）。結果，無論是在土耳其或比利時脈絡中，參與實驗的雙文化者對這個異於常軌的行為都做出明顯的反應，但方式卻不同。[475]在土耳其脈絡中的雙文化者對這位鄰居的說法更常出現不可置信的反應——怎可能會有如此不忠的人！他們將這位鄰居從頭到腳打量一番；他們也會瞪大雙眼。我們將這些行為詮釋為**蔑視**。相對的，在比利時脈絡中的雙文化者則表現出更多樣的行為，例如皺眉及發出沮喪的聲音。我們將這詮釋為**生氣**——為了鄰居的不公平看法。[476]

重要的是，來自同一群的雙文化者對於相同的情緒事件會依文化脈絡的不同而以不同方式反應。[477]文化脈絡會發生作用，而這再一次闡明情緒「由外而內」。文化脈絡就是互動發生時的音樂，而當我們雙文化者跳舞時，他們會跳符合音樂的舞。

我們都會與不同的脈絡妥協嗎？

我特別記得我系所上的一次會議，會中正在為不同的研究領域劃分新職位。在過去幾年裡，我們的領域由於人員退休已空出一些位子，而我的系所一直忘記填補它們。不只如此，系裡也曾承諾，如果我們符合這個研究小組於新成立時所設下的高標期待，他們就會增聘更多人手。我們早在幾年前就已超越那些期待了，但從系管會送來的人事提案中，沒半個新增聘的人員會來我們的小組。作為這領域的主席，當討論這些提案時，我當然要捍衛我的小組的利益，但在過程中，我哭了起來。事後的反應並不隱微，反而很清楚地，在這個由男性主導的環境中，我的哭泣不被認為是正確的情緒反應。幾週之後，一位同事提醒我：由於我在會議中的「情緒化」，我可能已「不記得決議了哪些事」。[478]另也傳出一位同事說他不想再開任何像這樣的會了；其隱含的意思是，我的哭泣是那場會議已離題的最佳表徵。

經過反思之後，出問題的是我的情緒沒「對準」那個脈絡。哭泣只屬於人們在緊密關係中彼此照顧時的脈絡，而不屬於一個專業的會議，也不在一個由男性角色管理的環境中——至今依然如此。容我提醒你，我並不是那場會議中唯一變得情緒化的人，只是我的男同事們以非常不同的方式做他們的情緒：當時的爭吵很激烈，他們提高音量，且宣稱無法接受設計不周的提案。用這種方式做情緒的作用是不將控制權讓給他人。我那時刻的哭泣是轉而訴諸他人的理解及幫忙，而這正是我那些正在開會的同事們所明顯抗拒的。我為了自己的安適而將一些責任讓渡給我的同事。[479]我跳起了探戈，當其他人都在跳華爾滋之時。

這只是個人的經驗——我的經驗——但如果許多女人必須學著去感覺、去表示以及去管理情緒，以便在男性占多數的專業環境中被接受及達成目的，我一點都不意外；這像極了少數群體中的人試圖融入多數群體的情緒，而各脈絡⑥各有不同的關係目標。另一個很可能也是真的、且與女人有關的境況是：當女性不在傳統的男性專業環境而在家中時，她們女性角色的情緒會得到報償及接納。如果這是真的，那麼許多女人將會在她們的每日生活中轉換情緒文化，就如同那些相對少數的人在離開多數群體的環境、回到他們原本的繼承文化時會做的那樣。

脈絡轉換可能不限於女人及少數群體。或許每個人於跨進不同的生活圈時，都會為這些不同的脈絡（稍微地）耕耘不同的情緒理解、表示、以及管理策略。一位親密關係的專家瑪格麗特·克拉克（Margaret Clark）提供了以下的例子：480

想像你正與你的愛侶在餐館裡共進晚餐。你將你的葡萄酒灑在整張桌子上，而你的伴侶嚴厲地奚落你，說你這麼做太荒唐了。你很可能覺得受傷、或生氣、或二者都有。但如果那個奚落你荒唐的人是坐在鄰桌的陌生人呢？你不太可能會覺得受傷；你可能會生氣，或你可能認為那只是個渾蛋陌生人，然後就沒當一回事地不理他。我們的重點在於，在實質上完全相同的奚落下，你所體驗到的（或不體驗到的）情緒，幾乎必定會因奚落來自於親密伴侶或陌生人而不同。

⑥譯註：指前述的「男性多數的專業環境」、「少數群體」、「多數群體」、及此後的「家中」等。

為什麼會這樣？克拉克認為，你受傷的感覺在修補關係上是有幫助的。它們不只是在與你的伴侶溝通，告訴對方這個關係不順利而已，也同時在說你有修補它的興趣。理想上，你受傷的感覺會引發伴侶的愧疚及修補關係的慾望。但憤怒不同之處在於，它「不將控制權讓渡給他人」。憤怒並不要求另一人修補關係（雖然它也可能用來將關係導向期待的方向）。在餐館潑灑葡萄酒，在一開始的時候，明顯地是個特定的文化環境；但在這節骨眼上，你的情緒會依關係類別的不同而不同。在一個親密關係裡，你將會尋求關係的修復；但當奚落來自鄰桌時，你可能會捍衛你的立場，或只是忽略它。在親密關係裡，你可能覺得受傷（也可能會哭）；但對坐在鄰桌的陌生人，你更可能大發脾氣，或完全忽略他們。在親密關係裡，如果你對你的伴侶大發脾氣，對方可能覺得愧疚，然後會試圖補救其不體貼的行為；但如果你對鄰桌的人大發脾氣，你和那個人的關係就不太可能會改善。或者，就如克拉克及她的同事所說：

> 我們的重點很簡單，你是否能體驗到情緒，以及體驗本身所出現的形式，將某種程度地決定於你與他人互相依賴（或希望互相依賴）的項目及方式而定。

在親密關係裡的往來規則不同於對待陌生人的規則，而伴侶間的情緒互動也會遵循這種差異。這不只是當我的伴侶公然地奚落我時所產生的意義會與陌生人也對我這麼做時的意義不同而已，這也是我自己的情緒有一種不同的意義——當我對我的伴侶大發脾氣之後，我會覺得愧疚。我的伴侶的情緒也可能對他們自己有不同的影響——他在奚落我之後可能會覺得很糟。如果我感到憤怒，它在親密關係中的感覺將會不同——例如可能夾雜著痛苦及絕望。於是我們會如何感覺、行動及互動，都與這個特定的關係及其特定的關係目標緊緊地綁在一起。

於日常生活中，親密關係不是唯一會限定我們如何做情緒的脈絡。權力的位置會核准擁有那個位置的人生氣，也會使得他人傾向於順從那人所提出的主張；那些握有權力的人不須用那些權力不如他們的人所用的方式去反省或節制他們的怒氣。而當你沒站在那個權力位置時，可能一開始就會使你傾向於避免生氣，而是以一種更試探的、更審慎的方式表示你的要求；以及最重要的，不當的憤怒會導致你的主張更難實現（見第四章）。

無可避免的結論是：做情緒會依脈絡不同而不同。就像我來自荷蘭脈絡的怒氣及憤慨到了北卡羅萊納的脈絡時就不再是原來的意思那樣；或當我以一個上司之姿憤怒時，不會與我以親密關係中的伴侶生氣時的意思相同。當跨越文化及語言的邊界時，可能使得脈絡之間的轉換更加顯著，但即便沒有這些邊界，我們仍每天往返於不同的情緒脈絡。換句話說，雙文化者能為這個**由外而內**的情緒性質提供一個對我們所有人都能成立的清楚模型：我們的情緒會調向某個特定的情境，無論這情境是以何種方式定義——文化的、性別的、關係類別的、或其他的方式。

情緒是**由外而內**的觀點挑戰了一個概念，即「自己的本性」會限定我們能感受到什麼。就我們目前所知，我們會不斷將我們的情緒調向互動（也就是情緒發生的所在）——雖不完美，（就如我在北卡羅萊納脈絡中的憤怒及憤慨，以及我在專業會議中的哭泣所例示的）但練習會有所幫助。[481]

練習會有所幫助，而這不限於移民。每個人都有可能學會，然後逐漸調適到另一個脈絡。我們能彼此學習及理解；這是我將於下一章提出的主張，也是我們居住於其中的多元文化社會的未來。情緒文化一直在變動，而我們能對我們參與其中的變動有所貢獻。[482]

第八章
多元文化世界中的情緒

在二〇一五年一場由泰瑞．格羅斯（Terry Gross）主持的訪談裡，一位作家及新聞記者塔尼西斯．科茲（Ta-Nehisi Coates），描述了他如何威脅他讀九年級時的一位老師；當時這位老師當著全班的面對他咆哮。[483]「我說了些像這樣的話：『如果你再說那種話，我就打昏你。』這是個對身體的威脅。而且在那一刻，這不只是空話……。」

科茲，從西巴爾的摩（West Baltimore station）的貧窮家庭中長大；他對格羅斯解釋，在他生命的那個時刻，他擁有的只剩下「尊嚴」（dignity），而老師的咆哮挑戰了他的尊嚴。科茲解釋：

「你不能容忍任何人威脅你的身體。你必須用武力回應……我覺得他不尊重我。他當著全班的面對我很大、很大聲地吼叫。再一次，這是你真正無法容忍的事情。」

格羅斯笑著說：「這像老師們有時會做的事。」

「我知道，你在笑。當你不曾待在那種環境裡時，你或許會覺得這很好笑……老師經常對小孩們大吼大叫，你說得沒錯。但如果你生活在一個環境裡，一個你所能擁有的只剩最基本的、對身體的尊重，你就會用一種尊重的方式和我說話。你再沒有其他東西可以依靠了……。」

你能在多大程度上理解這個情緒事件呢？如果我只告訴你，那個年輕的科茲在「生氣」，或者如果你已感知他的臉或身體語言，也會將其解讀為「生氣」嗎？

你將不會知道這位老師的咆哮對小科茲的存有傷得多深。你不會瞭解那個咆哮，在考量科茲所遭遇的貧窮及種族歧視時，如何威脅他僅剩的權利——在他的同學面前做一個有尊嚴的人。單單是知道（或看見）科茲在生氣，並不保證你能察覺他沒其他選項——如果他要保住他唯一擁有的東西，也就是他的尊嚴（「一個基本的，對身體的尊重」），科茲**不得不**以暴力威脅他的老師；如果他沒有以這種方式回應，他將成為同學們的笑柄。如果我只告訴你科茲在「生氣」，那麼，那個宏大的社會文化脈絡中科茲所處的位置，那個他的同學正在看的近身脈絡，以及科茲的行為在這些不同層次的現實中所代表的意義，可能都會不見了。如果你已經知道科茲在生氣，或看到了他的威脅卻不知其脈絡，你會用你自己的現實取代科茲的嗎？你會忽略你與他之間在社會文化上位置的差異嗎？

同樣地，你會對那個還在學走路的台灣弟弟與他母親之間（見第三章）的情緒交換瞭解多少？[484]你能瞭解那是什麼意思嗎？當他的母親對他說：「你都不聽話，打你屁屁喔。你是個不守規矩的小孩，我們不要你了。看你在影片裡有多髒，羞羞臉。」或者，如果我只告訴你弟弟感到**羞恥**，你會瞭解多少？如果我告訴你，在台灣脈絡中，**羞恥**是一個「正確」的情緒，而弟弟可能想要成為一個感到**羞恥**的人？你會瞭解多少呢，如果我沒有告訴你，羞恥是用來強化弟弟與他母親之間的連結，而非疏離她？除非我告你完整的故事，否則你可能用你自己對羞恥的想法取代弟弟的經驗。然後你很可能就會錯過弟弟的羞恥表現如何使他更接近他的理想自我、使他更靠近他的母親；以及，幫助他的母親在外人（研究者）面前挽救了面子，儘管他的行為不良。

愛倫（Ellen）是一位比利時中學的教師，有一次她對她的一個學生（土耳其裔的後代）艾哈邁德（Ahmet）表示，她懷疑是他將學校的圖書館搞得亂七八糟。此時，艾哈邁德低頭往下看，樣子相當順從及禮貌。對此，愛倫瞭解多少？愛倫以為那是艾哈邁德感到羞愧的表現，印證了艾哈邁德必定意圖不軌。她想：他必定為了某些事情感到愧疚，否則他會憤慨地回應；畢竟如果她錯怪他了，難道他不會抗議嗎？但艾哈邁德看似愧疚的表現其實是一種對他的老師表示尊敬的方式，而非悔過——不是愛倫所想的那樣。[485]艾哈邁德專注於維護自己與愛倫的關係，而不是維護他應該被公正對待的權利（就如同任何一個來自比利時多數群體的小孩可能會做的那樣）。艾哈邁德的參考座標（frame of reference）[1]恰與愛倫的相反，這導致愛倫那方不幸的推測：艾哈邁德是不能被信任的。諷刺的是，這男孩的情緒的唯一意圖是修復他與這位老師之間的關係，而這樣的意圖卻在兩個不同文化交會之際消失了。

科茲的**情緒**，以及弟弟的、艾哈邁德的，只能從它們在各自脈絡中所扮演的各種角色才能被完全理解。想要真正瞭解這些情緒，就不能僅是知道如何稱呼它們；你必須去瞭解它們在脈絡中的作用，以及它們所參考的座標。即便是泰瑞．格羅斯——這位很多美國人心目中最能表彰同理心文化的人物，也幾乎沒抓住當老師對小科茲大吼大叫時，對小科茲而言是什麼意義。當她將那個咆哮評論為「老師們有時會做的事」時，就開啟了咆哮「沒什麼大不了」，以及，強烈的憤怒可能大可不必的暗示。咆哮可能沒什麼大不了，但已成年的科茲解釋（「我知道，你在笑。當你不曾待在那種環境裡時，你或許會覺得這很好笑」），如果在你的位置、在你的文化中，那個咆哮會奪走你僅剩的東西——即你的尊嚴時，就不再如此了；生氣可能大可不必，但當威脅對方的身體是唯一能重拾那僅剩的尊嚴的辦法時，就不再如此了。如果你沒有猛烈地回應老師對你的咆哮，那麼圍在你四周的同學就會目睹你是個可不必在意的軟腳蝦。

同樣地，任何認為嚴苛的父母會養育出適應困難的小孩的人——也就是認為羞辱小孩是不健康的人——可能會錯失，在一個文化脈絡中（也就是在一個父母及小孩之間的關係是互相依賴的脈絡），羞恥可能蘊含的特殊意義。[486]當弟弟感到羞恥時，他很可能覺得自己很棒，因為關係中的每個其他人也都覺得這樣很棒。在一個小孩的羞恥能預防他們的母親失去顏面的文化脈絡中，弟弟被養育成一個善於調適的完美小孩。

我的重點是：我們無法瞭解他人的情緒，除非我們試著採用他們的參考座標。我們必須到**他們所在的**社會及文化環境之中去考量他們，以及**他們**在他們的關係中所持有的目標，才能瞭解在這世界上的科茲們、弟弟們、以及艾哈邁德們的情緒。換句話說，只有當我們以OURS——也就是到**外面**去追隨他們，而非到**裡面**去——的方式去瞭解他們，我們才能瞭解他們的情緒。

理解他人的情緒不只是智性的好奇而已。[487]情緒使你成為群體或文化的一部分，然而不幸地，它也可能讓你**不**成為某個群體或文化的一部分。當人類學家凱薩琳·勒茲遵循美國中產階級的情緒常規，以鼓勵的方式對著一個看似快樂的伊法魯克小女孩微笑時，她被接待她的埃法魯克主人嚴厲斥責，因為她應該對小女孩「正當地生氣」：在伊法魯克，快樂是錯誤的，它導致人們忽略責任。[488]當人類學家讓·布里格斯意識到*kaplunas*（造訪因努伊特領地的加拿大白人）打算傷害接待她的因努伊特人時，她遵循她北美人的傾向，「爆炸」地憤怒。結果因努伊特人反而因她的反應而感到尷尬，因為對他們而言，生氣是一種危險的情緒。[489]此刻，你應該還記得布里格斯因此被排擠了好幾個月。

① 編按：又稱「參照係」、「座標系」，在物理學中指用以測量並記錄位置、定向以及其他物體屬性的座標系；在本章中用於指涉個人在多個層次脈絡中的位置與動向。

情緒不同步可能經常是疏離及被排斥的原因。小科茲由於遵循街頭的情緒規則而被學校暫時停學；老師誤將艾哈邁德尊敬的表現視為因悔過而引發的羞愧之舉，誤認艾哈邁德意做了不好的事，而事實上他的羞愧是為了和解。當你做情緒的方式與周遭的人不同時，你會很難融入其中；當你的情緒坐落於與周圍的人不同的OURS模式時，意味著你難以順利地將你的情緒調向你的情緒舞伴，然後你們就有可能踩到彼此的腳趾。無論你是進行田野工作的人類學家，或是社會中某個少數群體的一員，這都是難以迴避的真實。人類學家與科茲、艾哈邁德和我這些人的差異是：人類學家仍保有另一種生活，而我們其他人卻只住在這裡。

現代社會的現實是，來自不同文化背景（以及不同的位置）的我們聚在一起生活；而另一個現實是，人們要花上比一輩子還長的時間才能長出新情緒來——即便你將它當成目標。在這段期間裡，我們與我們的機構、學校，及我們的鄰居住在一起。我們以同事、鄰居、及市民的身分碰面，但也以關係的方式碰面：師生關係、醫病關係、治療師與案主的關係，以及雇傭關係。在所有這些關係中，情緒的文化差異可能是隱微誤解的來源，即便我們不見得能察覺它們。在跨文化的關係中，我們的情緒可能各說各話，就如艾哈邁德試著與他的老師和解，而他的老師期待他出現獨立的憤慨那般。當我們當中的某些人佔有權力的位置時——就如老師、醫師、治療師、經理的情形——我們的誤解可能會損害他人的機會。在這些情形裡，情緒成為隱形的守門人，將他人阻擋在外。如果我們不希望如此，就必須尋找理解跨文化情緒的方法。

超越同理心

心理學家賈米爾・薩基（Jamil Zaki）在他的書《為良善而戰》（*The War for Kindness*，暫譯）裡提出一個主張：作為人類的一員，我們必須良善；我們需要彼此理解及協助，因為只有聚在一起（例如家庭、團體、及社會）我們才能生存。[490]在過去，良善已在我們求生存的演化過程中扮演重要角色，但它不只是遺跡而已，我們仍需要它才能繁盛——個人如此，社會亦如此。

薩基賦予同理心一個重大的角色。他寫道：「同理心是精神的超級力量，能克服距離」——人與人之間的距離。[491]當仇恨剝除他人的人性及創造分裂時，同理心反過來人性化他們並增強彼此的連結。同理心對我們人類的生存一直是關鍵，因為它激發我們對彼此良善。一個有同理心的文化會培育社會凝聚：它將學生、雇員、病人、及市民一張張的臉顯現出來，而在這麼做時，它創造發展及幸福的空間。有些人可能天生具有比別人更難點燃的同理心「啟動點」，但我們每個人都能下定決心使自己更具同理心。我們能更投入地體會他人的感覺及經驗。那麼我們要如何增進同理心呢？薩基的回答是：試著去想像另一個人如何思考或如何感受；冥想他人的「動機、信念、及歷史⋯推測出一個真正的內在世界」；專注於另一個人，瞭解他們的處境，以及知道他們的感覺。[492]

我希望你現在已能理解，我們既不能直接從他人的臉上讀出他們的情緒，亦不能單純地「接住」他人的情緒。[493]我們可以認為我們可以，但我們的感知不見得會與對方的詮釋相符——當他們來自不同文化時更是如此。當你的動機、信念、及歷史與對方差距很大時，薩基所建議的「冥想他人的動機、信念、及歷史」是相當困難的。**只是**想像在一個類似的情境中**你**會如何感覺，將不會有效。如果你如此嘗試，**你**幾乎肯定會以一種符合**你的**文化價值及關係目標的方式去理解。**你**很可能出現一種在**你的**文化中「正確」的情緒。**你**將會與一個與你的做法相同的人互動，就如同他從與他相同的集體情緒事件容器中去汲取他的情緒一樣。就如科茲指出的：「當你不曾待在那種環境裡時，你或許會覺得那很好笑……但當你來自一個你所能擁有的只剩最基本的、對身體的尊重的地方時，那是很嚴重的」當你試著理解那個鑲嵌在另一個文化現實中的情緒時，投射你自己的感覺不是一件太有價值的事。[494]

我在三十年前遇見哈澤．馬寇絲，當時她正與北山忍共同主辦一場以文化及情緒為主題的大型研討會。馬寇絲及我當時都不知道她自己會成為我的美國導師，但我立即覺得我們很合得來。當我們偶然在女廁裡相遇時，我對她展示我的同理心（或我以為我正在那麼做）：作為一個主辦人，她有太多事要煩惱——我曾見過她很忙的樣子。我溫暖地看著她，說：「妳看起來有點累。」聽見我這麼說時，哈澤似乎嚇了一跳。她轉向鏡子確認；是的，她需為她的口紅補妝。我一時擠不出話來，在支支吾吾了一陣之後，才說我並無意說她看起來很糟。

依據一位住在美國的德裔後代心理學家比爾吉特．柯普曼－荷姆（Birgit Koopmann- Holm）

所做的研究，當時我正將適用於我的文化環境（當時是荷蘭）的情境理解投射到哈澤身上。在許多控制得宜的實驗中，柯普曼－荷姆指出，相對於與其對照的美國人，德國人（可擴展至荷蘭人）在觀看模棱兩可的事物時，更傾向於看見那些正在受苦的部分。她發現德國人會想像一個人在喪親之後，如果收到專注於負向感覺的同情，會比收到那些強調保持樂觀的同情更感到受安慰；美國人則喜歡收到那些專注於積極面向的「同情」——珍惜對亡者的回憶。[495]雖然柯普曼－荷姆的研究不是專注於廁所裡的研討會主辦人，但這麼推斷是相當安全的：就建立哈澤與我之間的連結而言，我那投射自己的感覺（她必定很累）以及專注於她的痛苦（或疲累）的同理方式並沒有太大幫助；而如果我強調她的疲累所帶有的正向意義，我也許反而較能達成我的目的：「哇，這麼多工作，但研討會很成功！」

單憑同理心不會有效，因為它並不克服文化的差距。但仍有許多能達成更良善及更拉近距離的方法；它們確實能縮小文化或位置的差距。好消息是，藉由解開情緒事件（unpacking the emotional episode），你能學習如何在不同的文化間架設橋梁。[496]作為一個情緒的研究者（以及作為一個移民），我曾犯下許多可歸責於我的錯誤：當他人對我說他們的情緒時，我不相信他們；我誤解他們的行為，以及將我自己的感覺及詮釋投射到他們身上。終於，藉由保持（足夠）開放的心，與朋友說話，與寶貴的同事及報導人（informants）合作，閱讀人類學家的田野報告，以及住在其他地方，這才幫助我更能察覺——或許，甚至更能預測及期待——其他文化是如何做情緒的。我藉由詢問（以及觀察）其他文化中的人如何詮釋所發生的事（從他們的關係裡，他們想「要」什麼；在他們的社會世界中，哪一種情緒反應是他們會收到或會期待的）才達到這個狀態。然而最重要的是，我放棄了自己對於何者才是（正確）答案的假設。與其試圖將我自己的個性套在別人的皮囊下面，我寧可嘗試著去看待情感事件在它們所發生的相應環境中所引起的社會漣漪。每個在跨文化、跨族群或性別邊界上有情感交流的人都可以做同樣的事情。

這是人類學家在做的事——擅於與不同文化遭逢的專家（至少盡其所能地）將他們自己的假設放到一旁，然後試著去問及觀察。克里斯汀・杜蘿（Christine Dureau）描述她試著與住在西所羅門群島的辛巴婦女的母愛共振的過程。[497]在群島當中最貧窮之一的島嶼上，杜蘿帶著她那還在學步中的女兒進行田野工作，而這成為她與一些辛巴婦女交流母愛的起始點。當杜蘿認為她能完全體會辛巴婦女的母愛（*taru*）時——畢竟，她自己也是一個有小孩的女人——她很快瞭解到 *taru* 其實不同於她原本所投射的。就辛巴婦女而言，*Taru* 含有「哀傷」的意思，其成份不少於「愛」。那些感到 *taru* 的婦女憐憫她們的小孩；她們知道小孩們的命運，而這常涉及哀傷。一個女人就曾反問杜蘿：「妳怎能有 *taru*（**愛**）卻沒有 *sore*（**哀傷**）？妳愛他們；妳會想到他們一生當中那些所有的糟糕事，〔他們將會經歷的〕所有的困苦時光。」

相反地，辛巴婦女也不總是能成功地同理杜蘿。有一次，杜蘿當時三歲的女兒阿斯翠（Astrid）「持續地生病」。一位杜蘿並不熟識的辛巴婦女麗莎（Liza）來到杜蘿家，和杜蘿一起坐在門口的階梯上。她說她懂得杜蘿的焦慮，因為她自己的兒子四年前死於痲疹。杜蘿為這個故事感到難過，對麗莎表示了同情。不過這卻引起麗莎繼續說：「我通常不會想起他。如果我的（另一個）孩子生病了，我會記得快點帶他們去看醫師。」麗莎想要同理及安慰杜蘿，也或許只是想尋求連結，但卻得到反效果。杜蘿的感覺不同：「……雖然我非常同情麗莎，但我只能遠遠地理解她的傷感；她在說的是一種極度不同的可能性。相對於她對小孩將死的斷言，以及她說她因失去小孩才使她感到同理的陳述，我知道我的擔心並非她所預設的、只能認命的結局。」杜蘿知道自己將會得到經濟及文化的資源，好讓阿斯翠獲得比麗莎的兒子所能獲得更佳的醫療照顧。杜蘿在生活中的位置使她擁有更多的控制權，於是她將不會認命，或只是向上帝禱告。她甚至無法想像，如果她的孩子死去，她有可能會認命或是不再想念她。杜蘿及麗莎有不同的情緒，因為她們住在不同的現實裡。

現行的人類學智慧是：我們有可能去趨近、有時甚至可以分享來自另一個文化的人的情緒經驗，但同時你也不該太快確定你已經做到了。[498]就如一位人類學家指出的：「同理心的問題不在於它涉及感受，而在於它假設第一印象是真的。」[499]

設法去理解他人的情緒，不同於去感覺他們的感覺。[500]有趣的是，趨近他人的感覺通常是去理解情緒事件如何綁到了一個與自己不同的脈絡；意思就是，要覺察你的情緒與他人情緒之間的**不一致**。[501]克里斯汀．杜蘿之所以最終獲得對於辛巴婦女母愛的洞見，不是經由投射她自己對於愛的概念，而是試著抓住她們的愛如何坐落於情境當中——孩子有限的生命、貧窮、以及島上艱苦的生活。在一個跨文化的場景中，同理心的意思是解開另一個人的情緒，而這是藉由將它們綁至他們的（社會）現實達成的。[502]

很重要地，認出這些差異也能讓你看見相似性。即便你知道你可能無法體驗或以同樣的方式做情緒，你仍能與來自其他文化的人共振。[503]而共振的意思是，你人性化另一個人，試著找出他們情緒中的意義，然後以此方式縮短一些距離。

從文化能力到謙遜

喬・德容（Joop de Jong）是荷蘭一位跨文化的精神治療師，同時也是推動反思荷蘭精神健康系統、試圖使其容納那些逐漸增多的多元文化案主的人之一。他知道我早期在文化及情緒方面的研究，曾於一九九〇年中邀我寫一本以跨文化的精神病學及精神治療為題的書。[504]我對於情緒的文化差異研究要如何與精神治療及精神健康的脈絡對話呢？我不知道，但這個問題讓我深感興趣。當時，關於移民的書如雪片般地落滿了荷蘭的書市，每本都在告訴他們的荷蘭白人讀者如何去理解並與越來越多的移民對話。

無論是過去或現在，多樣性及不平等確實需要獲得更多關注；這除了因為少數民族及種族的精神健康已出現差距之外，同時也因為不健全的精神健康醫療。[505]無論如何，就操作面而言，當時所認為的「文化能力」是由零星的價值、信念、以及民族態度所組成的知識。在美國，這些是經由美國普查局（the U.S. Census）所創造出來的民族／群體（blocs）——非裔美國人、亞裔美國人、太平洋島民、拉丁美洲人、美國印地安人、阿拉斯加原住民、及白人。當時的臨床醫師習得以一種相當穩定及本質化的語詞去思量這些「群體」。就昔日的精神健康工作者而言——就是當時我想要對其貢獻一些情緒事實的專業領域——文化能力是一組具體的技術。

但現在，先前精神健康工作者所追求的「清楚」及「能力」已被「文化謙遜」取代了。[506]精神健康工作者已不再大量生產關於某個文化群體的情緒及情緒困擾的事實知識；這些曾被僵硬及狹隘地定義為民族／種族或國家認同。他們轉而引用一位文化精神病理學創建者之一勞倫斯・基梅爾（Laurence Kirmayer）的話：「擁抱不確定，且將其作為通往能力的道路」。[507]情緒事件**可以**在不同的文化中而有所不同——也系統地確實**如此**。這一知識應該讓治療師們充滿好奇——你應該意識到你不知道另一個人在感覺什麼，而這會是你更想找出它們的理由。[508]擁抱不確定性以及遵循它的路徑，這與那些人類學家在做的「解開情緒事件」並無不同。

喀特・范・阿克爾（Kaat van Acker）是一位在布魯塞爾執業的跨文化治療師；她講述了一則擁抱不確定性的例子。當時，她正與一位因戰爭創傷而受苦的黎巴嫩女人拉姆拉（Ramla）會談。拉姆拉由於疼痛而失去工作能力，且必須辭去工作；她及她的女兒靠社會救濟金過活。會談期間，在所有該談及已談的話題當中——拉姆拉的創傷經驗、她無法做一份有薪水的工作——她對於自己未能履行女兒角色的羞愧（shame）佔據了中心的位置。[509]在一次會談中，拉姆拉告訴范．阿克爾，她已無法陪她年老衰弱的母親去麥加朝聖了；講到此處，眼淚流下她的臉頰。她在哀傷嗎？范．阿克爾阻止自己太快下結論；相反地，她問拉姆拉，她的眼淚意指什麼。在這麼做時，她解開了這個情緒事件對拉姆拉的意義。拉姆拉告訴范．阿克爾，她哭是因為她深深感到羞愧。

遵循西方歐洲的情緒邏輯，范．阿克爾很可能會安慰拉姆拉，或是說服她不必感到羞愧。但范．阿克爾沒這麼做，反而探索在拉姆拉的文化脈絡中，那個羞愧**對她而言**是什麼意思。拉姆拉解釋，她為了未能盡到一個女兒應盡的責任而感到不被敬重（在他人眼裡）；[510]然而不只如此。對拉姆拉而言，即便未能成為一個好女兒是不對的，感到羞愧仍是「正確」的；羞愧顯示拉姆拉致力於對抗她的道德失敗。當范．阿克爾問拉姆拉，她的羞愧「想做什麼」時，拉姆拉的回答是：它要跳上飛機，坐在她母親旁邊，握住她母親的手，然後不再放開它們。羞愧於是將拉姆拉與她的母親連結在一起。范．阿克爾結論道，或許拉姆拉的羞愧不該被貶抑，反而應該得到肯認。經由擁抱不確定性，范．阿克爾能在拉姆拉的所在之處與其相會。她解開了拉姆拉的情緒——經由將它們綁到她所在的社會及文化脈絡，洞察案主的苦痛。一個治療師不應假設他知道他們的案主如何感覺，而是要與他們的案主一起尋找共通之處。[511]

那些試著去理解他人情緒的治療師善於檢視各種方法，促使他們自己的情緒是OURS。從另一「文化」的鏡子，治療師能發現一些他們先前未能發現的盲點。當案主並不共享你的文化經驗時，你就會比先前任何時刻都更需要放棄自己的假設。

解開情緒可能有助於在治療關係中跨越傳統的文化界線——但不僅如此；當遭逢那些與你共享民族／種族或國家認同的人時，它同樣有助於你理解他們的情緒。[512]在生活中，即便我們說著相同的語言及共享相同的情緒概念，也沒有任兩個人會經歷完全相同的事件；我們獨特的體驗仍會將那些概念塗上不同的顏色。

解開情緒事件的工具箱

日常生活裡，我們能利用人類學及精神健康領域的洞見去解開他人的情緒事件。此外，如果我們知道情緒的文化差異發生於何處，也有助於解開情緒（見圖8.1）。每個差異碰撞之處都能提供更深入他人經驗的機會，引領我們到這個人的**外面**，到關係裡，以及到脈絡中。[513]

首先，找出「人們正在做什麼；他們多重的迫切的考量，以及對他們而言有什麼風險。」[514]我選了一則來自歐洲的棘手例子作為說明：二〇〇五年九月，在丹麥報紙上出現一系列的穆罕默德（Muhammed）卡通集，這個卡通集後來被重印發表，也出現在許多其他歐洲媒體上。這些卡通描繪穆罕默德先知及他的追隨者。對許多穆斯林而言，最岌岌可危的關鍵是什麼？首先，人物的圖像（不只是最重要的宗教先知）被很多穆斯林認為是褻瀆的（有些猶太人也如此

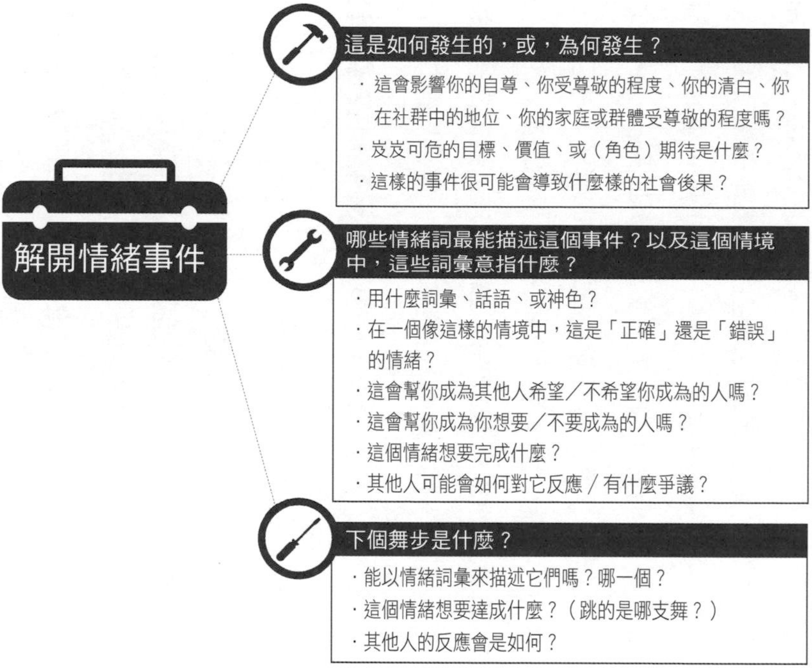
解開情緒事件
這是如何發生的，或，為何發生？
· 這會影響你的自尊、你受尊敬的程度、你的清白、你在社群中的地位、你的家庭或群體受尊敬的程度嗎？
· 岌岌可危的目標、價值、或（角色）期待是什麼？
· 這樣的事件很可能會導致什麼樣的社會後果？
哪些情緒詞最能描述這個事件？以及這個情境中，這些詞彙意指什麼？
· 用什麼詞彙、話語、或神色？
· 在一個像這樣的情境中，這是「正確」還是「錯誤」的情緒？
· 這會幫你成為其他人希望／不希望你成為的人嗎？
· 這會幫你成為你想要／不要成為的人嗎？
· 這個情緒想要完成什麼？
· 其他人可能會如何對它反應／有什麼爭議？
下個舞步是什麼？
· 能以情緒詞彙來描述它們嗎？哪一個？
· 這個情緒想要達成什麼？（跳的是哪支舞？）
· 其他人的反應會是如何？

圖 8.1 解開情緒事件：一個工具箱。

認為）。其次，這些插畫對於先知穆罕默德及穆斯林群眾而言並不體面。好似這樣還不夠，這些卡通被公開發行以便讓每個人都看到，而且被重印了好幾次。換句話說，這些卡通以很公開的方式冒犯了穆斯林的社會形象——對一個崇尚榮譽的文化而言，這令他們感到丟臉與被冒犯。[515]

一個研究指出，那些越看重榮譽的人，越傾向於將那些「插畫」評估為有損他們**做為一個穆斯林**的名譽，且當他們如此評估時，他們也表示感到更丟臉及更生氣。因此，就這些穆斯林而言，最近身的威脅很可能是他們的群體榮譽及名聲，而由於榮譽是共享的貴重物品，於是他們個人的榮譽及名聲也受危害。在這個文化脈絡裡，榮譽是成為一個有價值的人的最重要關鍵。[516]

如果榮譽是最受到危害的關鍵，那麼當媒體聚焦於「言論自由」時，就完全錯過了穆斯林的「丟臉」了；如果榮譽是最受到危害的關鍵，那麼當丹麥政府拒絕與丹麥裔穆斯林代表開會討論這些卡通時，丹麥政府可能也沒幫上什麼忙，未能向這些組織保證他們的名譽無損。解開情緒事件，然後看看是什麼在刀口上，將會有助丹麥及其他地方的對話。

在解開情緒事件時，去查核其他人（對他們自己或對他人）感知到什麼情緒，以及這些情緒於脈絡中的意義是很重要的。人們可能會用一個或更多個詞，或用神色（expression）去描述這個事件。重點在於理解他們如何將情緒概念化，包括在某個特定瞬間的情緒對他們而言是什麼意思。如果你要解開這個事件，你無法用一個詞彙就說完它。對於情緒詞彙的翻譯，頂多只能大約（見第六章），且可能有很不同的聯想及意涵。畢竟，是相關事件組成了各種現實。當范．阿克爾的案主拉姆拉自述「羞愧」時，范．阿克爾的第一個衝動是貶低它，而在這麼做將會激發拉姆拉的自尊。但拉姆拉的羞愧與受創的自尊無關；相反地，在拉姆拉的眼裡（以及更重要的，在別人的眼裡），羞愧使她更受人尊敬。藉由詢問拉姆拉那個羞愧想**做什麼**（在范．阿克爾所從事的類似治療中，這是個常見的問題），范．阿克爾解開她的羞愧。范．阿克爾發現拉姆拉的羞愧在修復她與其母親的關係中佔有重要角色，且當拉姆拉這麼做時，她成為一個更好的女兒。由此可見，范・阿克爾查核「羞愧」對拉姆拉而言是什麼意思是十分重要的。

解開情緒事件意指去理解情緒所投射出來的結果：這個情緒「對」了或「錯」了，或者都不是？這通常是很難解的，但總有些具體的提問或許可讓人們回答，而這也提供了你學情緒的OURS面向的機會。若將這運用到拉姆拉的例子：妳的母親或妳的朋友會贊同妳的羞愧嗎？對妳而言，一個女兒由於不能和母親一起去朝聖而感到羞愧是適當的嗎？有時，相反的提問也許能達到更好的效果：妳會怎麼想，當有個女兒與妳有相同的情境卻一點都不感到羞愧？其他人會怎麼看待這個女兒？

經由臉部或身體的動作，你也可能解開一個「情緒」的意思；但不要假設你能從他人的行為推論他們的感覺。查核它。那個臉上掛著大笑表情的人，會比那個掛著「平靜」微笑的人更快樂嗎？美國小孩認為是如此，但台灣小孩則不（見第五章）。對於他們正在執行的工作，那個大笑的醫師會比臉上只有「平靜」微笑的醫師更有自信嗎？在舊金山地區的美國白人健康成年男性認為如此，但與他們作為對照的亞裔美國人則認為剛好相反。這是一個真實的結果——在一個研究裡，研究者發現當醫師看起來「快樂」及「有自信」時，實驗參與者會遵守醫師的健康囑咐；然而美國白人認為大笑及樂觀的訊息代表快樂及有自信，亞裔美國人則認為那個舉止「平靜」的醫師更快樂及更有自信。[517]

拉姆拉的哭泣是一種哀傷的表示嗎？經由明確的查核，范・阿克爾發現那些眼淚對拉姆拉而言是羞愧；那些前來晚餐的美國客人對我表示謝意時，是故意疏離我嗎（見第一章）？我當時應當要查核的。現在我想，那個感謝所強調的，寧可是欣賞而非親近，但不見得完全如此。

解開情緒事件也意味著想出**下個舞步**該怎麼跳。事實上，將情緒行為想成在跳某種類型的舞有助於解開情緒——拉姆拉的羞愧是獲取尊敬的舞步，而非失去自尊的舞步。如果我當時已知道或已瞭解互相增進價值的舞步，就很可能更理解我的朋友於晚餐後感謝我的舉動。我也很可能誇讚哈澤・馬寇絲是一個很棒的主持人，主持了一場成功的研討會，而非聚焦於她的疲累外觀及希望藉此與她產生連結。我這麼做時，是在掩蓋實情嗎？不見得，我可能只是聚焦於情境的另一個面向。

這很重要——你不能假設**你**所欲完成的舞是最自然的。沒有這種東西。要記得惠美子、博人及智惠美曾記述，當他們被冒犯時「什麼都沒做」。他們如同那個研究中的其他大多數日本受訪者那般（見第四章）與那冒犯共處。那不是**被壓抑**的怒氣，而是他們的生氣事件會有的發展方式——逐漸接受情況，而非鼓動自己去演一場道德的憤慨，或用真相與冒犯者當面對質。當一個人不如你期待的那般作為時，不要假設他們就是在壓抑自己真誠及真實的情緒。去問。不要預設事件會如何結束，也不要預設它的結局。

在最近的研究裡，麥可・波格、亞歷山大・基什內爾-豪斯勒（Alexander Kirchner-Häusler）、安娜・舒頓（Anna Schouten）、內田由紀子及我研究比利時與日本夫妻的情緒互動；這些夫妻來實驗室討論意見不合這件事。[518]比利時夫妻及日本夫妻各自遵循著類型極不同的音樂跳舞；前者是「滿足伴侶的每個個人需求」之舞，後者則是「和諧關係」之舞。那些比利時夫妻在討論衝突時，會從頭到尾地講述及顯現他們之間對彼此的怒氣（由獨立方評估）——比我們在這個過程中所量測到的其他情緒更多，也比那些日本夫妻更多。而日本夫妻在討論衝突時，則會講述更多對於彼此的同理，並顯示出更多對彼此的肯認——比任何其他情緒都多，且更多於他們的比利時對照組。在焦點團體（focut groups）中，比利時男人及女人告訴我們，就關係而言，生氣及衝突是「正確」的，因為這幫助每個伴侶找出並協商各自的需求。在此研究中的日本男人及女人則告訴我們，他們會盡可能避免關係中的「壞感覺」，藉由避開對意見不合的討論、調整至對方的期待，或是同理（將自己放在對方的立場）來達成。當然，比利時夫妻也會同理及肯認對方，日本夫妻偶爾也會生氣，但事件（也就是夫妻所跳的舞）是不同的。當解開情緒事件時，試著去理解正在跳的是哪支舞是很重要的——即人與人之間的目標是什麼。

對於舞的期待，就單一文化中的夫妻以及一般互動伴侶而言，雙方的差距不會太大。但如果你處於跨文化遭逢的情境中，且正要踏出下個舞步呢？如今，我們當中的很多人就是如此。我不認為有任何解開情緒事件的捷徑。當你知道很多不同文化的情緒事件可能的發展方式時，解開會變得容易些，因為文化差異會揭露OURS情緒的碰撞處。擁有一些文化能力確實讓人更容易想像情緒發生的所在是如何綁到社會文化脈絡當中的——讓人變得更易察覺「機會」。知曉文化差異，也就是知道在另一個文化中的情緒事件通常會如何開展，也會擴展你的想像，超越你原本做情緒的習慣。但，理解一個來自另一個文化的人的情緒從來不像調查熱帶植物的生長情形那樣——沒有限定的、已完全勾畫好的東西可學。

我很確定我將無法寫出一本必讀的情緒文化差異指南；其他任何人也無法。知道這個任務有多瘋狂嗎？問你自己：我將如何與（任何一個）荷蘭人的情緒打交道？（如果你希望的話，將其換成「天主教愛爾蘭裔美國人」、「來自波士頓的美國白人」、「來自東京的日本人」……）他們有什麼樣的情緒？如何去理解那些情緒？那些能表現情緒的行為看起來像什麼樣子？對這些問題的回答，將決定於那是**哪個**荷蘭人、他們的歷史、性別及社會地位、以及他們特定的困境。這也決定於他們作為一個單獨的個體，在那個時刻正在專注什麼、關係的脈絡是什麼、以及近身的明顯威脅是什麼。這也決定於他們正在與誰互動，以及那些人的反應是什麼。

這些都是真的，對任何人（無論其民族／種族或國家背景為何）來說都是如此。我同意人類學家安德魯．畢提的主張：沒有「任何正當的理由去預期，那些文化與我們不同的人，情緒及道德的運作不如我們自己的那麼複雜……」，以及「如果忽略了個別他人的特殊性，並假設這個概括的架構是固定不變的、任何符合這個分類範疇的人都會以相同的方式去想、去感覺和聯繫，那麼情緒參與的民族誌將無法實現。情緒這件事，重要的是細節。」519

在多元文化學校中的情緒讀寫能力

在本章開頭有兩個發生於學校的例子：年輕的塔尼西斯・科茲，以及艾哈邁德。這可不是巧合——在學習環境中，情緒佔有重要角色，而誤解可能對學生的未來有巨大且有時會持續的影響。[520]年輕的科茲被暫時停學，而艾哈邁德則被指控做了一些他沒做的事；這大部分由於他們的老師未能正確地解開情緒事件。如果老師能理解小科茲的行為是為了於絕望中奪回尊嚴，如果艾哈邁德的老師能理解艾哈邁德的羞愧是為了和解——一個尊敬的表示——那麼他們可能在這件事上成為更好的老師。在此，老師的共振之處可能正好位於他們能認出學生的情緒與他們自己的並**不一致**——即他們的學生是在跳另一種不同的舞。科茲的憤怒威脅所跳的是維持存有尊嚴之舞，艾哈邁德的羞愧反應則是尊敬長者的舞步。

當老師們感知到不守規矩的行為時，他們的同理心特別容易潰散。[521]有位老師以下述這種干預方式鼓勵那些來自美國中學的老師們：「去理解及重視那些會引發學生不良行為的經驗及負面情緒，並維持正向的關係。」[522]雖然這樣的干預不能阻止老師教訓那些出現不良行為的學生，但第二年的停學人數減半了，且黑人及拉丁小孩的停學比例也與學校中停學總人數比例相合。[523]儘管此一干預背後的想法是培育老師及學生之間的關係，但它也可能鼓勵老師去「解開」學生的情緒，找出他們與學生的共通處，並在這過程中人性化他們的學生。

正是這種理解及同情，可能更廣泛地滋養了教育界。二〇〇三年，教科文組織（UNESCO）發動了一個全球性的計畫，試圖在以學術為導向的學校中新增情緒及社交技巧課程，而許多國家回應了這個倡議。[524]這不再像數學、語言、歷史、及地理等學術科目那般了，課程的唯一焦點是：如何去感受，及如何溝通你自己的及他人的情緒；這已成為很多學生在學校時整體學習的一部分。有些人將此稱為「情緒的讀寫」；這個用詞強調了「社會及情緒學習」在今日的社會當中無可或缺的位置。[525]研究結果已清楚顯示：將情緒及社交的技巧納入課程中是有效果的，最起碼在北美及西歐是如此。[526]當學校提供社交及情緒學習計畫時，學生在情緒及社交能力方面都出現適度的改進，且當與其他未提供這種計畫的學校相比時，學生較少出現情緒及行為問題。有些研究甚至指出學生在學術方面有進步的表現。經由情緒讀寫計畫所獲得的好處在年幼的小孩身上特別明顯。[527]

這些計畫教了學生哪些關於情緒的內容？最重要的，它們教學生去找出其他小孩的感覺，而那些感覺可能與他們自己的不同——這是一個發展良善（包括對各種文化群體的良善）的極佳起點。他們也教學生在交朋友及解決衝突時，「正確」的感覺是關鍵，甚至當他們做學校功課時也是如此。很多現行的計畫以這種特定的方式教導小孩以OURS觀點看待情緒——情緒在生活中定位你，情緒是建立社會關係的核心。

然而也有許多情緒讀寫計畫採用了另一種方式；他們將「情緒」視為字母表中的字母。[528]這個概念似乎是，如果小孩們想具有社會能力的話，他們必須去學同一組情緒；就像如果小孩們想學會讀寫的話，他們必須去學習字母表那般。但要如何看待文化多樣性的事實呢？當這些小孩成長於非常不同的家庭、在不同的社區長大，或是當那些移民小孩來自非常不同的民族或國家文化當中？當所有小孩的情緒概念以及對於情緒的理解都與他們的經驗綁在一起，而他們經驗又來自各個不同的文化脈絡？當這些情緒有不同的關係目標，其各的目標又坐落在不同的社會文化脈絡之中？該怎麼辨？

當日裔美國小孩玲子發現那張重要的情緒清單中沒有「甘え」時，她會如何？（「為什麼？連小狗都有！」）或者，當艾哈邁德從他的比利時教師那裡得知，羞愧是個「在我們裡面的感覺」時，會對艾哈邁德起什麼作用？我只能想像艾哈邁德將會覺得失落及不被肯認，由於他感知的羞愧是在人與人之間——用於修復關係，以及成為一個值得尊敬的人。或者，當小科茲的信念（也就是他的生氣是在做一件「正確」的事）被取走之後，他還能擁有什麼？當我們說憤怒是「正確」的時，我們是在說哪種文化？顯然，這個訊息將會一筆勾銷科茲於那一刻的「對」的經驗——在一個你必須展示強悍的世界裡，威脅可能是正確的。如果「情緒讀寫」不經意地被定義為主流文化中的讀寫，它將無法回頭肯認那些**不在文化中**的學生。[529]相反地，它可能成為另一種守門人。

情緒讀寫計畫可能奏效的理由是，它提供了一個文化涵化速成班。經由提供小孩們一組共享的字母表或詞彙，以及教他們在對話中使用它，為學校中的孩子創造一個共同基礎。「這種」情緒讀寫計畫可能有助於將學生社會化，使其符合學校的情緒文化與期許——也許有益於小孩與學校、老師之間的關係。例如，當我們教學生如何「管理他們的憤怒」時，我們可能直接將他們社會化，使其成為一個學校想要的那種人。對學校而言，創造共同的基礎可能是個值得的計畫，但這只有在將所有的學生都包含在內時才會如此。[530]

父母於情緒讀寫計畫中佔有重要角色。依據教科文組織，「當家庭及學校密切合作地實施社會－情緒的學習計畫時，小孩會有更多收穫，且計畫的效果會更持續及廣泛。」[531]但，這是實際可行的嗎？當做情緒有很多不同的方式，以及學校及家庭的脈絡可能不同時，那將會如何？如果給予小孩的訊息並不一致，且置小孩於一個不舒服的位置，讓他們去橋接學校與家中的文化？為何不給小孩一種去理解這些差異的工具，然後讓他們去設法解決？與其教學生「正確」的情緒及它們「正統的」原因及後果，為何不教小孩不同的做情緒方式可能都是「正確」的，決定於你所重視的目標及你想成為什麼樣的人？換句話說，如果情緒讀寫計畫教小孩情緒是OURS——也就是綁至我們的社會文化脈絡中的——就可能會頗有成效；這意味著學校的課程所教給小孩的，是文化謙遜以及解開情緒事件的工具。

老師們可以提供工具給學生，好讓他們追隨他們自己的及他人的情緒而走至「外面」。用一種類似於人類學家及那些文化謙遜的臨床工作者在做的方式，老師及學生將學著去解開情緒事件。小孩將會學著提出以及回答前述工具箱所列的問題。經由學著解開情緒事件，學生將能勝任學校文化及家庭文化之間的橋接工作。

解開情緒，以及辨認出它們的多樣性，將會符合情緒讀寫計畫中那逐漸強烈的「平等」呼籲；這不只是經由普遍地尊敬他人而已，更是經由明確地接納情緒及社會能力的文化多樣性。[532,533] 不只如此，這將提供我們機會去珍視那些已熟練於解開不同做情緒方式的學生（且擴展至老師），因為他們不只屬於一個文化；我們能肯認對於第二個文化的熟悉是個值得擁有的關係技術。[534] **當所有的**做情緒的方式都被肯認之後，我們確信學校及教室都會找到共同的基礎。

情緒都一樣深藏於內心嗎？

在此，我們回到本書一開頭的提問：我們所有人都擁有相同的情緒嗎？

塔尼西斯．科茲只是**生氣**而已，在一個不會引發我們這些擁有更多資源的人生氣的情境當中？如果我們描述艾哈邁德的反應，是在一個可能會引發他的比利時同學感到憤慨的情境（老師的訓斥）之中感到**羞愧**，我們會錯過什麼？當拉姆拉哭泣，是因為她和治療師范．阿克爾一樣感到難過嗎？還是由於她的文化強調道德失敗，更甚於失去能力？辛巴女人是否如杜蘿那般感覺到了**愛**，也同時感到**悲傷**？

這些都是很好、很合理的提問，因為它們的答案能使我們與那些來自不同社會文化脈絡的人感受共振。這些問題是解開情緒的最好起點，因為這是我們能共振的地方。沒有理由去假設西方中產階級脈絡做情緒的方式是最重要的，也沒有理由認為這些方式比其他做情緒的方式更真實或更自然。沒有理由去假設英文的情緒詞庫比其他任何情緒詞庫更能恰如事實地切分情緒。我們需要找出在情緒事件中最受威脅的是什麼、人們在這些事件中將什麼東西感知成情緒、這些情緒又意指什麼，以及在一個有方向性的舞蹈之中，情緒事件如何連結人們。

我們不能假設我們都有「相同的情緒」，或假設我們的神色都意指相同的事情。但跨越文化邊界（國家、地位、甚至政黨的邊界）是可能達成的。為了使其發生，我們首要且最重要的就是謙遜。在面對另一人的情緒時，謙遜總是個好主意——我們都來自不同的地方，有不同的經驗，有獨特的目標——但當你不在其他人的 OURS 情緒之中時，謙遜是個更該如此的態度。是的，不同文化以很多不同的方式做情緒。但同時，一旦你與他們平等相遇，一旦你人性化他們時，你就有可能去體驗他人的情緒。

什麼是他們生活中最重要的事？他們想要成為什麼樣的人？他們想從他們的社會關係裡得到什麼？或者，他們如何被這些關係限制住了？這是一些能幫助你解開情緒事件的問題。我的經驗是，雖然你知道那些情緒與你在你的生活中所遇到的格格不入，但一旦解開之後，你通常就容易與之共振。這是會發生的，藉由將那些來自其他文化的人看成是在我們周遭生活的人——他們有自己的目標，也有迫在眉睫的擔心；雖然這有時會與我們所習慣的不同。這是會發生的，當你看見他們所進行的互動及關係與你生活中的互動及關係不同，以及當你看見這又如何各自支撐著不同類別的情緒事件；這是會發生的，當你明白他們跳的舞與你在你的社會環境中所習慣的不同；這會發生的，當你瞭解他們的情緒是OURS，就像你的情緒也是OURS那般。

試著去解開彼此的情緒，是朝向情緒之舞不可或缺的一步。這不是說你就已經在跳了，還沒，但它指出還有各式各樣的舞在等著你去完成。而這當中，我們是舞伴——情緒事件是由**我們之間**共同完成的。

後記

在本書中，我已鼓勵你將情緒的所在由內而外地轉到它們實際發生的地方——我們之間，轉到我們的關係、社群、以及文化之中。這個由內而外的翻轉，第一眼望去，似乎與逐漸茁壯的神經科學潮流（也就是一個聚焦於內部及腦功能的科學）背道而馳，但其實並非如此。這個聚焦於外面的OURS情緒模型完全與聚焦於內部的神經科學相容。最新科技的神經科學已清楚展示：基本上，我們的外在與我們的內在是相連的。腦透過源於社會的經驗將它自己組織起來。[535]我們的關係、社群、及文化現實成就了我們是誰——情緒並未除外。[536]

在生命早期，我們的照顧者、老師、及其他已社會化的人都鼓勵及希望將那些就我們的文化（以及就我們的地位、性別等等）而言「正確」的情緒灌輸到我們裡面。他們創造機會、提供獎賞，也展示那些有用的情緒，以幫助你於你的文化中成為一個被重視的人，以增長那些於你的文化中有效且值得獲取的關係。這是最初的社會化，它形成我們往後情緒生活的基石；但在後來的生活中，情緒繼續是OURS：在人的**外面**，在**關係**裡，在**脈絡**裡。再一次，情緒事件動態地在人們之間的「舞蹈」中展開。在我們之間，情緒才被培養出來——他人與我們共同創造情緒事件，共同維持或改變它的力道或方向，通常使其朝向文化的常規、目標及理想。OURS情緒是關係的行動：它們在關係中展開，它們也增長關係。如果關係的實踐及理想會依時間及地點的不同而不同（是的，它們確實如此），那麼情緒事件是也如此，不遑多讓。

情緒概念所捕捉的，是這些情緒事件於現實生活中的範疇。這是為何來自不同語言的情緒詞彙並不齊一地互相對應的原因——也遠遠不只如此。情緒概念已被證實既**不**捕捉內在的精神狀態，亦**不**捕捉固定樣式的身體變化。例如，人們對臉部的感知曾被宣告為是一個主要證據，用來證明存在一種普世皆然的基本情緒，但現已不再成立。來自不同文化的人並不以同樣的方式感知臉部形態；在很多文化裡，他們完全不將這些臉部形態感知為精神狀態。同樣，也沒有證據能顯示情緒概念（例如生氣或害怕）與身體的固定樣式或大腦反應有關。這在同一個文化中如此，在不同文化時（由於各個文化的情緒概念並不能一對一地對應起來）更是如此。所以，儘管情緒事件無可否認地需要用身體的方式體現（embody）及執行（enact），但情緒事件開展的確切方式（包括身體的表現及動作的執行）卻取決於它的社會及文化脈絡。每個人的情緒概念都與他們自己的，及他們所體驗到的文化現實有關，也就是那些發生於他們自己生活中的、他們周圍的人所遇到的，以及那些存於文化庫中由文化共享的情緒事件。

所有這些對於理解他人（尤其一個來自另一個文化的人）的情緒都有深遠的意涵。我們不能假設僅藉由看著他們的臉、聽他們的聲音、或翻譯他們用來描述他們自己的情緒用語就能理解他們的情緒。在不同的文化之間橋接情緒將會要求你做一件辛苦的工作：解開情緒。不是將你自己的情緒投射到他人身上，而是你必須找出對他們而言這個情境意指什麼——也就是他們的參考脈絡：是什麼使他們這麼做，以及他們的感覺及行動對周圍的人而言意指什麼（或當他們**不**那樣去感覺及行動時，對同樣那些人而言又意指什麼）。

從這個過程中可得到很多收穫，因它可提供你一個寶貴的窗口。透過它，你得知對另一個人的生活、互動以及社群而言，什麼是重要的東西。為了好好利用這個窗口，我們必須認真對待**他們**如何看這個世界及如何行事；從**他們的觀點**得出這麼做的道理；從他們的掙扎，從他們社群的價值及目標中去理解他們的行動——而不是用我們自己的取代他們的。解開情緒事件意指人性化那些正在經歷情緒事件的人們。

於互動中解開正在發生的情緒是很具挑戰性的。目前甚少有如何成功完成這項任務的研究，但在我們的日常生活中，我們與那些可能依著不同類別的音樂、踩著不同的舞步、從不同的儲存庫汲取養分的夥伴們進行情緒互動。這舞要怎麼跳呢？

這裡沒有簡單的訣竅，但我所介紹的OURS情緒觀點確實能讓「如何去做」的問題變得容易理解些。第一個建議是，不要認為你知道或理解他人的情緒；慢下來，問，然後聽。在精神健康照護的領域裡，這稱為「不知道」的態度或「文化謙遜」。試著避免以你自己的觀點提出快速的結論，要查驗你是否理解你的互動夥伴所意指的是什麼，然後很重要地，在這麼做的時候仍需維持正向的關係。記住，這幾乎對每個人都是困難的，以及，這需要持續地實踐。

第二個建議是，正視你自己的感覺及行動。記住，沒有任何一個情緒會比另一個更「自然」。沒有絕對正確或錯誤的情緒；只在特定的脈絡且基於特定的標準時，才有正確或錯誤之分。所以，問你自己：什麼是你自己的情緒想要達成的；以及，這與你的互動夥伴的情緒所想要帶你前往的方向如何不同。問你自己：你要如何才能做出不同的行動及不同的感覺？你能找出一種將雙方都納入的舞嗎？你能以一種就雙方觀點而言都是對的方式去完成這個情緒事件嗎？

即便你做情緒的方式是可接受的、符合特定脈絡下的常規方式，仍要問你自己：是否如此就能將他人的「舞」納入？當他人不跟隨我們的舞步時，我們能停止自信的帶領，且不再質疑對方跳舞的能力嗎？

讓我們跨過各個文化的邊界（性別、民族、階級、及種族）去探索情緒——藉由傾聽及觀察，藉由仔細地檢查，以及藉由不將我們理解情緒的方式（也就是一種被我們假設為真實或「自然」的方式）強加到他人身上。我們的學校、商業組織以及法庭能變得更有彈性，於是能某種程度地納入對情緒的些許不同理解嗎？對於那些研究及參與多元文化的現在及未來的人而言，這是挑戰，也是機會。

謝辭

關於本書主題的思考及研究是從我在阿姆斯特丹大學從事博士研究時開始的，當時指導我的是情緒心理學家尼科・弗萊達。在那個時候，許多這個領域的人相信情緒是普世皆然的，但尼科質疑這個普世的理論。我們對於文化在情緒中的作用的許多討論使我保持真實，並協助我闡明自己的觀點。至今我仍懷念他的睿智及友誼，我很感激他。

我很慶幸在我進行博士研究的期間遇見了哈澤・馬寇絲。她後來成為我在密西根大學的博士後指導。她是創建文化心理學原則的人之一；那些原則成為鷹架，支撐著我的努力。她也是我的女性教授模範；在阿姆斯特丹大學時，我沒有其他女性教授。我的情緒涵化也要歸功於哈澤，她指導我如何在美國的學術文化中航行。她的友誼及教導對我而言就是整個世界。

在整個職涯中，我都很幸運，幸運到讓我擁有一組傑出的情緒研究夥伴。我的構想隨著我與麗莎・費德曼・巴瑞特、芭芭拉・弗德里克森、Sheri Johnson、安・克林、及蔡珍妮之間的對話展開。他們一直給予回饋並支持我，同時也是我最好的朋友。我感謝他們對這本書的構想所做的貢獻。他們閱讀部分初期的草稿；當他們為了撰寫他們自己的書而去接觸更多讀者時，也成為我的榜樣。

這本書絕大部分都是合作的成果。我要感謝所有與我合作的人，特別是感謝麗莎・費德曼・巴瑞特、菲比・艾斯華斯、Ashleigh Haire、唐澤真弓、北山忍、金熙榮、伯納・希梅及內田由紀子，由於他們的對話及友誼，本書才得以完成。

最後，我要感謝魯汶大學社會及文化心理學中心（the Center of Social and Cultural Psychology at the University of Leuven）的同事及學生。這本書呈現我們每日的研究及合作結晶。我無法想像還有比這更友善、更鼓舞、更合作的環境了。我尤其感謝麥可・波格、Ellen Delvaux、約瑟芬・德・萊爾施耐德、Katie Hoemann、阿爾巴・賈西尼、亞歷山大・基什內爾、Yeasle Lee、Loes Meeussen、Fulya Özcanli、Karen Phalet、安娜・舒頓、喀特・范・阿克爾及Colette Van Laar。我們共同完成了這趟旅行，我也從你們身上學到很多。

這本書於二〇一六至二〇一七年間開始醞釀，當時我在史丹佛大學（Stanford University）高級研究中心的行為科學部（CASBS）擔任駐地研究員。我謝謝中心主任Margaret Levi，的住宿接待，也謝謝當時志同道合的研究員們對這本書及相關議題的啟發性討論。我要特別感謝凱特・札勒姆及Sapna Cheryan；由於她們與我的晨間寫作集會，我學到寫一本書像做瑜珈——妳每天早上回到瑜珈墊上，然後專心；小小的進步就會發生。直到現在，我還在做這個練習。

由於魯汶大學所核准的兩個學術休假（二〇一六年與二〇一八年）、我的同事們在我休假期間幫忙代課、以及歐洲研究理事會（European Research Council）所核准的高階研究獎學金（ERC-ADG 834587），使得這本書的書寫過程更順利。我要感謝麗莎・費德曼・巴瑞特、麥可・波格、Katie Hoemann、Jonathan Janssen、安・克林、Will Tiemeijer、蔡珍妮、凱特・范・阿克爾、Colette Van Laar、凱特・札勒姆；以及那些於二〇二〇到二〇二一年間的文化實驗室成員，他們閱讀了這本書的摘要及初期版本。我要感謝Yeasle Lee及麥可・波格，他們協助我繪製這本書的圖表。

我要感謝我的經理人Max Brockman。他相信我的寫作能力，協助我將這本書的目的闡述得更清楚，同時很有效率地處理了所有的行政事務，使我能專注於寫作。我也要感謝卓越的計畫經理Tom Verthé，他熱情地幫我處理了所有與這本書有關的機構性事務。

我也要感激Melanie Tortoroli。她是W.W.諾頓公司（W. W. Norton）的編輯，同時也是肯認我的構想的可能性的人。她幫忙發展這些構想，使它們得以實現。她的熱心、遠見以及銳利的編輯能力一路幫助了這本書。在這個過程中，我從她身上學到了很多。

我特別感激三位學者，由於他們密切參與書寫過程，才使得這本書成為可能。哈澤・馬寇絲是我的導師及史丹佛大學的心理學家；她用愛包裹她對每一章的批評，然後回饋給我。她鼓勵我接觸我的美國讀者，也鼓勵我將我的研究與真實的社會問題及困難連結在一起。Gert Storms，我所在的大學的一位語言心理學家；他讀了每一章，提供他歐洲式的保證，指出我的不一致及錯誤之處（如歐洲人會做的那般，當他們覺得夠親近時，他們就會提出建言）。最後，杜克大學（Duke University）的思想哲學家歐文・弗蘭納根；他十分大方地分享他敏銳的洞見與對文學的傑出掌握、以及他對於寫一本書的智慧建言。在寫這本書的期間，我們之間不間斷的對話及友誼支持了我，且給了我信心。

我要感謝我的父母教會我包容不同觀點的重要性。他們的個人經歷告訴我，不寬容可以殺人；他們將寬容的價值銘記在心，踐行他們所宣揚的價值觀。我感謝他們鼓勵我成為一個獨立的、批判性的思考者。我很希望能將「那本妳的書」拿給我的父親 Albert Gomes de Mesquita 閱讀；他沒能活著看到它。我感謝我的媽媽 Lien de Jong，感謝她一直以來的支持、她無條件的愛、她對這本書的興趣和參與，以及她為我感到的自豪。

我要感謝我的家人及好友。他們不只是支持及好奇而已，也在我寫書期間表現出耐心。我尤其感謝 Mat Aguilar、Ton Broeders、Sytse Carlé, Waldo Carlé、Ulli D' Oliveira、Debbie Goldstein、Daniël Gomes de Mesquita、Diane Griffioen、Mieke Hulens、Roos Kroon、Renée Lemieux、Arjeh Mesquita、Ada Odijk、Jacqueline Peeters、Reshmaa Selvakumar、Paul Van Hal、Ewald Verfaillie、Michael Zajonc、Daisy Zajonc、Donna Zajonc、Jonathan Zajonc、Krysia Zajonc、Lucy Zajonc、Peter Zajonc 以及 Joe Zajonc。

我所有的愛及感激都獻給 Benny Carlé。在我時好時壞的寫作期間，他始終和我站在一起。他不是我於第四章所述的虛構丈夫，不是總是錯過晚飯時間卻又不通知我的那種。相反地，Benny用可口的晚餐，以及用超越這本書的關於這個世界的對話，添加我每日生活的興味。

我將這本書獻給我的孩子，奧立佛及佐依。我非常愛你們。未來屬於你們，而我希望這本書能有助於（即便只一點點）建造一個更好的未來——一個能容納多樣性的未來。

Brain as a Cultural Artifact: Concepts, Actions, and Experiences within the Human Affective Niche," in *Culture, Mind, and Brain: Emerging Concepts, Models, and Applications*, edited by Laurence J. Kirmayer, Carol M. Worthman, Shinobu Kitayama, Robert Lemelson, and Constance A. Cummings (Cambridge, UK: Cambridge University Press, 2020), 188–222。

的觀點。

530. 霍夫曼和巴瑞特也做了類似的分析（Hoemann, Xu, and Barrett, Emotion Words, Emotion Concepts, and Emotional Development in Children: A Constructionist Hypothesis）。他做了個非常重要的觀察：即沒有「正確」或「不正確」的情緒概念，因為不存在一組能讓人們據以做出這種決定的身體特徵（第1840頁）。於是，任何概念的教學將會提供學生某種（主流的）社會的知識，而不是身體的現實。

531. 參見：Elias, *Academic and Social-Emotional Learning*, 19。這是假設雙方都有意願，且有動機去實現同類型的情緒讀寫。

532. 參見：E.g., Robert J. Jagers, Deborah Rivas-Drake, and Brittney Williams, "Transformative Social and Emotional Learning (SEL): Toward SEL in Service of Educational Equity and Excellence," *Educational Psychologist* 54, no. 3 (2019): 162–84。

533. 例如以下這些計畫的目標：Elias, Academic and Social-Emotional Learning; Linda Dusenbury et al., "An Examination of Frameworks for Social and Emotional Learning (SEL)Reflected in State K-12 Learning Standards," CASEL Collaborating States Initiative, February 2019; Robert J. Jagers, Deborah Rivas-Drake, and Teresa Borowski, "Equity and Social Emotional Learning: A Cultural Analysis," *Frameworks*, November 2018: 17, http://nationalequityproject.org/。

534. 此點亦由以下文獻提出：Jagers, Rivas-Drake, and Williams, "Transformative Social and Emotional Learning (SEL)."。

後記

535. 參見：E.g., Kirmayer, Laurence J., Carol M. Worthman, and Shinobu Kitayama, "Introduction: Co-Constructing Culture, Mind, and Brain," in *Culture, Mind, and Brain: Emerging Concepts, Models, and Applications*, edited by Lawrence J. Kirmayer, Carol M. Worthman, Shinobu Kitayama, Robert Lemelson, and Constance A. Cummings, 1–49 (Cambridge, UK: Cambridge University Press, 2020)。

536. 參見：Maria Gendron, Batja Mesquita, and Lisa Feldman Barrett, "The

Adolescents."。

524. 參見：Maurice J. Elias, *Academic and Social- Emotional Learning. Educational Practices Series* (Geneva: International Bureau of Education, 2003); James M. Wilce and Janina Fenigsen, "Emotion Pedagogies: What Are They, and Why Do They Matter?" *Ethos* 44, no. 2 (2016): 81–95。

525. 參見：Marc A. Brackett et al., "Enhancing Academic Performance and Social and Emotional Competence with the RULER Feeling Words Curriculum," *Learning and Individual Differences* 22, no. 2 (2012): 219。

526. 參見：Claire Blewitt et al., "Social and Emotional Learning Associated With Universal Curriculum-Based Interventions in Early Childhood Education and Care Centers: A Systematic Review and Meta-Analysis," *JAMA Network Open* 1, no. 8 (2018): e185727; Joseph A. Durlak et al., "The Impact of Enhancing Students' Social and Emotional Learning: A Meta-Analysis of School-Based Universal Interventions," *Child Development* 82, no. 1 (2011): 405–32。情緒的及社會的學習計畫是個大雜燴，由非學術的內容及教學過程組成。於是，不清楚到底是哪個部分導致成功。

527. 參見：Blewitt et al., "Social and Emotional Learning Associated With Universal Curriculum-Based Interventions."。

528. 參見：E.g., Neil Humphrey et al., "The PATHS Curriculum for Promoting Social and Emotional Well-Being among Children Aged 7–9 Years: A Cluster RCT," *Public Health Research* 6, no. 10 (2018): 1–116; Marc A. Brackett, *Permission to Feel: Unlocking the Power of Emotions to Help Our Kids, Ourselves, and Our Society Thrive* (New York: Celadon Books, 2019); Marc A. Brackett et al., "RULER: A Theory- Driven, Systemic Approach to Social, Emotional, and Academic Learning," *Educational Psychologist* 54, no. 3 (2019): 144–61。這些計畫的構想是：小孩練習情緒，直到他們流暢為止——也就是說，辨認他們自己的及他人的情緒。

529. 威里斯及菲尼格森（Wilce and Fenigsen, "Emotion Pedagogies: What Are They, and Why Do They Matter?"; and Ilana Gershon, "Neoliberal Agency," *Current Anthropology* 52, no. 4 [2011]: 537–55）也提出了類似

Behavior," in *Handbook of Culture and Consumer Behavior*, ed. S. Ng and A. Y. Lee (New York: Oxford University Press, 2015)。事實上，預測參與者是否會遵循醫師囑咐的最佳方法是：醫師笑容的程度及醫師的激勵聲音是否符合參與者那天想要的激勵感覺。每日的喜好都會變動，即使是同一人。但平均來說，不同的文化群體所覺得「正確」的，正向情緒各不相同。當病人覺得醫師的情緒影響行為「正確」的時，病人遵從醫囑的傾向就較高。

518. 參見：Michael Boiger, Alexander Kirchner-Häusler, Anna Schouten, Yukiko Uchida, and Batja Mesquita, "Different Bumps in the Road: The Emotional Dynamics of Couple Disagreements in Belgium and Japan," *Emotion*, 2020. Schouten, Anna, Michael Boiger, Yukiko Uchida, Katie Hoemann, Camille Paille, and Batja Mesquita, "Emotional Behaviors in Japanese and Belgian Disagreement Interactions," Leuven, Belgium。

519. 引述來自：Beatty, *Emotional Worlds*, 158. 劍橋大學出版授權轉載。

520. 參見：Johanna Wald and Daniel J. Losen, "Defining and Redirecting a School-to-Prison Pipeline," *New Directions for Youth Development* 2003, no. 99 (2003): 9–15; Jason A. Okonofua and Jennifer L. Eberhardt, "Two Strikes: Race and the Disciplining of Young Students," *Psychological Science* 26, no. 5 (2015): 617–24。

521. 克里斯多弗・A・海芬及其他人（Christopher A. Hafen et al.）觀察教室的資料發現，當教室的「秩序管理」（behavior management）岌岌可危時，老師與學生之間「負向氛圍」（negative climate）的程度及強度都會升高（Teaching Through Interactions in Secondary School Classrooms: Revisiting the Factor Structure and Practical Application of the Classroom Assessment Scoring System–Secondary, *Journal of Early Adolescence* 35, no. 5–6 [2015]: 651–80）。

522. 參見：Jason A. Okonofua, David Paunesku, and Gregory M. Walton, Brief Intervention to Encourage Empathic Discipline Cuts Suspension Rates in Half among Adolescents, *Proceedings of the National Academy of Sciences of the United States of America* 113, no. 19 (2016): 5221–26。

523. 參見：Okonofua, Paunesku, and Walton, "Brief Intervention to Encourage Empathic Discipline Cuts Suspension Rates in Half among

511. 參見：Steven Regeser López et al., “Defining and Assessing Key Behavioral Indicators of the Shifting Cultural Lenses Model of Cultural Competence,” *Transcultural Psychiatry* 57, no. 4 (2020): 594–609。

512. 曾文星（Wen-Shing Tseng, “Culture and Psychotherapy: Review and Practical Guidelines,” *Transcultural Psychiatry* 36, no. 2 [1999]: 165）也做了類似的觀察：「雖然當案主及治療師之間的文化差異很明顯時，文化議題較易被注意到，但所有的精神治療都是跨文化的，這是由於即便兩個人都處於相同的文化世界中，他們仍不會有完全相同的內在文化結構。」

513. 戴維斯（Davis et al., “The Multicultural Orientation Framework: A Narrative Review”）提到文化謙遜的治療師會利用文化機會（cultural opportunities）——即那些可探索的標記，包括案主的文化信念、價值、及案主其他面向的文化身分認同——而變得文化舒適，也就是放鬆、開放、平靜、以及不會對與其不同的他人感到緊張（第92頁）。我建議文化謙遜的治療師將此一位於文化差異碰撞處的情緒當成文化機會。這麼做時，最終將會使他們更加文化地舒適。

514. 參見：Wikan, Resonance: Beyond the Words, chap. 1。

515. 關於那些在數個歐洲報紙上發行、源自丹麥的穆罕默德先知插圖，心理學家派翠西亞・羅德里格茲・莫斯奎拉（Patricia Rodriguez Mosquera）調查了一百個英國裔穆斯林對於「那些在許多歐洲報紙上刊行的，由丹麥製作的穆罕默德先知的插圖」的「自己的意見」（“Honor and Harmed Social-Image. Muslims’ Anger and Shame about the Cartoon Controversy,” *Cognition and Emotion* 32, no. 6 [2018]: 1205–19）。那些認為自己是穆斯林，且在榮譽傾向這個項目得到高分的受訪者認為：以穆斯林而言，這些插圖損及他們的名譽，而且是很冒犯的。

516. 參見：E.g., Patricia M. Rodriguez Mosquera, Leslie X. Tan, and Faisal Saleem, “Shared Burdens, Personal Costs on the Emotional and Social Consequences of Family Honor,” *Journal of Cross-Cultural Psychology* 45, no. 3 (2014): 400–16; Uskul et al., “Honor Bound: The Cultural Construction of Honor in Turkey and the Northern United States.”。

517. 參見：Jeanne L. Tsai, L. Chim, and T. Sims, “Ideal Affect and Consumer

生活中所遭遇的阻力而言。」

504. 參見：Batja Mesquita, “Emoties Vanuit Een Cultureel Perspectief,” in *Handbook Transculturele Psychiatrie En Psychotherapie*, ed. Joop de Jong and Margo van den Berg (Amsterdam: Harcourt, 1996), 101–13。

505. 參見：*Mental Health: Culture, Race and Ethnicity*（Rockville, MD: U.S. Office of the Surgeon General, 2001）。不適當的精神健康醫療有多種面貌：精神健康有問題的種族及群體較少向精神健康的供應方求助，他們較少被適當的診斷，以及較少得到適當的或能注意到文化差異的治療。

506. 在美國精神協會所印行的第五版的精神疾病鑑別診斷手冊（DSM-5）中，已新增文化形式會談，也就是提供評估會談的結構，好讓臨床工作者蒐集關於病人的（疾病）經驗，以及他們的社會及文化脈絡。（Neil Krishan Aggarwal et al., “The Cultural Formulation Interview since DSM-5: Prospects for Training, Research, and Clinical Practice,” *Transcultural Psychiatry* 57, no. 4 [2020]: 496–514）. See also Patricia Arredondo et al., “Guidelines on Multicultural Education, Training, Research, Practice, and Organizational Change for Psychologists,” *American Psychologist* 58, no. 5 (2003): 377–402。

507. 參見：Laurence J. Kirmayer, “Embracing Uncertainty as a Path to Competence: Cultural Safety, Empathy, and Alterity in Clinical Training,” Culture, Medicine & Psychiatry 37 (2013): 365–72。基梅爾（Kirmayer）指出「文化能力」這詞也假設臨床工作者擁有專門技術。相對地，「文化謙遜」強調「臨床工作者在進行跨文化的臨床工作時，這些能力的重要性：能肯認，容忍，以及探索他們自己對於不確定性的體驗、困惑及限制」（第369頁）。

508. 我的臨床心理學家朋友雪莉・約翰遜（Sherry Johnson）幫我得出這個結論，且證實這有助於臨床工作。

509. 出現於以下的報告：Van Acker et al., “Hoe Emoties Verschillen Tussen Culturen.”。

510. 關於以榮耀為基礎的羞愧，見第四章的討論。在這例子，羞愧似乎是一種去照顧她母親的催促。

（narrative understanding）。

497. 參見：Christine Dureau, “Translating Love,” *Ethos* 40, no. 2 (2012): 142–63。辛巴婦女的修飾性提問出現於第一〇五頁；與麗莎的對話出現於第一四二頁。

498. 參見：Inga-Britt Krause, “Family Therapy and Anthropology: A Case for Emotions,” *Journal of Family Therapy* 15, no. 1 (February 1, 1993): 35–56; Beatty, *Emotional Worlds*, chap. 8。

499. 參見：Leavitt, “Meaning and Feeling in the Anthropology of Emotions,” 530。

500. 同理心通常區分為情緒的（affective）及認知的（cognitive）。情緒的同理心是「關於情緒的體驗」，而認知的同理心則是「一種理解他人感覺的能力，這與心理論（theory of mind）有密切關係」。（Benjamin M. P. Cuff et al., “Empathy: A Review of the Concept,” *Emotion Review* 8, no. 2 [2016]: 147）.理解情緒與所謂「認知的同理心」較為接近。

501. 這點是由克里斯汀・杜蘿（Christine Dureau, *Translating Love*,146）提出的。

502. 安德魯・畢提主張「敘事的同理心」（*Emotional Worlds*, 159；reprinted with permission by Cambridge University Press）：「透過敘事去趨近情緒，會認出另一個文化形成情緒的不同方式，以及類別可能極為不同的體驗。對於理解特定的事件，比起概略性及靜態的普遍主義（universalism）來，它提供一種更能由經驗證實的，以及，就民族誌而言，更有趣的路徑。同時，它也避免徹頭徹尾的文化相對主義（cultural relativism），即認為：對我們而言，那些擁有不同的情緒概念及用一種不同方式生活的人必定是難以理解的。就一個擁護敘事的人（narrativist）而言，難解的起因不在於不同，而在於觀察者那會眨眼的注視，也就是在某個瞬間閃躲情緒。」亦參見：Leavitt, “Meaning and Feeling in the Anthropology of Emotions”。

503. 一位挪威的人類學家尤尼・維肯（U. Wikan, *Resonance:Beyond the Words* [Chicago: University of Chicago Press, 2013], chap. 1）對這個議題提供一個有價值的反思：「我們需要改善我們處裡事情的方法，以理解人們在圖謀什麼、他們不得不如此的多方面考量、以及對他們而言岌岌可危的是什麼；這些，都是就他們所參與的社會關係，及他們議用理性的同情取代同理心。

492. 參見：Zaki, *The War for Kindness: Building Empathy in a Fractured World*, 78。

493. 參見例如：Gendron, Crivelli, and Barrett, "Universality Reconsidered: Diversity in Making Meaning of Facial Expressions"; A. Fischer and U. Hess, "Mimicking Emotions," *Current Opinion in Psychology* 17 (2017): 151–55, https://doi.org/10.1016/j.copsyc.2017.07.008; Parkinson, *Heart to Heart*。

494. 畢提（Beatty, *Emotional Worlds*, p267；劍橋大學出版公司授權轉載）也提出類似的意見：「如果個人的體驗對於瞭解他人是有用的，那麼它之所以有用，必決定於相關性及相合的程度，而相關性又決定於歷史的特定事件——換句話說，故事。然而，想像或將自己置於另一人的立場，肯定能對同理心提供一個好的開始。」薩基及其同事們（Zaki, *The War for Kindness: Building Empathy in a Fractured World*）用虛擬的現實去推測「一個真正的內在世界」。參與者戴著目鏡，以近似真實地方式進入另一個世界。在那裡，他們是無家可歸的流浪漢，體驗被逐出家門的感覺。然後他們登上一輛巴士，其上載有和他們一樣的流浪漢。當這些參與者站在流浪漢的立場一段時間後，他們增強了對那些流浪漢的持續支持。採取別人的觀點並不會損失什麼，但那還不夠。

495. 比爾吉特・柯普曼 - 荷姆與蔡珍妮發現：這些研究裡所發現的差異，都可被解釋為美國人及德國人欲避免負向感覺的程度（Birgit Koopmann- Holm and Jeanne L. Tsai, "Focusing on the Negative: Cultural Differences in Expressions of Sympathy," *Journal of Personality and Social Psychology* 107, no. 6 [2014]: 1092–1115. Birgit Koopmann-Holm et al., "What Constitutes a Compassionate Response? The Important Role of Culture," Emotion, n.d.; Birgit Koopmann-Holm et al., "Seeing the Whole Picture? Avoided Negative Affect and Processing of Others' Suffering," *Personality and Social Psychology Bulletin* 46, no. 9 [2020]: 1363–77）。

496. 人類學家安德魯・畢提（Andrew Beatty）在《情緒世界》（*Emotional Worlds*，暫譯）中將我所謂的「解開情緒事件」稱為「敘事的理解」

www.npr.org/2015/12/29/46 1337958/ta-nehisi-coates-on-police-brutality-the-confederate-flag-and-forgiveness. WHYY公共廣播電台公司授權轉載。

484. 參見：Fung, "Becoming a Moral Child: The Socialization of Shame among Young Chinese Children."。

485. 我要感謝我的同事凱倫・法勒特（Karen Phalet）提供這個例子（二〇一九年的個人交談）。

486. 這個想法（也就是嚴苛的父母會養出適應困難的小孩）源自於路易斯（Lewis, *Shame and Guilt in Neurosis.*）。批評被詮釋為「拒絕」或「敵意」。但若干研究顯示：在一個獨立文化中，父母的批評可能與培育小孩的適應性有關。參見以下的批判研討：Ruth K. Chao, "Beyond Parental Control and Authoritarian Parenting Style: Understanding Chinese Parenting through the Cultural Notion of Training," *Child Development* 65, no. 4 (1994): 1111–19。

487. 哲學家歐文・弗蘭納根（Owen J. Flanagan, *The Geography of Morals: Varieties of Moral Possibility* [New York: Oxford University Press, 2017], 150）在反思道德的多樣性時提出類似的建議：僅是以寬容對待道德的多樣性並不總是足夠。我們是否能想到「不同人的不同觸動……決定於衝突是概念的，是在歷史書裡、在人類學的書裡、在桌上的國家地理雜誌裡；或者，衝突是關於不同價值，是真實的，就發生在這裡、在河市（River City）、在鄰居之間、在同區的居民之間、在村莊裡、在大都會裡、或在一個國家裡」。

488. 參見：Lutz, *Unnatural Emotions*, 167。

489. 參見：Briggs, *Never in Anger*。

490. 參見：Jamil Zaki, *The War for Kindness: Building Empathy in a Fractured World* (New York: Penguin Random House, 2019)。

491. 參見：Zaki, *The War for Kindness: Building Empathy in a Fractured World*, 4。這個主張，也就是同理心是一種凝聚社會的力量，是有爭議的。心理學家保羅・布盧姆（Paul Bloom）在他的書《失控的同理心》（*Against Empathy*）中反對仰賴同理心，因為同理心將聚光燈打在有限的人身上，而這些通常是那些與我們親近或像我們的人。他倡

477. 沒有理由假設那些分派到比利時情境的雙文化者不同於那些被分派到土耳其情境的雙文化者。心理學實驗的隨機分派原則在此有重大作用；重要的構想是：在將同一群人隨機分派的情況下，實驗結果的不同（在此例中，結果是情緒行為）可歸因為情境的不同。

478. 有些研究其實倡議「情緒化」有助於記住事件的核心樣貌，參見：Willem A. Wagenaar, "My Memory: A Study of Autobiographical Memory over Six Years," *Cognitive Psychology* 50, no. 2 (1986): 225–52; Elizabeth A. Kensinger and Daniel L. Schacter, "Memory and Emotion," in *Handbook of Emotions*, ed. Michael Lewis, Jeannette M. Haviland-Jones, and Lisa F. Barrett, 3d ed. (New York: Guilford Press, 2008), 601–17。

479. 這些是社群關係中的某些特性。瑪格麗特·克拉克及其同事（Margaret S. Clark et al., "Communal Relational Context (or Lack Thereof)Shapes Emotional Lives," *Current Opinion in Psychology* 17 [2017]: 176–83）已將其透徹地記載。在一個社群關係裡，夥伴雙方都假設不對對方的連帶福祉負責；而這正是夥伴雙方都重視的關係。

480. 以下的例子由瑪格麗特·克拉克及其他人提供（Margaret Clark et al., "Communal Relational Context [or Lack Thereof] Shapes Emotional Lives," 176）。愛思唯爾（Elsevier）授權轉載。

481. 可於以下文獻找到很多例子：Moors, Agnes. "Integration of two skeptical emotion theories: Dimensional appraisal theory and Russell' s psychological construction theory." *Psychological Inquiry* 28, no. 1 (2017): 1–19。

482. 例如：Barbara H. Rosenwein, *Generations of Feeling: A History of Emotions*, 600–1700 (Cambridge, UK: Cambridge Univeristy Press, 2016); Peter N. Stearns, "History of Emotions: Issues of Change and Impact," in *Handbook of Emotions*, ed. Michael Lewis, Jeannette M. Haviland-Jones, and Lisa F. Barrett, 3d ed. (New York: Guilford Press, 2008), 17–31。

第八章　多元文化世界中的情緒

483. 參見：Terry Gross, "Ta-Nehisi Coates on Police Brutality, the Confederate Flag and Forgiveness," National Public Radio, December 29, 2015, https://

參見例如：Richard P. Bagozzi, Nancy Wong, and Youjae Yi, "The Role of Culture and Gender in the Relationship between Positive and Negative Affect," *Cognition and Emotion* 13, no. 6 (1999): 641–72; Ulrich Schimmack, Shigehiro Oishi, and Ed Diener, "Cultural Influences on the Relation between Pleasant Emotions and Unpleasant Emotions: Asian Dialectic Philosophies or Individualism-Collectivism?," *Cognition & Emotion* 16, no. 6 (2002): 705–19。關於這研究的摘要，參見：Mesquita and Leu, "The Cultural Psychology of Emotion."。

471. 參見：Perunovic, Heller, and Rafaeli, "Within-Person Changes in the of Emotion Structure the Role of Cultural Identification."。

472. 參見：De Leersnyder, Kim, and Mesquita, "My Emotions Belong Here and There: Extending the Phenomenon of Emotional Acculturation to Heritage Culture Fit."。

473. 在第一代移民及其後的移民之間，模式也有些不同。一方面，當韓裔美國人及第一代土耳其裔比利時人在家時，他們做情緒的方式更像他們的韓國／土耳其的繼承文化（但當他們工作或在學校時就不是如此），而不像歐洲裔美國人／比利時人，另一方面，當第二代土耳其裔比利時人在工作或在學校時（但不在家）的做情緒方式，更像比利時人而不像土耳其人。

474. 參見：Jozefien De Leersnyder and Batja Mesquita, "Beyond Display Rules: An Experimental Study of Cultural Differences in Emotions" (Leuven, Belgium, 2021)。

475. 參見：De Leersnyder and Mesquita, "Beyond Display Rules: An Experimental Study of Cultural Differences in Emotions."。在一個試驗性的研究中，土耳其的參與者大致將這種侮辱視為關係的背叛，而比利時參與者大致將其視為對他們個人的誠信所進行的攻擊（否定他們的能力）。

476. 保羅・羅津及其他人（P. Rozin et al. "The CAD Triad Hypothesis: A Mapping between Three Moral Emotions [Contempt, Anger, Disgust] and Three Moral Codes [Community, Autonomy, Divinity]," *Journal of Personality and Social Psychology* 76, no. 4 [1999]: 574–86）發現：憤怒與自主的倫理有關，而蔑視則與社群的倫理有關。

Meaning System: A Study of Japanese Children Growing up in the United States," 320。

466. 史蒂芬、哈梅達尼、及湯森（Stephens, Hamedani, and Townsend, "Difference Matters: Teaching Students a Contextual Theory of Difference Can Help Them Succeed," 2019）提出一個脈絡差異理論，同樣提議：不同背景及社會群體中的關係會形塑他們的生活經驗（及結果）；這適用於所有人。

467. 德・萊爾施耐德、金熙榮、及梅斯基塔（De Leersnyder, Kim, and Mesquita, "My Emotions Belong Here and There: Extending the Phenomenon of Emotional Acculturation to Heritage Culture Fit." H. A. Elfenbein and N. Ambady ("Cultural Similarity' s Consequences: A Distance Perspective on Cross- Cultural Differences in Emotion Recognition," *Journal of Cross-Cultural Psychology* 34, no. 1 [2003]: 32–110) 發現：那些居住於中國的中國學生對中國人臉的圖片存在比其他群組（包括那些暫居於美國的中國留學生）都高的圈內優勢。此一發現可能意味著，一個人一旦不每天參與文化的互動時，以文化方式所進行的臉部認知將會很快地消失。但此研究中的中國留學生樣本數相當低（n=12），所以仍須進一步研究，以證實這個結論。

468. 瑪麗娜・杜塞蘭、潔西卡・蒂爾、以及安德魯・G・萊德（Marina Doucerain, Jessica Dere, and Andrew G. Ryder, "Travels in Hyper-Diversity: Multiculturalism and the Contextual Assessment of Acculturation," *International Journal of Intercultural Relations* 37, no. 6 [November 2013]: 686–99）以一種每日重建的研究方法表明，一所加拿大大學的移民學生（大部分是阿拉伯及中國後代）事實上穿梭於主流脈絡（例如加拿大）及繼承脈絡（例如阿拉伯、中國）之間，或穿梭於主流脈絡及混合認同的群體（例如東亞裔加拿大人）之間。

469. 例如：W. Q. E. Perunovic, D. Heller, and E. Rafaeli, "Within-Person Changes in the of Emotion Structure the Role of Cultural Identification," *Psychological Science* 18, no. 7 (2007): 607–13; De Leersnyder, Kim, and Mesquita, "My Emotions Belong Here and There: Extending the Phenomenon of Emotional Acculturation to Heritage Culture Fit."。

470. 同時發生正向及負向的情緒被稱為「辯證的情緒」（dialectical），

方面的表現並無差別。這使得那些已在西班牙住了至少三年的人，在情緒詞的關聯性表現方面的差異方面，不太能只歸因於語言的熟練度（霍華德・格拉布瓦）。

459. 參見：Michael Boiger, Simon De Deyne, and Batja Mesquita, "Emotions in 'the World': Cultural Practices, Products, and Meanings of Anger and Shame in Two Individualist Cultures," *Frontiers in Psychology* 4, no. 867 (2013): Study 3。此段所述的anger，及其相關的行為傾向是從大量的語意關聯網路得出的；這網路的每種語言都有數萬個受訪者。每個受訪者對若干個詞彙提供關聯性；總加起來，各個語言的受訪者共提供了數千個詞彙的關聯性。此研究中所提到的關聯性是用以上這種方式生產出來的一小部分。

460. 帕夫連科（Pavlenko, *Emotions and Multilingualism*, 173）將這稱為「理解的謬誤」（the fallacy of understanding）。

461. 帕夫連科更針對心理學提出批判。她敏銳地觀察到那「可能是最值得注意的事，它詳細地報告研究設計、方法以及驗證程序的執行，但其中〔引人注目地〕有多少『粉飾太平』的事在翻譯的過程中發生。」（Pavlenko, *Emotions and Multilingualism*, 18–19）我同意她。

462. 參見：Minoura, "A Sensitive Period for the Incorporation of a Cultural Meaning System: A Study of Japanese Children Growing up in the United States," 320。

463. 參見：Jozefien De Leersnyder, Heejung S. Kim, and Batja Mesquita, "My Emotions Belong Here and There: Extending the Phenomenon of Emotional Acculturation to Heritage Culture Fit," *Cognition & Emotion* 34, no. 8 (2020): 1–18。

464. 第一代土耳其移民既不與比利時樣本的相合程度顯著不同，也不與土耳其樣本存在顯著差異；而第二代土耳其移民則與比利時樣本的相合程度沒有顯著不同，但與土耳其樣本的情緒模式有所不同。(De Leersnyder, Kim, and Mesquita, "My Emotions Belong Here and There: Extending the Phenomenon of Emotional Acculturation to Heritage Culture Fit")。

465. 參見：Minoura, "A Sensitive Period for the Incorporation of a Cultural

班級的少數及多數群體的學生列出一張誰是他們的最好的朋友的清單。而只有當二者的名單相符時，我們才認為那是一個真正的友誼。如此我們找到那些有最高相合度的少數群體學生，他們與來自多數群體的學生之間有互相認同的友誼。（Alba Jasini et al., “Show Me Your Friends, I' ll Tell You Your Emotions,” under review）。

451. 參見：Jasini et al., “Tuning in Emotionally: Associations of Cultural Exposure with Distal and Proximal Emotional Fit in Acculturating Youth”; Jasini et al., “Show Me Your Friends, I' ll Tell You Your Emotions.”

452. 參見：Barrett, *How Emotions Are Made*。

453. 關於類似的觀點，參見：Lisa Feldman Barrett, “Emotions Are Real,” *Emotion* 12, no. 3 (2012): 413–29。

454. 這個過程在以下文獻中有所描述：Batja Mesquita and Hazel R. Markus, “Culture and Emotion: Models of Agency as Sources of Cultural Variation in Emotion,” in *Feelings and Emotions: The Amsterdam Symposium, ed. Antony S. R. Manstead*, Nico H. Frijda, and Agneta Fischer (Cambridge, UK: Cambridge University Press, 2004), 341–58。

455. 這個例子在以下文獻有所敘述：Pavlenko, *Emotions and Multilingualism*（第四章）。

456. 參見：Pavlenko, *Emotions and Multilingualism*, 8–9; Jean-Marc Dewaele, “Reflections on the Emotional and Psychological Aspects of Foreign Language Learning and Use,” Anglistik: *International Journal of English Studies* 22, no. 1 (2011): 23–42。

457. 參見：Howard Grabois, “The Convergence of Sociocultural Theory and Cognitive Linguistics: Lexical Semantics and the L2 Acquisition of Love, Fear, and Happiness,” in *Languages of Sentiment: Cultural Constructions of Emotional Substrates*, ed. Gary B. Palmer and Debra J. Occhi (Amsterdam: John Benjamins Publishing Co., 1999), 201–36。

458. 當然，當一個人在一個國家生活了很長時間之後，不只是會擁有原生於那個國家的人所擁有的關聯方式而已，同時也會比其他學習第二語言的人更熟練地使用語言。但在那些不曾待過西班牙語環境的人當中，仍會出現不同熟練程度的群體，而這些群體在情緒詞彙的關聯性

444. 我們沒太多關於亞裔加拿大人的資料，但即便如此以下的假設仍是可靠的：住在日本的日本學生曝光於北美文化的程度最低，比這還高的是剛抵達北美不久的亞洲留學生，比這又更高的則是亞裔加拿大人。後者可能橫跨數個世代。

445. 增田貴彥（Masuda）及他的同事使用一種眼球追蹤儀器檢查參與者正在注視什麼。他們計算每個參與者注視中心人物及周邊人物的次數，以及各花了多長的時間。取樣之間的差異與預期一致，也就是反應出他們對中心人物（相對於周邊人物）關注程度的差異。歐洲裔加拿大人大部分時候注視著中心人物，經由中心人物判斷其感覺；居住於日本的日本學生及亞洲留學生二者的量測結果則大致沒有差別；他們注視中心者的次數及時間都少於那些歐裔的加拿大學生。亞裔加拿大學生的注視樣本則介於歐裔加拿大人及日本人之間。

446. 這是我從另一個賽法迪猶太家庭的歷史借來的，可靠地記載於：Jaap Cohen, De Onontkoombare Afkomst van Eli d’Oliveira (Amsterdam: Querido, 2015)。

447. 參見：Minoura, “A Sensitive Period for the Incorporation of a Cultural Meaning System: A Study of Japanese Children Growing up in the United States.”。

448. 三浦康子本人結論：情緒社會化可能有個關鍵年齡，因為九歲之前進入美國的小孩在情緒上更同化。我認為三浦康子的資料並未提供關鍵年齡的證據。她的資料來源都是五、六年級就讀於日本周末學校的學生。這代表那些早年進入美國的學生同時也是那些大部分時間都在美國生活的小孩。在三浦康子的樣本中，小孩進入美國的年紀及待在美國的時間是混淆不清的。其他研究的結論也趨向不存在情緒社會化的關鍵年紀。帕夫連科（Pavlenk, Emotions and Multilingualism, 10）在總結學習第二語言的研究時，主張「並無讓人信服的證據可支持學習第二語言有關鍵期」。

449. 參見：De Leersnyder, Mesquita, and Kim, “Where Do My Emotions Belong? A Study of Immigrants’ Emotional Acculturation”; Jasini et al., “Tuning in Emotionally: Associations of Cultural Exposure with Distal and Proximal Emotional Fit in Acculturating Youth.”。

450. 為了判斷哪些少數群體的學生擁有來自多數群體的好友，我們請每個

438. 參見：Kaat Van Acker et al., “Flanders’ Real and Present Threat: How Representations of Intergroup Relations Shape Attitudes towards Muslim Minorities” (KU Leuven, 2012)。

439. 參見：De Leersnyder, Mesquita, and Kim, “Where Do My Emotions Belong? A Study of Immigrants’ Emotional Acculturation,” Study 1。

440. 埃爾芬賓及安巴迪（H. A. Elfenbein and N. Ambady, “When Familiarity Breeds Accuracy: Cultural Exposure and Facial Emotion Recognition,” *Journal of Personality and Social Psychology* 85, no. 2 [2003]: 276– 90）假設「普世的情緒程式（universal affect programs）可大致地決定情緒表達，但各文化的不同風格會對這些核心程式產生些許微調。」我們未能從這個研究得出這個假設性的結論。

441. 不曾居住於國外的中國參與者被要求想像「快樂」、「驚訝」、「悲傷」、「恐懼」、「憤怒」、或「厭惡」，以及做出「這些情緒狀態的適當表示」。(L. Wang and R. Markham, “Facial Expression Megamix: Tests of Dimensional and Category Accounts of Emotion Recognition,” *Journal of Cross Cultural Psychology* 30 [1999]: 397–410, as cited by Elfenbein and Ambady, “When Familiarity Breeds Accuracy: Cultural Exposure and Facial Emotion Recognition,” 279)。無法從文獻追蹤實際的臉部圖片。

442. 這研究於第二章敘述; Masuda, Takahiko, Phoebe C. Ellsworth, Batja Mesquita, Janxin Leu, Shigehito Tanida, and Ellen Van de Veerdonk, “Placing the Face in Context: Cultural Differences in the Perception of Facial Emotion.” *Journal of Personality and Social Psychology* 94（3）(2008): 365– 81。

443. 參見：Masudaet al., “Do Surrounding Figures’ Emotions Affect Judgment of the Target Figure’ s Emtion? Comparing the Eye-Movement Patterns of European Canadians, Asian Canadans, Asian International Students, and Japanese.”。我在這裡稱之為「微調」，然而從另一個視角來看，是對先前設計的重大改進：（a）使用真實的相片，（b）新增女性中心人物，（c）周圍人物與中心人物的大小是一致（在使用卡通圖片的研究中，周圍人物被畫成背景），（d）觀察時間設為十秒鐘。其他的改變包括減少情緒的數量：目前的研究聚焦於悲傷、快樂、及中性（這歸結為研究效價，與早期研究相比特異性降低）。

S. Kim, “Where Do My Emotions Belong? A Study of Immigrants’ Emotional Acculturation,” *Personality and Social Psychology Bulletin* 37, no. 4 [2011]: 451–63; Jasini et al., “Tuning in Emotionally: Associations of Cultural Exposure with Distal and Proximal Emotional Fit in Acculturating Youth”; Mesquita, De Leersnyder, and Jasini, “The Cultural Psychology of Acculturation”）。

436. 在各個研究報告中，我們使用單因子變異數分析（simultaneous component analyses）來檢查情緒項目的結構等價性。（Kim De Roover, Eva Ceulemans, and Marieke E. Timmerman, “How to Perform Multiblock Component Analysis in Practice,” *Behavior Research Methods* 44, no. 1 [March 2012]）。從韓裔及歐裔美國人的取樣中，我們發現三個結構等價的因素：正向情緒（例如親密、驕傲）、負向參與情緒（例如慚愧）、以及負向不參與情緒（例如易怒）；在各文化群體中，都有三項不同程度的負載（忌妒、依賴、驚訝）。（De Leersnyder, Mesquita, and Kim, “Where Do My Emotions Belong? A Study of Immigrants’ Emotional Acculturation,” Study 1）。從土耳其裔比利時人及土耳其群體中，我們發現四個結構對等的因素：正向參與情緒（例如親密）、正向不參與情緒（例如自豪）、負向參與情緒（例如慚愧）、及負向不參與情緒（例如易怒）；再一次，都有三項不同程度的負載（認命的、忌妒、尷尬）。（De Leersnyder, Mesquita, and Kim, Study 2）。在大規模的比利時學校研究中，我們發現四個結構對等的因素：正向參與情緒（例如連結）、正向不參與情緒（例如自豪）、負向參與情緒（例如羞愧）、及負向不參與情緒（例如生氣）；都有三項不同程度的負載（感覺好、哀傷、驚訝）（Jasini et al., “Tuning in Emotionally: Associations of Cultural Exposure with Distal and Proximal Emotional Fit in Acculturating Youth”）。我們確保已將各個群體中那些未能用類似的方式形成一群的情緒字剔除。如此，群體之間的評分差異仍可比較。當然，阿希的情緒改變很可能超出這兩個維度，但我們不記錄那些超出範圍的改變。

437. 即便我們一再重新計算多數人的平均，以去除多數群體中某特定人的評分，多數人的情緒仍最接近於多數人的常規；我們避免將文化相合度合併。

428. 參見：Pavlenko, *The Bilingual Mind and What It Tells Us about Language and Thought, for a very similar analysis*。

429. 參見：Mesquita, De Leersnyder, and Jasini, “The Cultural Psychology of Acculturation。

430. 參見：Pavlenko, *The Bilingual Mind and What It Tells Us about Language and Thought*, 247。

431. 歌名是「Mens durf the leven」；由范・德・霍斯特（Van Der Horst, *The Low Sky: Understanding the Dutch*, 231）譯成英文。

432. 這是一個由施瓦茲（Schwartz, “Cultural Value Orientations: Nature and Implications of National Differences.”）定義的價值範疇：好奇、自由、及寬廣的心胸。事實上，北歐人確實比美國樣本更重視這個價值。

433. 參見：Nisbett and Cohen, *Culture of Honor*; D. Cohen et al., “‘When You Call Me That, Smile!’ How Norms for Politeness, Interaction Styles, and Aggression Work Together in Southern Culture,” *Social Psychology Quarterly* 62, no. 3 (1999): 257–75。

434. 這是一個在學校發生的互動的例子，「由此導致你對自己感到不好」。學生們被問及其他三種類型的互動，根據價值（好、壞）和保護個人目標（關於自己）或維護人際關係（關於與他人的關係）的維度而有所不同。在報告了一個「不久前」發生的情況後，我們的受訪者對自己在這種情況中感受到的情緒進行了評分，列表包括憤怒、羞愧、內疚、自豪、尊敬等。（例如：Alba Jasini et al., “Tuning in Emotionally: Associations of Cultural Exposure with Distal and Proximal Emotional Fit in Acculturating Youth,” *European Journal of Social Psychology* 49, no. 2 [2019]: 352– 65）（e.g., Alba Jasini et al., “Tuning in Emotionally: Associations of Cultural Exposure with Distal and Proximal Emotional Fit in Acculturating Youth,” *European Journal of Social Psychology* 49, no. 2 [2019]: 352– 65）。

435. 請注意，我們的研究允許我們在測量情緒涵化時，簡單地將移民的情緒與大多數人的情緒規範進行比較，而無需詢問移民他們是否已經融入文化。（Jozefien De Leersnyder, Batja Mesquita, and Heejung

418. 參見：Lutz, *Unnatural Emotions*, 136。

419. 參見：Lutz, *Unnatural Emotions*, 137–38。

420. 例如：Maria Gendron, Carlos Crivelli, and Lisa Feldman Barrett, "Universality Reconsidered: Diversity in Making Meaning of Facial Expressions," *Current Directions in Psychological Science* 27, no. 4 (2018): 211–19；亦參見：Nico H. Frijda and Anna Tcherkassof, "Facial Expression as Modes of Action Readiness," in *The Psychology of Facial Expression. Studies in Emotion and Social Interaction*, ed. James A. Russell and José Miguel Fernández-Dols (Cambridge, UK: Cambridge University Press, 1997), 78–102。

第七章　學跳華爾滋

421. 參見：Emily A. Butler, "Temporal Interpersonal Emotion Systems: The 'TIES' That Form Relationships," *Personality and Social Psychology Review* 15, no. 4 (2011): 367–93; Parkinson, *Heart to Heart*。

422. 參見：Briggs, *Never in Anger*。

423. 參見：Pavlenko, *The Bilingual Mind*, 275。

424. 參見：Hoffmann, *Lost in Translation and What It Tells Us about Language and Thought*, 220。

425. 本段所提供的心理變化例子來自於先前一系列的研究。關於心理同化的研究概況，參見：Batja Mesquita, Jozefien De Leersnyder, and Alba Jasini, "The Cultural Psychology of Acculturation," in *Handbook of Cultural Psychology*, ed. Shinobu Kitayama and Dov Cohen, 2nd ed. (New York: Guilford Press, 2019), 502–35。

426. 以下文獻提供一些對此的證據：David K. Sherman and Heejung S. Kim, "Affective Perseverance: The Resistance of Affect to Cognitive Invalidation," *Personality and Social Psychology Bulletin* 28, no. 2 (2002): 224–37; Yasuka Minoura, "A Sensitive Period for the Incorporation of a Cultural Meaning System: A Study of Japanese Children Growing up in the United States," *Ethos* 20, no. 3 (September 1992): 304–39。

427. 參見：Hoffmann, *Lost in Translation*, 220。

across Cultures; Gendron et al., "Emotion Perception in Hadza Hunter-Gatherers."。

410.「立場」（stance）一詞由以下文獻發明：R. Solomon, "Beyond Ontology: Ideation, Phenomenology and the Cross Cultural Study of Emotion," *Journal for the Theory of Social Behaviour* 27, no. 2–3 (1997): 289–303; R. C. Solomon, "Emotions, Thoughts, and Feelings: Emotions as Engagements with the World," in *Thinking about Feeling: Contemporary Philosophers on Emotions*, ed. R. C. Solomon (New York: Oxford Univeristy Press, 2004), 76–88。本段所述的例子來自：N. H. Frijda, P. Kuipers, and E. ter Schure, "Relations among Emotion, Appraisal, and Emotional Action Readiness," *Journal of Personality and Social Psychology* 57, no. 2 (1989): 212–28; P. C. Ellsworth and K. R. Scherer, "Appraisal Processes in Emotion," in *Handbook of Affective Sciences*, ed. R. J. Davidson, K. R. Scherer, and H. H. Goldsmith (New York: Oxford University Press, 2003), 572–95。

411. 參見：Parkinson, *Heart to Heart*, 56。

412. 這個描述來自：Study 2 of Shaver et al., "Emotion Knowledge: Further Exploration of a Prototype Approach."。

413. 我認為這就是使用情緒詞時的要點：聚焦於情緒的OURS面向。明確的例子可於以下文獻找到：Abu-Lughod, *Veiled Sentiments: Honor and Poetry in a Bedouin Society*; Beatty, *Emotional Worlds; Rosaldo, Knowledge and Passion*。

414. 畢提也提出類似的觀點:「情緒通常是演示的（performative）——意圖去影響、說服、或擊退。我們藉由觀察它的行為脈絡、它是如何表現的、以及它如何於典範中使用，學會如何去感覺情緒……感到生氣就是一種說的方式，在說『一種感覺，當人們生氣時所會感到的那種』。」（Beatty, Emotional Worlds,54）由劍橋大學出版社授權轉載。

415. 參見：Beatty, *Emotional Worlds*, 47–48。由劍橋大學出版社。

416. 參見：Beatty, *Emotional Worlds*, 53。此段中先前的引述出現於同一頁。

417. 參見：Briggs, *Never in Anger*, 172。1970由哈佛大學董委員會（President and Fellows of Harvard College）授權轉載。

401. 參見：Levy, *Tahitians: Mind and Experience in the Society Islands*, 305。

402. 如以上所提到的：Orley, "Culture and Mental Illness: A Study from Uganda," 3。被羅素（Russell, "Culture and the Categorization of Emotions," 430）引述。

403. 參見：Maria Gendron et al., "Emotion Words Shape Emotion Percepts," *Emotion* 12, no. 2 (April 2012): 314–25; K. A. Lindquist et al., "Language and the Perception of Emotion," *Emotion* 6, no. 1 (February 2006): 125–38; Nicole Betz, Katie Hoemann, and Lisa Feldman Barrett, "Words Are a Context for Mental Inference," *Emotion* 19, no. 8 (December 1, 2019): 1463–77。

404. 這與任何一個概念在經驗上扮演何角色無關。（例如：L. W. Barsalou et al., "Social Embodiment," in *The Psychology of Learning and Motivation*, ed. B. H. Ross, vol. 43 [New York: Elsevier Science, 2003], 43–92; G. Lupyan and B. Bergen, "How Language Programs the Mind," *Topics in Cognitive Science* 8, no. 2 [April 2016]: 408–24）。

405. 參見：Barrett, *How Emotions Are Made*, 105。

406. 參見：Y. Niiya, P. C. Ellsworth, and S. Yamaguchi, "Amae in Japan and the United States: An Exploration of a 'Culturally Unique' Emotion," Emotion 6, no. 2 (2006): 279–95。

407. 參見：Pavlenko, *The Bilingual Mind and What It Tells Us about Language and Thought*, 260。

408. 帕夫連科（Pavlenko, *Emotions and Multilingualism*）區辨了語意表示及概念表示的不同，且主張「對於學習第二語言及雙語能力的研究已可信地展示：認出及理解某特定字的意思（也就是獲得一種語意的表示），並不同於在語言項目上已獲取一種真正的概念表示，以及對其採取行動的能力。只有經由一個延長的社會化過程，第二語言的使用者才能形成以該語言為基準的概念表示；此一表示，連同其他的東西，會迫使第二語言使用者注意到一些差異，這些差異是其母語的編碼當中所沒有的；而且，此一表示使L2能判斷某特定事件的原型性（prototypicality），或某種情緒表達」（第85–86頁）。

409. 例如：Russell, "Culture and the Categorization of Emotions"; Flanagan, *How to Do Things with Emotions. The Morality of Anger and Shame*

390. 參見：Lebra, *Japanese Patterns of Behaviour*。

391. 參見：Barrett, *How Emotions Are Made; Beatty, Emotional Worldsm*。

392. 參見：Shaver et al., "Emotion Knowledge: Further Exploration of a Prototype Approach."。名字是虛構的，原初的短文以第一人稱的語氣說話（p. 1073）。

393. 參見：Beatty, Emotional Worlds, but also Barrett, How Emotions Are Made。

394. 我無意說每個情緒都需要一個名字；情緒可用很多種方式加以概念化，包括很多字的表述、繪圖、及姿態。我同時也要指出我的朋友兼同事，莉莎．費德曼．巴瑞特（Lisa Feldman Barrett）經常被誤會為主張我們需要一個字才會有感覺（例如：Fiske, "The Lexical Fallacy in Emotion Research: Mistaking Vernacular Words for Psychological Entities"）。而這不是她所寫的（例如，二〇一七）。她的主張是：我們需要一個概念才能擁有一種情緒（而很多重要的概念都已語彙化仍是一個事實）。

395. 參見：Myisha Cherry and Owen Flanagan, *The Moral Psychology of Anger* (London: Rowman & Littlefield, 2017)。

396. 參見：Owen Flannagan, *How to Do Things with Emotions. The Morality of Anger and Shame across Cultures* (New York; Oxford University Press, 2021)。亦參見本書第四章。

397. 參見：Shweder et al., "The Cultural Psychology of the Emotions: Ancient and Renewed," 416。

398. 參見：Gerber, "Rage and Obligation: Samoan Emotion in Conflict," 128–29。

399. 參見：Scheff, "Shame and Conformity: The Deference-Emotion System."。

400. 瓊恩．派西．譚尼及其他人（June Price Tangney et al., "Are Shame, Guilt, and Embarrassment Distinct Emotions?," Journal of Personality and Social Psychology 70, no. 6 [1996]: 1256–69）將這些以「覺得不如他人」、「覺得實質地比他人小」、以及「被內在的體驗打敗了」來測量。

Harré, American Ethnologist 9, no. 1 [1982]: 113–28）。

382. 即便是那些天生的盲人運動員，當他們贏得勝利時也會用「擴張及伸展的臂膀」擺出一副大的姿勢（Jessica L. Tracy and David Matsumoto, "The Spontaneous Expression of Pride and Shame: Evidence for Biologically Innate Nonverbal Displays," *Proceedings of the National Academy of Sciences* 105, no. 16 [2008]: 11655–60）。在過去，即便這被詮釋為證據，以支持驕傲的表示不是學來的，但仍無證據顯示這些運動員感到驕傲。他們可能只是擺出一種主宰的姿態。就如崔西（Tracy）及松本（Matsumoto）所提議的，這個姿態「可能源自於一種顯得更大的方式，以便宣示主宰，及吸引注意」。

383. 參見：Jessica L. Tracy and Richard W. Robins, "Emerging Insights into the Nature and Function of Pride," *Current Directions in Psychological Science* 16, no. 3 (2007): 147– 50; Batja Mesquita and Susan Polanco, "Pride," in *Oxford Companion to the Affective Sciences*, ed. David Sander and Klaus R. Scherer (Oxford, UK: Oxford University Press, 2009), 313–14。

384. 在方泰恩及薛爾（Fontaine and Scherer, "The Global Meaning Structure of the Emotion Domain: Investigating the Complementarity of Multiple Perspectives on Meaning," 115）的研究中，他們發現在權力維度上，這些情緒是最低的負載項目。值得注意的是：此維度的最高正向負載項目是「增加音量」、「斷然的語氣」、「感到主控」。

385.「服從」（submission）這詞由以下文獻使用：Nico H. Frijda and W. Gerrod Parrott, "Basic Emotions or Ur-Emotions?," *Emotion Review* 3, no. 4 (2011): 406–15。

386. 參見：Yang Bai et al., "Awe, the Diminished Self, and Collective Engagement: Universals and Cultural Variations in the Small Self," *Journal of Personality and Social Psychology* 113, no. 2 (2017): 185–209。

387. 參見：Frijda and Parrott, "Basic Emotions or Ur-Emotions?"。

388. 參見：Frijda, *The Emotions*, 97。

389. 其中的一些動作於以下文獻描述：Frijda, "The Evolutionary Emergence of What We Call 'Emotions"。

376. 在一篇弗萊達（Frijda, “The Evolutionary Emergence of What We Call ‘Emotions.’”）過世之後才發表的論文中，他提出趨近及遠離二者都是評估的預兆：「原始動物的偶爾移動會顯示方向，而這預示了情緒程序（affect processes）。例如，細菌會朝較高濃度的葡萄糖前進，也會遠離有毒物質，例如酚。」（第609頁）。

377. 例如：Frijda, *The Emotions*; Klaus R. Scherer and Harald G. Wallbott, “Evidence for Universality and Cultural Variation of Differential Emotion Response Patterning,” *Journal of Personality and Social Psychology* 66, no. 2 (1994): 310–28; Joseph de Rivera, *A Structural Theory of the Emotions, Psychological Issues* (New York: International University Press, 1977)。

378. 薛爾及沃伯特（Scherer and Wallbott, “Evidence for Universality and Cultural Variation of Differential Emotion Response Patterning”）發現「羞恥」及「罪惡感」與遠離有關，但在這研究中，只有靠近及遠離這兩個選項。我認為更能說明這些情緒的，是朝下移動（有時候，騰出距離是最好的方法）。

379. 參見：De Rivera, *A Structural Theory of the Emotions*。

380. 約瑟・德・里維拉與卡門・格林基斯指出，在這些特性當中，有些特性比其他的更直觀。在一個以經驗為方法的研究中，這些發現多數是由加拿大大學生指認出來的（Joseph de Rivera and Carmen Grinkis, Emotions as Social Relationships, *Motivation and Emotion* 10 (1986): 351–69）。

381. 這被描述為「能力」（potency）（Charles E. Osgood, William H. May, and Murray S. Miron, Cross-Cultural Universals of Affective Meaning [Urbana: University of Illinois Press, 1975]）；被描述為「力量」（power）(Johnny R. J. Fontaine and Klaus R. Scherer, “The Global Meaning Structure of the Emotion Domain: Investigating the Complementarity of Multiple Perspectives on Meaning,” in Components of Emotional Meaning: A Sourcebook, ed. Johnny R. J. Fontaine, Klaus R. Scherer, and Cristina Soriano [Oxford, UK: Oxford University Press, 2013], 106–28)；被描述為「強壯」（strong），相對於「虛弱」（weak）的位置（C. Lutz, “The Domain of Emotion Words on Ifaluk,” ed M.

素；這些元素適用於各個文化。以下文獻有更多細節：Boiger et al., "Beyond Essentialism: Cultural Differences in Emotions Revisited"。

370. 此處的相似性有可能被高估了；這是由於我們只以一組有限的，對於相似情境的描述，作為開始。事實上，各文化的情境生態可能非常不同。

371. 參見：Boiger et al., "Beyond Essentialism: Cultural Differences in Emotions Revisited," 1152。

372. 參見：Boiger et al., "Beyond Essentialism: Cultural Differences in Emotions Revisited"; Hoemann, Xu, and Barrett, "Emotion Words, Emotion Concepts, and Emotional Development in Children: A Constructionist Hypothesis."。

373. 阿內塔・帕夫連科（Pavlenko, *The Bilingual Mind and What It Tells Us about Language and Thought*）做了一個類似的觀察。在一篇最近的論文中，人類學家艾倫・菲斯克也觀察到類似的情形：各語言當中的「方言」遠遠不能彼此對應（Alan Page Fiske, "The Lexical Fallacy in Emotion Research: Mistaking Vernacular Words for Psychological Entities," *Psychological Review* 127, no. 1 [2020]: 95–113）。菲斯克正確地提出警告，反對將任何脈絡中的情緒詞實體化；他也正確地觀察到：情緒的實況不只是話語而已。我同意菲斯克所提的語彙謬誤（lexical fallacy）；它確實存在。儘管我們能將一個字翻譯成另一個字，但我們仍不能因此就認為我們懂得另一個文化的情緒。我與菲斯克的歧異並不始於他宣稱他的發現是基於證據（他的證據大幅度地與我於本書所舉的例子一致），而是由於他假設情緒是「自然的」（natural kinds）；很不幸地，這仍只是個假設。他的呼籲（也就是尋求這種與方言無關的自然情緒）是有趣的，但他顯然低估了概念（不見得需要話語）於經驗中的角色（例如：Barrett, *How Emotions Are Made: The Secret Life of the Brain*）。

374. 很明顯地，不同語言中的字彙是不同的。參見：Russell, "Culture and the Categorization of Emotions"; Jackson et al., "Emotion Semantics Show Both Cultural Variation and Universal Structure."（尤其是那些增補的資料）。

375. 參見：Beatty, *Emotional Worlds*, 111。由劍橋大學出版社授權轉載。

W. J. Tyler, “A Japanese Emotion: Amae,” in *The Social Construction of Emotions*, ed. Rom Harré (New York: Blackwell, 1986), 290。

364. 參見：Mascolo, Fischer, and Li, “Dynamic Development of Component Systems in Emotions: Pride, Shame and Guilt in China and the United States.”）。馬斯寇洛及其同儕區分了美國及中國的「自豪」事件當中的不同元素，並提出了它的發展時間軸（Katie Hoemann, Fei Xu, and Lisa Feldman Barrett, “Emotion Words, Emotion Concepts, and Emotional Development in Children: A Constructionist Hypothesis,” Developmental Psychology 55, no. 9 [2019]: 1830–49; Maria Gendron et al., “Emotion Perception in Hadza Hunter- Gatherers,” Scientific Reports 10, no. 1 [2020]: 1–17）。此時間軸仍有爭議，但對於構成各自文化自豪感概念的不同情節的描述仍具有參考性。

365. 有些心理學家認為這是自豪的第一個象徵（例如：Michael Lewis, “The Emergence of Human Emotions,” in *Handbook of Emotions*, ed. Michael Lewis, Jeannette M. Haviland-Jones, and Lisa F. Barrett, 3d ed. [New York: Guildford Press, 2008]），但沒有明確的理由排除之前的「故事」（或階段）存在「自豪」情緒的可能性。

366. 參見：M. F. Mascolo and K. W. Fischer, “Developmental Transformations in Appraisals for Pride, Shame, and Guilt,” in *Self-Conscious Emotions. The Psychology of Shame, Guilt, Embarrassment, and Pride*, ed. J. P. Tangney and K. W. Fischer (New York: Guilford Press, 1995), 64–113; Mascolo, Fischer, and Li, “Dynamic Development of Component Systems in Emotions: Pride, Shame and Guilt in China and the United States.”。

367. 參見：Boiger et al., “Beyond Essentialism: Cultural Differences in Emotions Revisited.”。本段所述的例子，是將此文獻中的內容加以改造之後的結果。2018美國心理學會授權轉載。

368. 在這研究中，我們確實將性別做了二分；將這稱為研究的限制之一吧。

369. 此研究所包含的評估及是否準備好要行動了的問題，是從先前大範圍的研究中發展出來的；其中包括一些被設計來捕捉非西方的評估及準備行動模式的研究。從對於羞愧的同時元素分析（simultaneous component analyses），得出三個評估元素，以及四個準備行動的元大學出版社授權轉載。

352. 參見：Lutz, *Unnatural Emotions*。

353. 參見：Eleanor Ruth Gerber, “Rage and Obligation: Samoan Emotion in Conflict,” in *Person, Self and Experience: Exploring Pacific Ethnopsychologies*, ed. Geoffrey M. White and John Kirkpatrick (Berkeley: University of California Press, 1985), 121–67。

354. 參見：Abu-Lughod, *Veiled Sentiments*。

355. 參見：Michelle Z. Rosaldo, *Knowledge and Passion: Ilongot Notions of Self and Social Life* (Cambridge, UK: Cambridge University Press, 1980)。

356. 參見：Joshua Conrad Jackson et al., “Emotion Semantics Show Both Cultural Variation and Universal Structure,” *Science* 366, no. 6472 (2019): 1517–22。

357. 參見：A. Wierzbicka, “Human Emotions: Universal or Culture-Specific?,” *American Anthropologist* 88, no. 3 (September 1986): 590。

358. 參見：Robert I. Levy, *Tahitians: Mind and Experience in the Society Islands* (Chicago: University of Chicago Press, 1973), 305。

359. 參見：Jackson et al., “Emotion Semantics Show Both Cultural Variation and Universal Structure.”。

360. 參見以下增補文獻的第三頁：Jackson et al., “Emotion Semantics Show Both Cultural Variation and Universal Structure”。

361. 在心理學文獻中確實有對哭泣的研究，但數量有限，參見例如：A. J. J. M. Vingerhoets et al., “Adult Crying: A Model and Review of Literature,” *Review of General Psychology* 4, no. 4 (2000): 354–77; A. J. J. M. Vingerhoets and Lauren M. Bylsma, “The Riddle of Human Emotional Crying: A Challenge for Emotion Researchers,” *Emotion Review* 8, no. 3 (2016): 207–17。

362. 參見：Lebra, “Mother and Child in Japanese Socialization: A Japan-U.S. Comparison,” 291, as cited in Trommsdorff and Kornadt, “Parent-Child Relations in Cross-Cultural Perspective,” 286。

363. 參見：Doi, *The Anatomy of Dependence*, 15, as cited in H. Morsbach and

例如：Thomas Dixon, *From Passions to Emotions: The Creation of a Secular Psychological Category* (Cambridge, UK: Cambridge University Press, 2003); John Leavitt, "Meaning and Feeling in the Anthropology of Emotions," *American Ethnologist* 23, no. 3 (1996): 514–39; James A. Russell, "Culture and the Categorization of Emotions," Psychological Bulletin 110, no. 3 (1991): 426–50。

346. 語言學家安妮塔・帕蘭可敏銳地提到，研究者常未覺知emotion這個字是文化建構的：「從飽學之士對於情緒的研究中，會發現沃爾夫效應（Whorfian），也就是：將「emotion」這個字具體化，使其成為「自然的」；將情緒視為內在狀態使其與英文的句型編碼方式（morphosyntactic encoding）一致；使用英文中特有的*emotion*、*feelings*、及*affect*區分；以及，將一組特殊偏好的日常英文情緒字當成技術用語。」（Aneta Pavlenko, *The Bilingual Mind and What It Tells Us about Language and Thought* [New York: Cambridge University Press, 2014], 296）

347. 參見：Russell, "Culture and the Categorization of Emotions," 428。

348. 參見：Anna Wierzbicka, "Introduction: Feelings, Languages, and Cultures," in *Emotions Across Languages and Cultures: Diversity and Universals*, 1st ed. (New York: Cambridge University Press, 1999), 1–48. Anna Wierzbicka, *Emprisoned in English: The Hazards of English as a Default Language* (New York: Oxford University Press, 2014)。

349. 參見：John H. Orley, "Culture and Mental Illness: A Study from Uganda," in *East African Studies* (Nairobi: East African Publishing House, 1970), 3。被羅素（Russell, "Culture and the Categorization of Emotions," 430）引述。

350. *Kızmak*是一個動詞，字面意思為「憤怒」。請留意：「傷感情」（hurt feelings）可能是個好翻譯；參考：Mark R. Leary and Sadie Leder, "The Nature of Hurt Feelings: Emotional Experience and Cognitive Appraisals," in *Feeling Hurt in Close Relationships*, ed. Anita L. Vangelisti (New York: Cambridge University Press, 2009), 15–33。

351. 參見：Andrew Beatty, *Emotional Worlds: Beyond an Anthropology of Emotion* (Cambridge, UK: Cambridge Univeristy Press, 2019), 63。劍橋

第六章　言內之意

335. 參見：Ludwig Wittgenstein, *Philosophical Investigations* (New York: MacMillan, 1953), 於以下文獻中引述：Parkinson, *Heart to Heart*。

336. 參見：Patricia M. Clancy, "The Socialization of Affect in Japanese Mother-Child Conversation," Journal of Pragmatics 31, no. 11 (November 1, 1999): 1397–1421; Judy Dunn, Inge Bretherton, and Penny Munn, "Conversations about Feeling States between Mothers and Their Young Children," *Developmental Psychology* 23, no. 1 (1987): 132–39。

337. 參見：Clancy, "The Socialization of Affect in Japanese Mother-Child Conversation。

338. 參見：Dunn, Bretherton, and Munn, "Conversations about Feeling States between Mothers and Their Young Children."。

339. 參見：Peter Kuppens et al., "Individual Differences in Patterns of Appraisal and Anger Experience," *Cognition & Emotion* 21, no. 4 (2007): 689–713; Michael Boiger et al., "Beyond Essentialism: Cultural Differences in Emotions Revisited," *Emotion* 18, no. 8 (2018): 1142–62。

340. 參見：Barrett, *How Emotions Are Made*, chap. 5。

341. 此點由巴瑞特（Barrett, *How Emotions Are Made*, 99–100）強有力地指出。

342. 雖然情緒的功能性目標在抽象的層次中可定義為「表示尊敬」（being deferent）或「知道自己的位置」，但它的實質意義仍可能很不同。實質的功能目標是依情境而定的，即便它們在極抽象的層次可被描繪為相似。亦參見：Mesquita and Frijda, "Cultural Variations in Emotions: A Review"。

343. 我絕非主張提議嬰兒天生就具有情緒概念；他們寧可是誕生於一個由語言及意義編織而成的文化中。

344. 參見：E. T. Higgins, "Shared-Reality Development in Childhood," Perspectives on *Psychological Science* 11, no. 4 (2016): 466–95。

345. 事實上，很多語言並沒有能與「emotion」（情緒）相對應的字。即便在英文中，「emotion」這個字也是從十九世紀才開始使用的。

個人喜好及期望的責任。當拉丁人在盡其家庭責任時，則被期待有正向的情緒且可獲得報償；正向的情緒互動被認為可獲得集體性的歡樂。

328. 參見：Triandis, Marín, Lisansky, and Betancourt, "Simpatía as a Cultural Script of Hispanics." 1984; Amanda M Acevedo et al., "Cultural Diversity and Ethnic Minority Psychology Measurement of a Latino Cultural Value: The Simpatía Scale Measurement of a Latino Cultural Value: The Simpatía Scale," *Cultural Diversity and Ethnic Minority Psychology*, 2020。

329. 有趣的是，我們在與土耳其人、荷蘭人、蘇利南人，以及美國白人和日本人的訪談時都用了相同的描述，而這都是「一個他們覺得非常有價值或重要的情境」。墨西哥人對於快樂的描述是以連結為導向的，不同於許多其他文化群體的人的快樂當中隱含了成就的弦外之音。

330. 參見：K. Savani et al., "Feeling Close and Doing Well: The Prevalence and Motivational Effects of Interpersonally Engaging Emotions in Mexican and European American Cultural Contexts," *International Journal of Psychology* 48, no. 4 (2012): 682–94。

331. 相對地，白種美國大學生所寫下的關於快樂的事，並未影響他們做得如何的程度。對白種美國學生而言，家庭脈絡的快樂並不特別有魅力，不像對拉丁及墨西哥學生那般（Savani et al.）。

332. Angela Y. Lee, Jennifer L. Aaker, Wendi L. Gardner也得出類似的觀點（"The Pleasures and Pains of Distinct Self-Construals: The Role of Interdependence in Regulatory Focus," *Journal of Personality and Social Psychology* 78, no. 6 [2000]: 1122–34）。他們發現，在想像贏得一場重要的網球賽時，那些專注於預防的香港中國學生會投射更多（相對於輸球）冷靜（或擔憂），但那些專注於提升的白種美國學生則會投射更多快樂（或沮喪）（Lee, Aaker, and Gardner, 1122）。

333. 這個主張可於以下文獻中找到：Fisher, *Anatomy of Love: The Natural History of Monogamy*; Jankowiak and Fischer, "A Cross- Cultural Perspective on Romantic Love."。

334. 參見：Lutz, *Unnatural Emotions*。

Affect: The PANAS Scales," *Journal of Personality and Social Psychology* 54, no. 6 (1988): 1063–70。

321. 這是一個最近的研究；我們在日本進行了焦點小組討論，主題是伴侶間意見分歧時的互動（Schouten et al., in preparation）。

322. 例如：Jozefien De Leersnyder et al., "Emotional Fit with Culture: A Predictor of Individual Differences in Relational Well-Being," Emotion 14, no. 2 (2014): 241–45; Nathan S. Consedine, Yulia E. Chentsova-Dutton, and Yulia S. Krivoshekova, "Emotional Acculturation Predicts Better Somatic Health: Experiential and Expressive Acculturation among Immigrant Women from Four Ethnic Groups," *Journal of Social and Clinical Psychology* 33, no. 10 (2014): 867–89。

323. 參見：Tsai, Knutson, and Fung, "Cultural Variation in Affect Valuation."。

324. 參見：Jeanne L. Tsai et al., "Leaders' Smiles Reflect Cultural Differences in Ideal Affect," Emotion 16, no. 2 (2016): 183–95。

325. 參見：Tsai et al., "Leaders' Smiles Reflect Cultural Differences in Ideal Affect," Study 3。該研究比較了來自十個不同國家的立法委員的微笑，發現更民主和發展水準更高的國家的立法委員更容易展現笑容。然而展現興奮微笑的情況與高激動性（High Arousal Positive）正向情緒相關；展現平靜微笑的情況則與低激動性正向情緒相關，在控制了這些國家的民主及發展水準等變量後仍然存在這種相關性（第192頁）。

326. 參見：Bo Kyung Park et al., "Neurocultural Evidence That Ideal Affect Match Promotes Giving," *Social Cognitive and Affective Neuroscience* 12, no. 7 (2017): 1083–96。

327. 以下有已發表的類似結果，參見：Scollon et al., "Emotions across Cultures and Methods"。貝琳達・坎布斯及金熙榮指出，在處理互相依賴時的角色時，東亞人及拉丁人的文化顯著地不同，他們所追尋的互相依賴的類型也很不同（Belinda Campos, Heejung S. Kim, "Incorporating the Cultural Diversity of Family and Close Relationships into the Study of Health," *American Psychologist* 72, no. 6 (2017): 543–54）。為了獲得集體性的合諧，東亞人會緩和情緒，且會強調完成先於

Success and Failure in Japan and North America: An Investigation of Self-Improving Motivations and Malleable Selves."。

314. 參見：Xiaoming Ma, Maya Tamir, and Yuri Miyamoto, "Socio-Cultural Instrumental Approach to Emotion Regulation: Culture and the Regulation of Positive Emotions," *Emotion* 18, no. 1 (2018): 138–52。

315. 參見：Tsai, Knutson, and Fung, "Cultural Variation in Affect Valuation," Study 2。

316. 參見：Jeanne L. Tsai et al., "Influence and Adjustment Goals: Sources of Cultural Differences in Ideal Affect," *Journal of Personality and Social Psychology* 92, no. 6 (2007): 1102– 17。

317. 參見：Tsai, "Ideal Affect: Cultural Causes and Behavioral Consequences." See also Caudill and Frost, "A Comparison of Maternal Care and Infant Behavior in Japanese- American, American, and Japanese Families"; Caudill and Weinstein, "Maternal Care and Infant Behavior in Japan and America"; Keller, *Cultures of Infancy*。

318. 參見：Tsai, "Ideal Affect: Cultural Causes and Behavioral Consequences."。事實上，蔡珍妮及其他人發現，接觸到更平靜的情緒模型會增強兒童對低激動性（Low Arousal Positive）正向情緒的偏好。所謂「平靜的微笑」是嘴巴閉著的笑，眼睛通常也是閉著；所謂「興奮的笑」事實上是下巴掉下來，牙齒露出來，眼睛通常睜大的笑（Learning What Feelings to Desire: Socialization of Ideal Affect through Children' s Storybooks"）。

319. 參見：Tsai, "Ideal Affect: Cultural Causes and Behavioral Consequences."。心理學家蔡珍妮及其同事在檢視前述的美國白人的日常作息時，同時發現東亞人偏好能導致平靜式快樂的休閒活動、藥物、及音樂。香港的中國人夢想著能「完全放鬆」的假期，而非從事刺激的活動。這種對於平靜式快樂的偏好，很可能也解釋了為何喝茶（而不是咖啡）是個普遍的習慣，以及為何在東亞脈絡中那些使用休閒用藥的人偏好鴉片（而非引起興奮的藥物）。

320. 值得注意的是：David Watson, Lee Anna Clark, and Auke Tellegen, "Development and Validation of Brief Measures of Positive and Negative

有鎮定效果的藥草茶現已可隨處可得）。

304. 參見：Hazel Rose Markus and Barry Schwartz, "Does Choice Mean Freedom and Well-Being?," *Journal of Consumer Research* 37, no. 2 (2010): 344–55。

305. 參見：Shigehiro Oishi et al., "Concepts of Happiness across Time and Cultures," *Personality and Social Psychology Bulletin* 39, no. 5 (2013): 559–77。

306. 參見：Shigehiro Oishi and Ed Diener, "Culture and Well-Being: The Cycle of Action, Evaluation, and Decision," Personality and Social Psychology Bulletin 29, no. 8 (2003): 939–49。當任務不同時也有類似的發現，參見：S. J. Heine et al., "Divergent Consequences of Success and Failure in Japan and North America: An Investigation of Self- Improving Motivations and Malleable Selves," *Journal of Personality and Social Psychology* 81, no. 4 (2001): 599–615。

307. 參見：B. Wei, "Gu Wen Can Tong Qi Ji Jie (Y. Jiang, ed.). Changsha, China: Shang Wu Yin Shu Guan," 1939, chap. 58., 於下述文獻中引述：Ji, Nisbett, and Su, "Culture, Change, and Prediction."。

308. 參見：Oishi et al., "Concepts of Happiness across Time and Cultures," 569。

309. 內田由紀子及北山忍也發現相同的結果，用的是於日本使用的三個不同的快樂字（*shiawaze, ureshii, manzoku*）。這三個字都出現相同的負向聯想。

310. 參見：Ehrenreich, *Bright-Sided*, 74– 75。

311. 參見：B. Mesquita and M. Karasawa, "Different Emotional Lives," Cognition and Emotion 16, no. 1 (2002): 127–41; Christie N. Scollon et al., "Emotions across Cultures and Methods," *Journal of Cross Cultural Psychology* 35, no. 3 (2004): 304–26。

312. 例如：Markus and Kitayama, "Models of Agency: Sociocultural Diversity in the Construction of Action."。

313. 參見：Oishi and Diener, "Culture and Well-Being: The Cycle of Action, Evaluation, and Decision"; Heine et al., "Divergent Consequences of

297. 其他研究也證實美國極重視成就。（S. H. Schwartz, "Cultural Value Orientations: Nature and Implications of National Differences" [Moscow State University — Higher School of Economics Press, 2008]; S. H. Schwartz and A. Bardi, "Value Hierarchies across Cultures: Taking a Similarities Perspective," Journal of Cross-Cultural Psychology 32, no. 3 [May 1, 2001]: 268–90; Jennifer L. Hochschild, *Facing up to the American Dream: Race, Class, and the Soul of the Nation* [Princeton, NJ: Princeton University Press, 1995]）。

298. 此段的描述源自於：Shaver et al., "Emotion Knowledge: Further Exploration of a Prototype Approach," 1078。

299. 這些是PANAS上有最高負載的「正向」項目；PANAS是最常用的量表（David Watson, Lee Anna Clark, and Auke Tellegen, "Development and Validation of Brief Measures of Positive and Negative Affect: The PANAS Scale," *Journal of Personality and Social Psychology* 54, no. 6 (1988): 1063–70）。

300. 參見：Tsai et al., "Influence and Adjustment Goals: Sources of Cultural Differences in Ideal Affect."亦參見主要價值：S. H. Schwartz and M. Ros, "Values in the West: A Theoretical and Empirical Challenge to the Individualism-Collectivism Cultural Dimension," World Psychology 1, no. 2 (1995): 91–122。

301. 參見：Tsai et al., "Influence and Adjustment Goals: Sources of Cultural Differences in Ideal Affect," 2007。參與者在被告知要當「影響者」後，他們被要求選一張平靜的或興奮的光碟唱片（CD）以幫助他們達成任務。擔任「影響者」的參與者傾向於選興奮的唱片。參與者都是大學生，分別是白種美國白人、亞裔美國人、香港人。所有擔任「影響者」的參與者，無論是哪一群人，都傾向於選擇興奮的唱片。

302. 參見：Tsai, "Ideal Affect: Cultural Causes and Behavioral Consequences," 245. 美國小孩生活的特性亦摘自：Tsai, "Ideal Affect: Cultural Causes and Behavioral Consequences"。

303. 所有例子均來自：Tsai, "Ideal Affect: Cultural Causes and Behavioral Consequences." 蔡珍妮的研究指出主要的文化傾向及它們與情緒之間的關聯，但並未斷言這些傾向是固定不變的，或無所不包的（例如，些未被如此要求的亞裔美國人更願意尋求社會資源。重點在於，在正常情況下的韓國場景中，關係目標的優先性高於個人目標。

289. 壓力程度以兩種方式測量，其一是自我報告，另一是皮質醇（cortisol）的濃度；Shelley E Taylor et al., “Cultural Differences in the Impact of Social Support on Psychological and Biological Stress Responses,” *Psychological Science* 18, no. 9 (2007): 831–37。壓力程度降低的結論是與另一個控制組所做的比較，後者的參與者會書寫一些無關的議題。

290. 例如：Stearns, American Cool: Constructing a Twentieth-Century Emotional Style。

291. 經過一些歷史的評估，「浪漫愛」（romantic love）於十八世紀晚期才開始被高階英國人指認出來，成為一種感覺（Gillis, “From Ritual to Romance,” 103）。直到維多利亞晚期，愛才成為伴侶之間重要的目標（Stearns, *American Cool*）。類似地，性的欲望，雖然一直都存在，但並未成為夫妻關係的核心；直到二十世紀初期，個人從夫妻關係中得到性的酬賞才開始成為重點（Stearns, 173）。

292. 對於美國人的快樂作為一種美德——或可能是惡習——的精彩討論，請見：Barbara Ehrenreich, Bright- Sided: How Positive Thinking Is Undermining America (London: Picador, 2009)。

293. 參見：Anna Wierzbicka, “Emotion, Language, and Cultural Scripts,” in *Emotion and Culture: Empirical Studies of Mutual Influence*, ed. Shinobu Kitayama and Hazel R. Markus (Washington, DC: American Psychological Association, 1994), 182。

294. 參見：Uchida and Kitayama, “Happiness and Unhappiness in East and West: Themes and Variations,” Study 1。

295. 參見：Kitayama, Mesquita, and Karasawa, “Cultural Affordances and Emotional Experience: Socially Engaging and Disengaging Emotions in Japan and the United States.”。

296. 參見：Phillip R. Shaver et al., “Emotion Knowledge: Further Exploration of a Prototype Approach,” Journal of Personality and Social Psychology 52, no. 6 (1987): 1078。

282. 參見：Li-Jun Ji, Richard E. Nisbett, and Yanjie Su, "Culture, Change, and Prediction," *Psychological Science* 12, no. 6 (2001): 450–56; J. Leu et al., "Situational Differences in Dialectical Emotions: Boundary Conditions in a Cultural Comparison of North Americans and East Asians," *Cognition and Emotion* 24, no. 3 (2010): 419–35。

283. 參見：Shelley E. Taylor et al., "Culture and Social Support: Who Seeks It and Why?," *Journal of Personality and Social Psychology* 87, no. 3 (2004): 354–62; Heejung S. Kim et al., "Pursuit of Comfort and Pursuit of Harmony: Culture, Relationships, and Social Support Seeking," *Personality and Social Psychology Bulletin* 32, no. 12 (2006): 1595–1607; Heejung S. Kim, David K. Sherman, and Shelley E. Taylor, "Culture and Social Support," *American Psychologist* 63, no. 6 (2008): 518–26。

284. 所有的例子來自：G. Adams, "The Cultural Grounding of Personal Relationship: Enemyship in North American and West African Worlds," *Journal of Personality and Social Psychology* 88, no. 6 (2005): 948–68; Glenn Adams and Victoria C. Plaut, "The Cultural Grounding of Personal Relationships: Friendship in North American and West African Worlds," *Personal Relationships* 10, no. 1 (2003): 333–47。

285. 參見：Kyei and Schreckenbach, *No Time to Die*, 59。於以下文獻中引述：Adams and Plaut, "The Cultural Grounding of Personal Relationships"。

286. 參見：Kim et al., "Pursuit of Comfort and Pursuit of Harmony: Culture, Relationships, and Social Support Seeking," 1596。

287. 參見：Shelley E. Taylor et al., "Culture and Social Support: Who Seeks It and Why?," *Journal of Personality and Social Psychology* 87, no. 3 (2004): Study 1。

288. 金熙榮及其他人指出，在未受干預的情況下，亞裔美國人會優先關注他們伴侶的需求；但如果他們被要求優先專注於自己的需求時，就會像美國白人那樣尋求社會資源（Kim et al., "Pursuit of Comfort and Pursuit of Harmony: Culture, elationships, and Social Support Seeking."）。在一個研究中（Kim et al., Study 2），亞裔美國學生在被要求先列出五個自我目標時（優先專注於他們自己的需求），會比那來的片段；大約錄於二〇一一年。

275. 參見：Shaver, Wu, and Schwartz, "Cross-Cultural Similarities and Differences in Emotion and Its Representation: A Prototype Approach"; Michael F. Mascolo, Kurt W. Fischer, and Jin Li, "Dynamic Development of Component Systems in Emotions: Pride, Shame and Guilt in China and the United States," in Handbook of Affective Sciences, ed. Richard J. Davidson, Klaus R. Scherer, and H. Hill Goldsmith (New York: Oxford University Press, 2003), 295–408。

276. 參見：Mascolo, Fischer, and Li, "Dynamic Development of Component Systems in Emotions"; Potter, "The Cultural Construction of Emotion in Rural Chinese Social Life"; James A. Russell and Michelle S. M. Yik, "Emotion among the Chinese," in *The Handbook of Chinese Psychology*, ed. Michael H. Bond (New York: Oxford University Press, 1996), 166–88。

277. 中國受訪者比美國受訪者更自發地描述愛的負向特性，例如痛苦、悲傷、犧牲及孤獨；當這兩群人都被明顯地問及愛的負向特性時，這個差異就較不顯著。（Shaver, Morgan, and Wu, "Is Love a 'Basic' Emotion?"）

278. 參見：Takeo Doi, The Anatomy of Dependence（Tokyo: Kodansha International, 1973）;Susumu Yamaguchi, "Further Clarifications of the Concept of Amae in Relation to Dependence and Attachment," *Human Development* 47, no. 1 (2004): 28–33;亦參見：Boiger, Uchida, and de Almeida, "Amae, Saudade, Schadenfreude"。

279. 參見：Lebra, "Mother and Child in Japanese Socialization: A Japan-U.S. Comparison," 261。

280. 參見：Hazel R. Markus and Shinobu Kitayama, "Culture and the Self: Implications for Cognition, Emotion, and Motivation," *Psychological Review* 98, no. 2 (1991): 224–53。「甘え」可能會被拒絕，此時關係就會陷入危機。被拒絕的人會出現孤獨或悲傷的反應，而這些情緒本身都會追尋一個被重視的關係類型：互相依賴。

281. 參見：Lutz, *Unnatural Emotions*. 此段關於對訪客的*fago*，引述自第137-138頁。

Prototype Approach."。菲斯勒也有類似的發現：一群說英語的南加州人報告愛是日常生活中最常發生的情緒（Fessler, "Shame in Two Cultures: Implications for Evolutionary Approaches," 213–14）。很多傳統的情緒理論未將愛列為情緒之一，參見：Phillip R. Shaver, Hillary J. Morgan, and Shelley Wu, "Is Love a 'Basic' Emotion?" *Personal Relationships* 3, no. 1 (1996): Table 1, for an overview。

268. 參見：Beverley Fehr and James A. Russell, "The Concept of Love Viewed from a Prototype Perspective," *Journal of Personality and Social Psychology* 60, no. 3 (1991): Study 4。他們區辨了最少123種不同類別的愛，但發現母愛、父愛、朋友愛、手足愛、以及浪漫愛是最佳愛的例子（Fehr and Russell, Study 1）。當然，並非所有「愛」都完全一樣，而且，在一個例子中的「愛」（的特性或概念）不見得會發生於另一個例子當中。

269. 此處的描述出自：Shaver et al., "Emotion Knowledge: Further Exploration of a Prototype Approach," 1987, Study 2。但許多描述也與八○年代各種愛的屬性重疊；這些屬性描述來自加拿大的大學生（Fehr and Russell, "The Concept of Love Viewed from a Prototype Perspective," Study 6）。後面這個研究的構想是：愛的概念有「家庭的相似性」；「儘管單一的屬性並不會出現在所有的類別中，但由於交叉及互相重疊的屬性，不同類別的愛以複雜的樣式互相關聯」。（第433頁）。在兩個研究中，受訪者都自由地描述各類別的愛的屬性。

270. 引述自：Lutz, *Unnatural Emotion*，勒茲本人是訪談者。

271. 參見：Lutz, *Unnatural Emotions*。

272. 北山忍及馬蔻絲也對北美人的親密關係做了類似的分析（Kitayama and Markus, "The Pursuit of Happiness and the Realization of Sympathy: Cultural Patterns of Self, Social Relations, and Well-Being."）。

273. 例如：C. Harry Hui and Harry C. Triandis, "Individualism-Collectivism: A Study of Cross-Cultural Researchers," *Journal of Cross-Cultural Psychology* 17, no. 2 (1986): 225–48; Harry C. Triandis, Individualism and Collectivism (Boulder, CO: Westview Press, 1995)。

274. 這是從一個名叫《今日今夜》（*Today Tonight*）的澳洲電視節目剪下

University Press / Éditions de la Maison des Sciences de l' Homme, 1986)。

260. 參見：Michael Boiger et al., "Protecting Autonomy, Protecting Relatedness: Appraisal Patterns of Daily Anger and Shame in the United States and Japan," *Japanese Psychological Research* 58, no. 1 (2016): 28–41。

261. 參見：Rodriguez Mosquera, Manstead, and Fischer, "The Role of Honor-Related Values in the Elicitation, Experience, and Communication of Pride, Shame, and Anger。

第五章　建立連結和感覺愉悅

262. 例如：Charles R. Snyder and Shane J. Lopez, *Handbook of Positive Psychology* (New York: Oxford University Press, 2001). Shane J. Lopez and Charles R. Snyder, *The Oxford Handbook of Positive Psychology*, 2nd ed. (New York: Oxford University Press, 2012)。

263. 例如：Barbara L. Fredrickson, "The Role of Positive Emotions in Positive Psychology: The Broaden-and-Build Theory of Positive Emotions," *American Psychologist* 56, no. 3 (2001): 218–26。

264. 參見：Barbara L. Fredrickson, "The Role of Positive Emotions in Positive Psychology: The Broaden-and-Build Theory of Positive Emotions," *American Psychologist*, 56, no. 3 (2001), 218–26; Sara B. Algoe, Jonathan Haidt, and Shelly L. Gable, "Beyond Reciprocity: Gratitude and Relationships in Everyday Life," *Emotion* 8, no. 3 (2008): 425– 29; Sara B. Algoe, Shelly L. Gable, and Natalya C. Maisel, "It' s the Little Things: Everyday Gratitude as a Booster Shot for Romantic Relationships," *Personal Relationships* 17, no. 2 (2010): 217–33。

265. 在談論「愛」時，A .E. 碧爾及R.J. 史坦柏指出這點（A. E. Beall and R. J. Sternberg, "The Social Construction of Love," *Journal of Social and Personal Relationships* 12, no. 3 ,August 30, 1995: 417–38）。

266. 參見：Lutz, *Unnatural Emotions*, 145。

267. 參見：Shaver et al., "Emotion Knowledge: Further Exploration of a

研究中的美國受訪者（Uskul et al., "Honor Bound"）。

250. 參見：Patricia M. Rodriguez Mosquera, Antony S. R. Manstead, and Agneta H. Fischer, "The Role of Honour Concerns in Emotional Reactions to Offences," *Cognition & Emotion* 16, no. 1 (2002): 143–63。這個研究比較西班牙（一個重視榮譽的文化）及荷蘭的侮辱行為。西班牙學生報告當他們面對一個想像的侮辱時，他們所感受到的羞恥程度與生氣程度是相同的，但荷蘭學生則不。西班牙學生報告當他們的家庭榮譽遭到威脅時，他們最感到羞恥。

251. 參見：Uskul et al., "Honor Bound."。

252. 參見：Patricia M. Rodriguez Mosquera, Leslie X. Tan, and Faisal Saleem, "Shared Burdens, Personal Costs on the Emotional and Social Consequences of Family Honor," *Journal of Cross Cultural Psychology* 45, no. 3 (2013): 400–16。

253. 參見：Rodriguez Mosquera, Tan, and Saleem, "Shared Burdens, Personal Costs on the Emotional and Social Consequences of Family Honor."。

254. 我們確實發現：在土耳其，那些被視為羞恥的事件，被認為是經常發生的。（Boiger et al., "Defending Honour, Keeping Face"; 亦參見：Batja Mesquita and Nico H. Frijda, "Cultural Variations in Emotions: A Review," *Psychological Bulletin* 112, no. 2 [1992]: 179–204）。

255. 參見：Rodriguez Mosquera, "Cultural Concerns," 2018; Patricia M. Rodriguez Mosquera, "On the Importance of Family, Morality, Masculine, and Feminine Honor for Theory and Research," *Social and Personality Psychology Compass* 10, no. 8 (2016): 431–42。

256. 例如：Leung and Cohen, "Within- and between-Culture Variation" (variation on what they write on p. 3)。

257. 參見：Abu-Lughod, *Veiled Sentiments*, 1986; Peristiany, "Honour and Shame in a Cypriot Highland"; Rodriguez Mosquera, "On the Importance of Family, Morality, Masculine, and Feminine Honor for Theory and Research."。

258. 參見：Abu-Lughod, *Veiled Sentiments*。

259. 參見：Nico H. Frijda, *The Emotions* (Cambridge, UK: Cambridge

York: Cambridge Press。

243. 參見：Kitayama, Mesquita, and Karasawa, "Cultural Affordances and Emotional Experience"; Boiger et al., "Condoned or Condemned."。同樣地，本庫魯（Bengkulu；位於西印度的蘇門答臘島上）的受訪者表示羞恥是最常發生的情緒，但南加州的中產階級受訪者則表示羞恥是最少出現的情緒。（D. M. T. Fessler, "Shame in Two Cultures: Implications for Evolutionary Approaches," *Journal of Cognition and Culture* 4, no. 2 [2004]: 207–62）。

244. 參見：Bagozzi, Verbeke, and Gavino, "Culture Moderates the Self-Regulation of Shame and Its Effects on Performance."。

245. 參見：Kitayama and Markus, "The Pursuit of Happiness and the Realization of Sympathy: Cultural Patterns of Self, Social Relations, and Well-Being."。

246. 參見：Boiger et al., "Condoned or Condemned."。

247. 在一個對土耳其大學生進行的研究當中，「不實的指控」（False accusations）最常被認為是對榮譽的攻擊。（Uskul et al., Honor Bound,study 1）。

248. 事實上，在這個小型的研究中，幾乎所有的土耳其參與者（總計七人）都說，他們結束了他們與那些親近卻冒犯他們的人的關係，但只有一個荷蘭參與者（從六個人之中）這麼說；超過半數的土耳其參與者（九個）說，他們結束了他們與那些較不親近卻冒犯他們的人的關係，但只有兩個荷蘭參與者（從九個人之中）這麼說（Batja Mesquita, "Cultural Variations in Emotions: A Comparative Study of Dutch, Surinamese, and Turkish People in the Netherlands" [University of Amsterdam, 1993]: 144）。

249. 參見：Mesquita, "Cultural Variations in Emotions."。在一項調查研究中，我確認土耳其參與者認為這些情況對他們自己、家人和內團體所獲得的尊重產生了更大的影響。（Batja Mesquita, "Emotions in Collectivist and Individualist Contexts," Journal of Personality and Social Psychology 80, no. 1 [2001]: 68– 74）。在烏斯庫等人的研究中也指出，針對榮譽受攻擊的情境，土耳其受訪者感到受衝擊的程度要大於這項

Cognition and Culture 4, no. 2 (2004): 207–62. See also, Dacher Keltner and LeeAnne Harker, "The Forms and Functions of the Nonverbal Signal of Shame," in Shame: Interpersonal Behavior, Psychopathology, and Culture, ed. P. Gilbert and B. Andrews [Oxford University Press, 1998], 78–98）。引起羞恥的情境，並不總是一個人對自己的評價很低（Fessler, 2004）。

237. 參見：Nassrine Azimi, "An Admirable Culture of Shame," *New York Times*, 2010, https://www.nytimes.com/2010/06/08/ opinion/08iht-edazimi.html。

238. 參見：Steven J. Heine et al., "Is There a Universal Need for Positive Self-Regard?" *Psychological Review* 106, no. 4 (1999): 770。

239. 參見：Kimball A. Romney, Carmella C. Moore, and Craig D. Rusch, "Cultural Universals: Measuring the Semantic Structure of Emotion Terms in English and Japanese," *Proceedings of the National Academy of Sciences* 94, no. 10 (1997): 5489–94。

240. 例如：Hiroshi Azuma, "Two Modes of Cognitive Socialization in Japan and the United States," in *Cross-Cultural Roots of Minority Child Development*, ed. Patricia M. Greenfield and Rodney R. Cocking（Hillsdale, NJ: Psychology Press, 1994）, 275–84; Akiko Hayashi, Mayumi Karasawa, and Joseph Tobin, "The Japanese Preschool' s Pedagogy of Feeling: Cultural Strategies for Supporting Young Children's Emotional Development," Ethos 37, no. 1 (March 2009): 32–490。

241. 心理學家內田由紀子及北山忍也做了類似的觀察。「當其他人也覺得這樣很好時，一個人可能就會認為他完成他的目標是好的。但如果這引來他人的羨慕時，那麼，那個成就感可能就會被破壞。」（Yukiko Uchida and Shinobu Kitayam, Happiness and Unhappiness in East and West: Themes and Variations," *Emotion* 9, no. 4 [2009]: 442）

242. 例如：Heine et al., "Is There a Universal Need for Positive Self-Regard?"; Shinobu Kitayama et al., "Individual and Collective Processes in the Construction of the Self: Self-Enhancement in the United States and Self-Criticism in Japan," *Journal of Personality and Social Psychology* 72, no. 6 (1997): 1245–67; Lewis, C. C. 1995. *Educating Hearts and Minds.* New

中所報導的真實經驗，都使用假名。這些例子在這個研究中被當成短文使用。確實的短文用語可於本文的增補文獻中找到。

229. 參見：Sana Sheikh, "Cultural Variations in Shame' s Responses," *Personality and Social Psychology Review* 18, no. 4 (2014): 387–403; Alexander Kirchner et al., "Humiliated Fury Is Not Universal: The Co-Occurrence of Anger and Shame in the United States and Japan," Cognition and Emotion 32, no. 6 (2018): 1317–28.

230. 這個詞由露易絲發明（Lewis, Shame and Guilt in Neurosis）。

231. 例如：June P. Tangney et al., "Shamed into Anger? The Relation of Shame and Guilt to Anger and Self- Reported Aggression," *Journal of Personality and Social Psychology* 62, no. 4 (1992): 669–75。

232. 當受刑人未將責難外化時，他們的羞恥能預測他們出獄之後較不會再犯。(June P. Tangney, Jeffrey Stuewig, and Andres G. Martinez, "Two Faces of Shame: The Roles of Shame and Guilt in Predicting Recidivism," *Psychological Science* 25, no. 3 [2014]: 799–805)。

233. 參見：E.g., Karen Horney, *The Neurotic Personality of Our Time* (New York: W. W. Norton & Company, 1937), as cited in Sheikh, "Cultural Variations in Shame' s Responses," 2014; Gershen Kaufman, *The Psychology of Shame: Theory and Treatment of Shame-Based Syndromes* (New York: Springer Publishing Co., 2004)。

234. 參見：Jeffrey Stuewig et al., "Children' s Proneness to Shame and Guilt Predict Risky and Illegal Behaviors in Young Adulthood," *Child Psychiatry and Human Development* 46, no. 2 (2015): 217–27。臨床心理師所在意的，寧可是個人的「羞恥傾向」（shame-prone），而非單獨的羞恥事例。

235. 參見：June P. Tangney and Ronda L. Dearing, Shame and Guilt (New York: Guilford Press, 2002), 93。

236. 在眾多羞恥的事件當中，一個共同的線索可能是：其中有點接受的味道，或至少有一種知道他人可能不會接受的味道。有些人提出羞恥源自於順服的舉動：弱者向強者屈服（Daniel M. T. Fessler, "Shame in Two Cultures: Implications for Evolutionary Approaches," Journal of

等。在比較這些情緒故事時，我們不希望由於這些用字所暗含的意思而扭曲了結果；在第六章會再說更多。

219. 參見：Solomon, "Getting Angry"; Solomon, *Not Passion's Slave*, for a similar idea。

220. 例如：Helen B. Lewis, "Shame and Guilt in Neurosis," *Psychoanalytic Review* 58, no. 3 (1971): 419–38; June P. Tangney et al., "Are Shame, Guilt, and Embarrassment Distinct Emotions?," *Journal of Personality and Social Psychology* 70, no. 6 (1996): 1256–69。

221. 在美國大學生的樣本裡，若有人寫了短文指出你的個人失誤，會被認為是很丟臉的。

222. 一個對美國大學生（大多是白人）所做的研究如此提議：那些越會引發羞恥的情境，就越少發生。在此，所謂的羞恥情境是依據已完成的自我報導短文，以及閱讀這些短文的人；二者都評估了他們在這情境中所會感到的羞恥程度，及羞恥發生的頻率。（Boiger et al., "Condoned or Condemned"）。

223. 參見：Richard P. Bagozzi, Willem Verbeke, and Jacinto C. Gavino, "Culture Moderates the Self-Regulation of Shame and Its Effects on Performance: The Case of Salespersons in the Netherlands and the Philippines," *Journal of Applied Psychology 88*, no. 2 (2003): 219–33。

224. 羞恥的故事是在焦點小組中收集的，其中有一家公司的金融銷售人員沒有參與最終研究。（Bagozzi, Verbeke, and Gavino, "Culture Moderates the Self-Regulation of Shame and Its Effects on Performance."）。這篇文章沒有詳細說明選擇這些故事的過程。

225. 這些項目被用來測量羞恥的現象。Bagozzi, Verbeke, and Gavino, "Culture Moderates the Self-Regulation of Shame and Its Effects on Performance," 232.

226. 參見：Bagozzi, Verbeke, and Gavino, "Culture Moderates the Self-Regulation of Shame and Its Effects on Performance," 220。

227. 我使用的標籤與巴格濟等人略有不同，但同樣是基於實際實施的評估項目。所有發現都來自自我報導。

228. 參見：Boiger et al., "Condoned or Condemned"; 這些例子來自先前研究

Others," New York Times, June 6, 2020, https://www.nytimes.com/2020/06/06/opinion/george-floyd-protests-anger.html?referringSource=articleShare。

213. 參見：Edward L. Schieffelin, "Anger and Shame in the Tropical Forest: On Affect as a Cultural System in Papua New Guinea," *Ethos* 11, no. 3 (1983): 181–91。引述出現於第183頁。卡魯利（Kaluli）女人的生氣動力是否與男人相同，並不清楚。

214. 在這世上有許多崇尚榮譽的文化，其中，生氣被認為是在對我所認識的人宣誓榮譽或取回它。在地中海地區，有很多對於榮譽的人類學研究（其中最引人注目的是：Lila Abu-Lughod, *Veiled Sentiments: Honor and Poetry in a Bedouin Society* (Berkeley: University of California Press, 1986); J. G. Peristiany, *Honour and Shame: The Values of Mediterranean Society* (Chicago: University of Chicago Press, 1974)。

215. 參見：Ayse K. Uskul et al., "Honor Bound: The Cultural Construction of Honor in Turkey and the Northern United States," *Journal of Cross Cultural Psychology* 43, no. 7 (2012): 1131–51; Angela K.-Y. Leung and Dov Cohen, "Within- and between-Culture Variation: Individual Differences and the Cultural Logics of Honor, Face, and Dignity Cultures," *Journal of Personality and Social Psychology* 100, no. 3 (2011): 507–26。

216. 參見：Richard E. Nisbett and Dov Cohen, *Culture of Honor: The Psychology of Violence in the South* (Boulder, CO: Westview Press, 1996); 引述出現於第5頁；原初的「渾蛋」（asshole）實驗亦由以下文獻報導：D. Cohen et al., "Insult, Aggression, and the Southern Culture of Honor: An 'Experimental Ethnography,' " *Journal of Personality and Social Psychology* 70, no. 5 (1996): 945–60。

217. 在美國總統川普・唐納的強硬移民政策之下，美國實施了分離家庭的政策；這個政策於二〇一八年四月至二〇一八年六月在美國及墨西哥的邊界實施。在這個政策之下，超過四千個兒童被帶離他們的父母，其中有些人從此未再相見（"Immigration Policy of Donald Trump," Wikipedia, 2021,https://en.wikipedia.org/wiki/Immigration_policy_of_Donald_Trump）。

218. 之所以從那些促成憤怒的情境，而不從「憤怒」的對等字開始的明確理由是：我們不太確定生氣的意思是否與它的日文的翻譯（*ikari*）對

Stereotypes: Emotional Expectations for High- and Low-Status Group Members," *Personality & Social Psychology Bulletin* 26, no. 5 (2000): 560–74。

205. 參見：Lutz, *Unnatural Emotions*。

206. 參見：Park et al., "Social Status and Anger Expression."。

207. 參見：Shinobu Kitayama et al., "Expression of Anger and Ill Health in Two Cultures: An Examination of Inflammation and Cardiovascular Risk," *Psychological Science* 26, no. 2 (2015): 211–20。在日本，展現憤怒較少與生理健康的風險有關，但在美國，憤怒與生理健康風險有較高的關聯。這些參與者來自日本及美國中年人的代表性樣本。對生理健康風險的測量，是由兩個發炎症狀的測量，及兩個心血管疾病的測量所組成的。作者提議：憤怒的不同意義，可能就是造成不同的文化有不同關聯方式的原因；在日本，憤怒是擁有權力或掌控的指標，而在美國，憤怒則是沮喪的指標。

208. 參見：Larissa Z. Tiedens, "Anger and Advancement versus Sadness and Subjugation: The Effect of Negative Emotion Expression on Social Status Conferral," *Journal of Personality and Social Psychology* 80, no. 1 (2001): 86–94。

209. 引述源自：Peter N. Stearns, *American Cool*, 25。當男人生氣時也會受到譴責，但「一個生氣的女人比一個生氣的男人更糟糕」（參見第25頁）。

210. 參見：Victoria L. Brescoll and Eric Luis Uhlmann, "Can an Angry Woman Get Ahead?," *Psychological Science* 19, no. 3 (2008): 268–75。引述源自：Maureen Dowd, "Who's Hormonal? Hillary or Dick?," *New York Times*, February 8, 2006；於以下文獻引用：Brescoll and Uhlmann, "Can an Angry Woman Get Ahead?," 2008, p. 268。

211. 在女性求職者當中，那些未出現悲傷或生氣，且未表現任何情緒的人，會被認為是最能幹的領導者。但生氣的男性則被認為是能幹的，看起來也個像中性的人。（Brescoll and Uhlmann, "Can an Angry Woman Get Ahead?"）

212. 參見：Davin Phoenix, "Anger Benefits Some Americans Much More than

195. 參見：Stearns, *American Cool*。

196. 有趣的是，史登斯也發現，大多數寫日記的人對他們的精神生活一點都沒興趣。而那些確實聚焦於感覺的人，則從未稱他們自己是生氣的。引述源自於羅哲・路易的日記，如史登斯於其著作第41頁所報導的（Carol Z. Stearns, Lord Help Me Walk Humbly: Anger and Sadness in England and America, 1570–1750."）。

197. 參見：Richard A. Shweder et al., "The Cultural Psychology of the Emotions: Ancient and Renewed," in *Handbook of Emotions*, ed. Michael Lewis, Jeannette M. Haviland-Jones, and Lisa F. Barrett, 3rd ed. (New York: Guilford Press, 2008), 409–27。

198. 參見：Lutz, *Unnatural Emotions*。

199. 參見：Owen Flanagan, "Introduction: The Moral Psychology of Anger," in *The Moral Psychology of Anger*, ed. Myisha Cherry and Owen Flanagan (London: Rowman & Littlefield International Ltd., 2018), vii–xxxi; Flanagan, *How to Do Things with Emotions*; see also H. Rosenwein, *Anger: The Conflicted History of an Emotion* (New Haven, CT: Yale University Press, 2020)。

200. 參見：Boiger et al., "Condoned or Condemned: The Situational Affordance of Anger and Shame in the United States and Japan"; Shinobu Kitayama, Batja Mesquita, and Mayumi Karasawa, "Cultural Affordances and Emotional Experience," *Journal of Personality and Social Psychology* 91, no. 5 (2006): 890–903。

201. 參見：Park et al., Social Status and Anger Expression; 未發現文化差異只限於一種性別的證據。

202. 參見：Kitayama, Mesquita, and Karasawa, "Cultural Affordances and Emotional Experience," Study 2。

203. 此主張也（首先）由羅伯特・C・索羅門提出（Robert C. Solomon, Getting Angry: The Jamesian Theory of Emotion in Anthropology, 1984, 249）。以他的觀點，正當性、怪罪、責任，以及因此產生的「憤怒」，都是文化綁定的概念。

204. 參見：L. Z. Tiedens, P. C. Ellsworth, and B. Mesquita, "Sentimental

Handbook of Affective Sciences, ed. Richard J. Davidson, Klaus R. Scherer, and H. Hill Goldsmith (Oxford, UK: Oxford University Press, 2003), 871–90; Batja Mesquita, Michael Boiger, and Jozefien De Leersnyder, "The Cultural Construction of Emotions," *Current Opinion in Psychology* 8 (2016): 31–36; Batja Mesquita and Janxin Leu, "The Cultural Psychology of Emotion," in *Handbook of Cultural Psychology*, ed. Shinobu Kitayama and Dov Cohen (New York: Guilford Press, 2007), 734–59; Tsai and Clobert, "Cultural Influences on Emotion: Empirical Patterns and Emerging Trends."。

190. 參見：Fred Rothbaum et al., "The Development of Close Relationships in Japan and the United States: Paths of Symbiotic Harmony and Generative Tension," *Child Development* 71, no. 5 (September 2000): 1121–42。

191. 參見：Michael Boiger et al.,"Condoned or Condemned: The Situational Affordance of Anger and Shame in the United States and Japan," *Personality and Social Psychology Bulletin* 39, no. 4 (2013): 540–53; Michael Boiger et al., "Defending Honour, Keeping Face: Interpersonal Affordances of Anger and Shame in Turkey and Japan," *Cognition and Emotion* 28, no. 7 (January 3, 2014): 1255–69; Owen Flanagan, *How to Do Things with Emotions: The Morality of Anger and Shame across Cultures* (Princeton, NJ: Princeton University Press, 2021)。

192. 索羅門敏銳地分析憤怒，將之稱為「判斷的情緒，一個對於冒犯的感知……生氣是做出一個控訴（無論是否公開地）」（Robert C. Solomon, *Not Passion's Slave: Emotions and Choice* [Oxford, UK: Oxford University Press, 2003], 88）。

193. 亦參見：Michael Boiger and Batja Mesquita, "The Construction of Emotion in Interactions, Relationships, and Cultures," *Emotion Review* 4, no. 3 (2012): 221–29; Emily A. Butler and Ashley K. Randall, "Emotional Coregulation in Close Relationships," *Emotion Review* 5, no. 2 (2013): 202–10; Parkinson, *Heart to Heart*。

194. 以下文獻記載此一發現：Jiyoung Park et al., "Social Status and Anger Expression: The Cultural Moderation Hypothesis," *Emotion* 13, no. 6 (2013): 1122–31。

以攻擊的方式出現，而是以陰鬱的方式：被動，但將社會的規訓完全隔離在外」，出現於第137頁。Copyright © 1970 by the President and Fellows of Harvard College。

184. 當然，並非所有的教養都是刻意朝向養出一個被文化重視的成人：大多數的父母在做的，只是確保他們的小孩安全及有飯吃，而文化價值仍滲入每日的例行操作當中（e.g., Richard A. Shweder, Lene Jensen, and William M. Goldstein, "Who Sleeps by Whom Revisited: A Method for Extracting the Moral Goods Implicit in Practice," in *Cultural Practices as Contexts for Development*, vol. 67, 1995, 21–39; Keller, *Cultures of Infancy*; Patricia M. Greenfield et al., "Cultural Pathways Through Universal Development," *Annual Review of Psychology* 54, no. 1 [2003]: 461–90）。

185. 參見：Birgitt Röttger- Rössler et al., "Learning (by)Feeling: A Cross-Cultural Comparison of the Socialization and Development of Emotions," Ethos 43, no. 2 (2015): 188。

186. 有很多其他的例子。在巴拉（Bara）社群，以及在很多非洲裔美國人的家庭裡，打是那些關心小孩的父母會做的事（灌輸適當的害怕）；但在其他文化，打是被譴責的，被認為不尊重小孩的人格。在中產階級的歐洲裔美國人家庭裡，關心小孩的父母會對嬰兒說話；但桂西（Guisii）在西肯亞的母親告訴人類學家：對嬰兒說話是一件很蠢的事。(Robert A. LeVine et al., *Communication and Social Learning during Infancy* [Cambridge, UK: Cambridge University Press, 1994]); N. Quinn and H. F. Mathews. 2016. "Emotional Arousal in the Making of Cultural Selves." *Anthropological Theory* 16 (4): 359–89。

187. 可於以下文獻中找到類似的概念：Quinn and Otto, "Emotional Arousal in the Making of Cultural Selves."。

第四章 「正確」與「錯誤」的情緒

188. 參見：Batja Mesquita and Nico Frijda, "Cultural Variations in Emotions: A Review," *Psychological Bulletin* 112, no. 2 (1992): 179–204。

189. 參見：Batja Mesquita, "Emotions as Dynamic Cultural Phenomena," in

Child Development, 2002。這個橡皮擦的短文出現於第993頁。Copyright © 2002 by the Society for Research in Child Development。約翰威立出版授權轉載。

179. 參見：Cole, Bruschi, and Tamang, "Cultural Differences in Children' s Emotional Reactions to Difficult Situations," 992. Copyright© 2002 by the Society for Research in Child Development。約翰威立出版授權轉載。

180. 參見：Kornadt and Tachibana, "Early Child-Rearing and Social Motives after Nine Years: A Cross-Cultural Longitudinal Study"; Trommsdorff and Kornadt, "Parent-Child Relations in Cross-Cultural Perspective";「他就是想要我生氣」出現於：Trommsdorff and Kornadt, "Parent-Child Relations in Cross-Cultural Perspective.", p. 296。

181. 參見：Peggy Miller and Linda L. Sperry, "The Socialization of Anger and Aggression," *Merril-Palmer Quarterly* 33, no. 1 (1987): 1–31。泰勒與法蘭西斯出版集團授權轉載。母親及女兒之間的互動被追蹤也被錄影，持續了八個月（每三週一次）；那句「要堅強，要壓抑受傷的感覺，以及在被不適當地對待時要捍衛自己」出現於第18頁；那段以「他開始…………」開頭的敘說出現於第12頁；那段「你要為爭取它嗎？……」的交談始於第21頁；那段描述溫蒂（Wendy）為她的「妮妮」而大發脾氣的交談出現於第21-22頁。

182. 社會學家阿德里．庫塞羅夫區分了軟性個人主義（soft individualism）及硬性防衛個人主義（hard defensive individualism）（Adrie Kusserow, "De-Homogenizing American Individualism: Socializing Hard and Soft Individualism in Manhattan and Queens," *Ethos* 27, no. 2 [1999]: 210–34）。她描述了紐約地區的兩種育兒方式，一種在中上階級區，另一種在工人階級區。在中上階級區，父母聚焦於小孩的情緒及慾望，將之視為小孩發展獨特個性的方法；而在工人階級區，父母教他們的小孩要靠自己，並且要有嚴格的界線，將之視為小孩對付艱困的方法。在米勒（Miller）及史佩利（Sperry）的研究中，南巴爾的摩的母親們在養育的似乎是硬性防衛個人主義而在這麼做時，她們比較在意小孩做了什麼，而不在意小孩的感受是什麼。

183. 參見：Jean L. Briggs, *Never in Anger: Portrait of an Eskimo Family* (Cambridge, MA: Harvard University Press, 1970): 111; 她的「敵意並不

這當然是與同一個研究中的美國母親（很可能是白人）所做的比較，這些美國母親會想刺激她們的嬰兒。以下有些極佳的回顧及最近的例子：Jeanne L Tsai, "Ideal Affect: Cultural Causes and Behavioral Consequences," *Perspectives on Psychological Science* 2, no. 3 (2007): 245。

169. 參見：Keller and Otto, "The Cultural Socialization of Emotion Regulation during Infancy," p. 1004;「你不想再躺一會兒嗎？你想要你的奶嘴嗎？」出現於同一頁。

170. 參見：Heidi Keller, *Cultures of Infancy* (New York: Psychology Press, 2009)。

171. 參見：Jeanne L Tsai et al., "Learning What Feelings to Desire: Socialization of Ideal Affect through Children' s Storybooks," *Personality and Social Psychology Bulletin* 33, no. 1 (2007): 17–30。

172. 參見：Fung and Chen, "Across Time and beyond Skin," 432. Copyright © 2001 by Wiley。約翰威立出版授權轉載。

173. 參見：Jeanne L. Tsai et al., "Influence and Adjustment Goals: Sources of Cultural Differences in Ideal Affect," *Journal of Personality and Social Psychology* 92, no. 6 (2007): 1102–17; Tsai, "Ideal Affect: Cultural Causes and Behavioral Consequences."。

174. 參見：Tsai et al., "Influence and Adjustment Goals," 2007。

175. 參見：Keller, *Cultures of Infancy*; Keller and Otto, "The Cultural Socialization of Emotion Regulation during Infancy."。

176. 參見：Bright Horizons Education Team, "Toddlers and Twos: Parenting during the 'No' Stage," *Bright Horizons*, accessed February 10, 2021, https://www.brighthorizons.com/family-resources/ toddlers-and-twos-the-no-stage。

177. 參見：Carl E. Pickhardt, "Adolescence and Anger," *Psychology Today*, July 26, 2010, https://www.psychologytoday.com/us/blog/surviving-your-childs-adolescence/201007/ adolescence-and-anger。

178. 參見：Pamela M. Cole, Carole J. Bruschi, and Babu L. Tamang, "Cultural Differences in Children' s Emotional Reactions to Difficult Situations,"

Modes of Cognitive Socialization in Japan and the United States"; Heine et al., "Is There a Universal Need for Positive Self-Regard?"。

163. 參見：Akiko Hayashi, Mayumi Karasawa, and Joseph Tobin, "The Japanese Preschool' s Pedagogy of Feeling: Cultural Strategies for Supporting Young Children' s Emotional Development," *Ethos* 37, no. 1 (March 2009): 32–49；引述出現於第37、38、及46頁。

164. 參見：Joseph Tobin, Yeh Hsueh, and Mayumi Karasawa, Preschool in *Three Cultures Revisited: China, Japan, and the United States* (Chicago: University of Chicago Press, 2009)；110。

165. 參見一個類似的推測：Lebra, "Mother and Child in Japanese Socialization"; Azuma, "Two Modes of Cognitive Socialization in Japan and the United States"; Rothbaum et al., "The Development of Close Relationships in Japan and the United States."。

166. 參見：Heidi Keller and Hiltrud Otto, "The Cultural Socialization of Emotion Regulation during Infancy," *Journal of Cross-Cultural Psychology* 40, no. 6 (November 2009): 1002;「如果小孩哭的時候……」出現於第1003頁。

167. 凱勒及她的同事製造了一個與文化有關的適應陌生的情境。這是一個測量「依附」的典型實驗，在這方法裡，母親離開嬰兒，然後一個陌生人走進來。大多數的西方嬰兒會於此時開始啼哭或啜泣，但大多數的索族（Nso）嬰兒卻未出現任何情緒。凱勒指出：「這個行為肯定與大多數西方中產階級的嬰兒所表現的安全行為不同。後者在陌生人出現時感到有壓力（stressed），且只當母親出現時才會覺得輕鬆。」（Keller and Otto, "The Cultural Socialization of Emotion Regulation during Infancy," 1007）。

168. 於六〇及七〇年的研究，主要的研究者是威廉．考迪爾及路易斯．佛斯特（William Caudill, Lois Frost, "A Comparison of Maternal Care and Infant Behavior in Japanese-American, American, and Japanese Families," in W. P. Lebra (ed.), *Youth, Socialization, and Mental Health* (University Press of Hawaii, 1972); William Caudill and Helen Weinstein, "Maternal Care and Infant Behavior in Japan and America," Psychiatry 32, no. 1 (1969): 12–43）。他們描述日本母親如何安撫她們的嬰兒；

Child-Rearing and Social Motives after Nine Years: A Cross-Cultural Longitudinal Study," in *Merging Past, Present, and Future in Cross-Cultural Psychology*, ed. Walter J. Lonner et al. (London: Swets & Zeitlinger, 1999), 429–41; Trommsdorff and Kornadt, "Parent-Child Relations in Cross-Cultural Perspective," 2003; 本段的引述來自：Trommsdorff and Kornadt, p. 296。

158. 這是依據漢斯-約阿希姆・柯納特及橘良治的結論。他們使用了輔助情節，以誘發不同元素的「行為動機」（Hans- Joachim Kornadt and Yoshiharu Tachibana, Early Child-Rearing and Social Motives after Nine Years,1999.reprinted as "Early Child-Rearing and Social Motives after Nine Years: A Cross-Cultural Longitudinal Study," Merging Past, Present, and Future in *Cross-Cultural Psychology*, [2020]: 429–41）。該文只零星地記載這方法的細節。

159. 參見：T. Doi, "Amae: A Key Concept for Understanding Japanese Personality Structure," in *Japanese Culture: Its Development and Characteristics*, ed. R. J. Smith and R. K. Beardsley (Psychology Press, 1962), 132–52; Michael Boiger, Yukiko Uchida, and Igor de Almeida, "Amae, Saudade, Schadenfreude," in *The Routledge Handbook of Emotion Theory*, ed. Andrea Scarantino (New York: Taylor & Francis, n.d.)。

160. 參見：Takie S. Lebra, *Japanese Patterns of Behaviour*（Honolulu: University of Hawaii Press, 1976）, 38。

161. 參見：Fred Rothbaum et al., "The Development of Close Relationships in Japan and the United States: Paths of Symbiotic Harmony and Generative Tension," *Child Development* 71, no. 5 (September 2000): 1121–42; Takie S. Lebra, "Mother and Child in Japanese Socialization: A Japan-U.S. Comparison," in *Cross- Cultural Roots of Minority Child Development*, ed. Patricia M. Greenfield and Rodney R. Cocking (Hillsdale, NJ: Lawrence Erlbaum Associates, 1994), 259–74; Hiroshi Azuma, "Two Modes of Cognitive Socialization in Japan and the United States," in *Cross-Cultural Roots of Minority Child Development*, ed. Patricia M. Greenfield and Rodney R. Cocking (Hillsdale, NJ: Psychology Press, 1994), 275–84。

162. 參見：Lebra, "Mother and Child in Japanese Socialization"; Azuma, "Two

說那個鬼會綁架及吃小孩。這是用來教訓小孩守規矩的。在位於西迦納（West Ghana）的打魚社群姆方特（Mfantse），中，害怕也是個社會化的情緒（Quinn, “Universals of Child Rearing”, p. 493）;「打」是挑起這種情緒的主要方法，而且「在一些家庭裡，藤條會放在顯著的位置」，用來「警告那些正在頑皮的小孩不可繼續，嚇阻那些預期中的不守規矩行為」。

150.「依據田野研究以及地區人類關係檔案（HRAF），父母的懲罰似乎會增加小孩的攻擊性；相對地，父母的溫暖及寬容性似乎會降低它……此外，嚴厲及有攻擊性的啟蒙儀式被認為會激發文化中的關係動機，使其相信『有惡意的』神。小孩在他們早期的社會化過程中被攻擊且受到傷害，於是他們變得更有攻擊性」（Gisela Trommsdorff and Hans-Joachim Kornadt, “Parent- Child Relations in Cross-Cultural Perspective,” in *Handbook of Dynamics in Parent-Child Relations*, ed. Leon Kuczynski (London: Sage, 2003), 295。

151. 引述自：P. N. Stearns, American Cool, 62。

152. 參見：David Hunt, 1970, quoted in Carol Z. Stearns, “ ‘Lord Help Me Walk Humbly’: Anger and Sadness in England and America, 1570–1750,” in Emotion and Social Change: Toward a New Psychohistory, ed. Carol Z. Stearns and Peter N. Stearns (Teaneck, NJ: Holmes & Meier, 1988), 49。

153. 參見：Stearns, *American Cool*, 22。

154. 母愛之所以會發生這種改變，可能根源於許多歷史的發展。歷史學家將這個家庭關係的改變歸因於：小孩的死亡率顯著降低、家庭規模縮小、以及工業化（後者的效果是，重新聚焦於核心家庭本身）。

155. 引述自：Stearns, *American Cool*, 20; 下個引述，即「那些擁有母愛的小孩，無法不渴望自己合於這種模式」，源自：Stearns, *American Cool*, 35。

156. 愛，就如我們將於第四章會見到的，授予一個小孩某種自主性；但當一個社會的內聚性及撫育性逐漸降低，且社會中的家庭成員的日常生活更加分散時，愛也能被視為一種黏著劑。這些推測，雖受到史蒂芬斯（Stearns）的啟發，但他本人並未如此陳述。

157. 參見：Hans-Joachim Kornadt and Yoshiharu Tachibana, “Early

142. 參見：Röttger-Rössler et al., “Socializing Emotions in Childhood.”。

143. 參見：Fung, “Becoming a Moral Child: The Socialization of Shame among Young Chinese Children.”。

144. 參見：Miller et al., “Self-Esteem as Folk Theory,” 2002。沒有關於自尊的字，並非罕見（參見對日本人的研究：Steven J. Heine et al., “Is There a Universal Need for Positive Self- Regard?,” *Psychological Review* 106, no. 4 [1999]: 766–94）。而且，自尊在一些文化中有負向的意涵。昆恩就提到一個因努伊特（Inuit）女人曾如此告訴布里格斯（Briggs）：那是危險的，當你自以為你很完美時（Quinn, Universals of Child Rearing, 496）。

145. 參見：Heidi Fung and Eva C.-H. Chen, “Across Time and beyond Skin: Self and Transgression in the Everyday Socialization of Shame among Taiwanese Preschool Children,” *Social Development* 10, no. 3 (2001): 419– 37; Jin Li, Lianqin Wang, and Kurt W. Fisher, “The Organisation of Chinese Shame Concepts,” *Cognition and Emotion* 18, no. 6 (2004): 767–97; Batja Mesquita and Mayumi Karasawa, “Self-Conscious Emotions as Dynamic Cultural Processes,” *Psychological Inquiry* 15 (2004): 161–66; Röttger-Rössler et al., “Socializing Emotions in Childhood.”。

146. 參見：Fung and Chen, “Across Time and beyond Skin,” 2001; quote from Axin’ s mom appears on p. 43. Copyright© 2001 by Wiley。約翰威立出版授權轉載。

147. 參見：Röttger-Rössler et al., “Socializing Emotions in Childhood,” 273。泰勒與法蘭西斯出版公司授權轉載。

148. 參見：Röttger-Rössler et al., “Socializing Emotions in Childhood,” 274; 其他關於巴拉人（Bara）的引述出現於第275頁及第277頁。泰勒與法蘭西斯出版集團授權轉載。

149. 我的意圖不是對情緒的社會化做個完整的交代，但在其他社群裡，也有將害怕作為主要的情緒社會化目標的例子。在伊法魯克（Ifaluk），*metagu*（害怕）緊跟在對他人（尤其是對年長者）的*song*（合理的憤怒）之後；當這發生時，人們也會預期害怕來臨（Lutz, *Unnatural Emotions*, 1988）；此外，害怕也會由某個特定的鬼的威脅而引起；據

Cultural Psychology 37, no. 2 (March 2006): 155–72。

134. 參見：Naomi Quinn and Holly F. Mathews, "Emotional Arousal in the Making of Cultural Selves," *Anthropological Theory* 16, no. 4 (December 1, 2016): 359–89, 376。

135. 參見：Miller et al., "Self-Esteem as Folk Theory"; Quinn, "Universals of Child Rearing"; Quinn and Mathews, "Emotional Arousal in the Making of Cultural Selves."。

136. 參見：Pamela Li, "Top 10 Good Parenting Tips—Best Advice," *Parenting for Brain*, February 3, 2021, https://www.parentingforbrain.com/how-to-be-a-good-parent-10-parenting-tips/。

137. 參見：Miller et al., "Self-Esteem as Folk Theory." 由泰勒與法蘭西斯出版集團（Taylor & Francis Ltd, http://www.tandfonline.com）授權轉載。

138. 例如：Tamara J. Ferguson et al., "Guilt, Shame, and Symptoms in Children," *Developmental Psychology* 35, no. 2 (1999): 347–57；以下也是：Young Choe, Jungeun Olivia Lee, and Stephen J. Read, "Self-concept as a Mechanism through Which Parental Psychological Control Impairs Empathy Development from Adolescence to Emerging Adulthood," Social Development 29, no. 3 (2020): 713–31。

139. 參見：Arash Emamzadeh, "Do Not Spank Your Children," *Psychology Today*, 2018, https://www.psychologytoday.com/sg/ blog/finding-new-home/201809/do-not-spank-your-children。

140. 參見：Mark R. Lepper, "Social Control Processes and the Internalization of Social Values: An Attributional Perspective," *Social Cognition and Social Development*, 1983; Judith G. Smetana, "Parenting and the Development of Social Knowledge Reconceptualized: A Social Domain Analysis," in *Parenting and the Internalization of Values*, ed. J. E. Grusec and L. Kuczynski（New York: John Wiley & Sons, Inc., 1997）, 162–92。

141. 例如：Diana Baumrind, "Current Patterns of Parental Authority," *Developmental Psychology* 4, no. 1, Pt. 2 (1971): 1–103; Judith G. Smetana, "Parenting Styles and Conceptions of Parental Authority during Adolescence," *Child Development*, 1995, 299–316。

and Dennis P. Carmody, "Self-Representation and Brain Development," *Developmental Psychology* 44, no. 5 [2008]: 1329–34）。

127. 參見：Heidi Fung, "Becoming a Moral Child: The Socialization of Shame among Young Chinese Children, " *Ethos* 27, no. 2 (1999): 180–209; Heidi Fung and Eva C.-H. Chen, "Affect, Culture, and Moral Socialization: Shame as an Example," in *Emotion, Affect, and Culture*, ed. T. L. Hu, M. T. Hsu, and K. H. Yeh (Taipei, Taiwan: Institute of Ethnology, Academie Sinica, 2002), 17–48。本段此處之後的其他引述來自：Fung, "Becoming a Moral Child," 202–203. Copyright © 1999 by the American Anthropological Association。約翰威立出版（John Wiley and Sons Journals）授權轉載。

128. 參見：Naomi Quinn, "Universals of Child Rearing," *Anthropological Theory* 5, no. 4 (December 1, 2005): 505。

129. 參見：Peggy J. Miller et al., "Self- Esteem as Folk Theory: A Comparison of European American and Taiwanese Mothers' Beliefs," *Parenting: Science and Practice* 2, no. 3 (August 2002): 209–39。

130. 關於自尊，那些芝加哥媽媽們所擁有的非專業概念與心理學的發現大幅度地一致：鮑邁斯特（Baumeister）、坎貝爾（Campbell）、克魯格（Krueger）、及沃斯（Vos）在摘述文學時（大多基於美國的樣本）發現：自尊緊密地與快樂及經過強化的主動性相關；自尊似乎是個結果，而非學業成就的先決條件（Roy F. Baumeister et al., "Does High Self-Esteem Cause Better Performance, Interpersonal Success, Happiness, or Healthier Lifestyles?," *Psychological Science in the Public Interest* 4, no. 1 (2003): 1–44）。

131. 參見：Miller et al., "Self- Esteem as Folk Theory." 。由泰勒與法蘭西斯出版集團授權轉載。

132. 參見：P. J. Miller, H. Fung, and J. Mintz, "Self-Construction through Narrative Practices: A Chinese and American Comparison of Early Socialization," *Ethos* 24, no. 2 (1996): 258。

133. 例如：Heidi Keller et al., "Cultural Models, Socialization Goals, and Parenting Ethnotheories: A Multicultural Analysis," *Journal of Cross-*

118. 提問來自：Nico H. Frijda, "The Evolutionary Emergence of What We Call 'Emotions" *Cognition & Emotion* 30, no. 4 (2016), 609–20。

119. 參見：Kaat Van Acker et al., "Hoe Emoties Verschillen Tussen Culturen," in *Handboek Culturele Psychiatrie En Psychotherapie*, 2nd ed. (Amsterdam: De Tijdstroom, 2020), 163–78。

120. 參見：Hochschild, *The Managed Heart*, 1983。

121. 參見：Carol Tavris, Anger: *The Misundersto Emotion* (New York: Simon & Schuster, 1989), 144; Keith Oatley, Dacher Keltner, and Jennifer M. Jenkins, *Understanding Emotions*, 2nd ed. (Malden, MA: Wiley, 2006), 305。

122. 參見：Susan Goldberg, Sherri MacKay-Soroka, and Margot Rochester, "Affect, Attachment, and Maternal Responsiveness," *Infant Behavior and Development* 17, no. 3 (1994): 335–39。

123. 關於憤怒表現的差異，參見：Leslie R. Brody, Judith A. Hall, and Lynissa R. Stokes, "Gender and Emotion: Theory, Findings, and Context," in *Handbook of Emotions*, ed. Lisa F. Barret, Michael Lewis, and Jeannette M. Haviland-Jones, 4th ed. (New York: Guilford Press, 2016), 369–92; 於本書第四章可找到更多的例子。

124. 參見：Tavris, *Anger*, 133–34。原初的實驗來自：Jack E. Hokanson, K. R. Willers, and Elizabeth Koropsak, "The Modification of Autonomic Responses during Aggressive Interchange," *Journal of Personality* 36, no. 3 (1968): 386–404。

125. 參見：Beatty, *Emotional Worlds: Beyond an Anthropology of Emotion*。追隨貝德福德（Bedford）的畢提（Beatty）提出：情緒詞並不是用來替一個感覺命名，而是用來描述一個行為的脈絡，後者通常就是感覺發生的所在。雖然字的使用並不取決於體現（embodiment），但體感（sensation）仍可能會出現。

第三章　教養孩子

126. 小孩被期待要客觀地自我覺察：他們應該多加注意自己。研究者認為這個認知的里程碑於兩歲半之前不會發生。（Michael Lewis

425– 33; Michelle Z. Rosaldo, *Knowledge and Passion: Ilongot Notions of Self and Social Life, An Interdisciplinary Journal for Cultural Studies* (Cambridge, UK: Cambridge University Press, 1980)。

112. 參見：Birgitt Röttger-Rössler et al., "Socializing Emotions in Childhood: A Cross-Cultural Comparison between the Bara in Madagascar and the Minangkabau in Indonesia," Mind, *Culture, and Activity* 20, no. 3 (2013): 260–87。

113. 參見：Röttger-Rössler et al., "Socializing Emotions in Childhood." Quote on p. 271。泰勒與法蘭西斯出版集團（Taylor & Francis Ltd, http://www.tandfonline.com）授權轉載。

114. 羅伯特・柴庸克（Robert B. Zajonc）在一篇極佳的論文中表示了類似的意見；他將「情緒表達」（emotional expression）稱為「一個將其他可能性都預先排除的用語」（a preemptive term），是一個強加在「一個被給定的現實」上的用詞。他認為這個用詞「造成的危害遠多於好處」（The Preemptive Power of Words ,*Dialogue* 18, no. 1 [2003]: 10–13）。他寫道：「如果我們接受達爾文的『情緒表達』當中所帶有的預先排除概念，我們就必須接受其連帶的延伸意義及關連。」「例如，情緒表達所暗含的意思就是：每個情緒都有個不同的內在狀態。而這種不同且可指認的狀態，正好就是達爾文的書名，《人及動物的**這個**情緒的**這個**表達》（THE expression of THE emotions in man and animals）。（譯註：通常譯為《人類和動物的情緒表達》；在這些翻譯中，都會略去THE。），所清楚暗含的意思……情緒表達的概念同時也暗含這個特別的狀態，也就是情緒，會尋求外化。於是，如果某些興起的情緒沒有外在的顯示，那麼，必定存在某種能夠壓抑它的程序。」

115. 參見：Shaver et al., Emotion Knowledge。

116. 例如：Jared Martin et al., "Smiles as Multipurpose Social Signals," Trends in *Cognitive Sciences* 21, no. 11 (2017): 864–77。

117. 參見：Gerben A. Van Kleef, Carsten K. W. De Dreu, and Antony S. R. Manstead, "The Interpersonal Effects of Emotions in Negotiations: A Motivated Information Processing Approach," *Journal of Personality and Social Psychology* 87, no. 4 (October 2004): 510–28。

讚許）（Matsumoto, Yoo, Nakagawa, "Culture, Emotion Regulation, and Adjustment," 2008, 931）。從以上二者的發現可得出這樣的論點：情緒的顯示或不顯示，在OURS模型的文化中所代表的意義，極不同於其在MINE模型的文化中的意義。

105. 使用工作倦怠測量工具（Burnout Inventory）所做的測量（MBI; Christina Maslach and Susan E. Jackson, "The Measurement of Experienced Burnout," *Journal of Organizational Behavior* 2, no. 2 (April 1, 1981): 99–113）。以下是量測項目：情緒耗竭（如：由於這工作，我覺得情緒耗弱）；去人化（如：自從從事這工作以後，我變得更加麻木）；以及個人成就（如：透過我的工作，我覺得我正向地影響人們的生活）。

106. 參見：Iris B. Mauss and Emily A. Butler, "Cultural Context Moderates the Relationship between Emotion Control Values and Cardiovascular Challenge versus Threat Responses," *Biological Psychology* 84, no. 3 (2010): 521–30。

107. 以下用來評估情緒控制的價值（ECV）的六個項目：（1）「人們不應公開地表現他們情緒」（2）「一直表現自己的感覺是一件不對的事」（3）「那是比較好的，如果人們將那些禁止的情緒釋放出來」（以相反方式敘述）（4）「當人們被強烈的感覺佔據時，他們應該將他們的情緒表現出來」（以相反方式敘述）（5）「一般說來，人們應該更加控制他們的情緒」；以及（6）「我認為表示情緒是件適當的事，無論是負向的或正向的」（以相反方式敘述）。

108. 兩位法官對此行為的解釋；未提及這兩位法官的文化背景。（Mauss and Butler, "Cultural Context Moderates the Relationship between Emotion Control Values and Cardiovascular Challenge versus Threat Responses"）.

109. 參見：Lutz, *Unnatural Emotions*, 33。

110. 參見：Personal communication, December 9, 2020。

111. 參見：Batja Mesquita and Nico H. Frijda, "Cultural Variations in Emotions: A Review," *Psychological Bulletin* 112, no. 2 (1992): 197; 亦參見：Marcel Mauss, "L' Expression Obligatiore Des Sentiments: Rituels Oraux Funeraires Australiens," *Journal de Psychologie* 18, no. 1 (1921):

（James Gross）及奧利佛・強（Oliver John）所研發的四項壓抑量表進行的（"Individual Differences in Two Emotion Regulation Processes: Implications for Affect, Relationships, and Well-Being," *Journal of Personality and Social Psychology* 85, no. 2 [August 2003]: 348–62）；這量表由大衛・松本（David Matsumoto）及其同事改製，使其在各不同文化中都等效。

100. 勒茲是最先提出這主張的人。

101. 參見：Hazel R. Markus and Shinobu Kitayama, "Models of Agency: Sociocultural Diversity in the Construction of Action," in *Cross-Cultural Differences in Perspectives on the Self*, ed. Virginia Murphy- Berman and John J. Berman, vol. 49 (Lincoln: University of Nebraska Press, 2003), 1–58。

102. 參見：Joseph A. Allen, James M. Diefendorff, and Yufeng Ma, "Differences in Emotional Labor across Cultures: A Comparison of Chinese and U.S. Service Workers," *Journal of Business and Psychology* 29 (2014): 21–35; Batja Mesquita and Ellen Delvaux, "A Cultural Perspective on Emotion Labor," in *Emotional Labor in the 21st Century: Diverse Perspectives on Emotion Regulation at Work*, ed. Alicia Grandey, James Diefendorff, and Deborah E. Rupp (New York: Routledge, 2013), 251–72。

103. 在美國，「表面行為」（Surface acting）的項目（也就是那些改變情緒表的項目）與「假裝」（faking）項目有相同的負載因素，但在中國就不如此。在中國，壓抑完全不同於假裝：那些假裝項目的負載因素完全未出現於表面行為項目的負載因素中（Allen, Diefendorff, and Ma, Differences in Emotional Labor across Cultures）。

104. 美國的樣本裡顯示，規範（例如，我的工作之一是讓客戶有好感）在預測表面行為（裝出一個樣子，以適當地對待客戶）及深層行為（試著在面對客戶時體驗我真正的感覺）的效力是相同的，但在中國，這只能預測深層行為。同樣地，研究人員發現：在一個強調維持社會秩序的文化中，壓抑與讚許（reappraisal，可能是深層行為之一）是正相關的（越壓抑，就越得到讚許），但在一個強調個人主義、情緒自主性、以及平等主義（egalitarianism，可視為一個朝內的觀點）的文化中，壓抑及讚許是負相關（越壓抑，就越得不到

4 (1917): 288–301; John Bowlby, "Loss, Sadness and Depression," *Attachment and Loss* 3 (1981); Camille Wortman and Roxane Silver, "The Myths of Coping with Loss," *Journal of Consulting and Clinical Psychology* 57 (1989): 349–57。更近期的研究主張：「對於喪失親人之後的健康調適，悲傷工作並不總是必要的」，但這太過簡化了。（Margaret Stroebe and Wolfgang Stroebe, "Does 'Grief Work' Work?," *Journal of Consulting and Clinical Psychology* 59, no. 3 [1991]: 479–82; George A. Bonanno, Camille Wortman, and Randolph M. Nesse, "Prospective Patterns of Resilience and Maladjustment During Widowhood," Psychology and Aging 19, no. 2 [2004]: 260）。

90. 參見：Oliver P. John and James J. Gross, "Healthy and Unhealthy Emotion Regulation: Personality Processes, Individual Differences, and Life- Span Development," *Journal of Personality* 72, no. 6 (2004): 1301–33。為了測量壓抑程度，他們問受訪者這些問題，例如：「我經由不顯露來控制我的情緒」，或「我將我的情緒留給我自己」。

91. 參見：Arlie R. Hochschild, *The Managed Heart: Com- mercialization of Human Feeling* (Berkeley: University of California Press, 1983)。

92. 參見：Hochschild, *The Managed Heart*, 5。

93. 參見：Hochschild, *The Managed Heart*, 146。

94. 參見：Hochschild, *The Managed Heart*, 109。

95. 參見：Hochschild, *The Managed Heart*, 134。

96. 參見：Hochschild, *The Managed Heart*, 21。

97. 參見：Julia Cassaniti, "Moralizing Emotion: A Breakdown in Thailand," *Anthropological Theory* 14, no. 3 [August 6, 2014]: 284）賽吉出版公司（Sage Journals）授權轉載。

98. 參見：Eunkook Suh et al., "The Shifting Basis of Life Satisfaction Judgments across Cultures: Emotion vs Norms," *Journal of Personality and Social Psychology* 74, no. 2 (1998): 483。

99. 參見：David Matsumoto, Seung H. Yoo, and Sanae Nakagawa, "Culture, Emotion Regulation, and Adjustment," *Journal of Personality and Social Psychology* 94, no. 6 (2008): 925–37。壓抑測試是使用詹姆士．葛羅斯

Cardiovascular Health," *Psychological Bulletin 138*, no. 4 (2012): 655–91; Sheldon Cohen and Sarah D. Pressman, "Positive Affect and Health," *Current Directions in Psychological Science* 15, no. 3 (2006): 122–25; Kostadin Kushlev et al., "Does Happiness Improve Health? Evidence from a Randomized Controlled Trial," *Psychological Science* 31, no. 7 (2020): 807–21, https://doi.org/10.1177/0956797620919673。

84. 參見：Magali Clobert et al., "Feeling Excited or Taking a Bath: Do Distinct Pathways Underlie the Positive Affect–Health Link in the U.S. and Japan?," *Emotion* 20, no. 2 (2019): 164–78。

85. 證據來自史丹福實驗室的心理學家蔡珍妮（Jeanne Tsai）。例如：Jeanne L. Tsai, Brian Knutson, and Helene H. Fung, "Cultural Variation in Affect Valuation," *Journal of Personality and Social Psychology* 90, no. 2 (2006): 288–307; Jeanne L. Tsai, "Ideal Affect: Cultural Causes and Behavioral Consequences," *Perspectives on Psychological Science* 2, no. 3 (2007): 242–59; Jeanne Tsai and Magali Clobert, "Cultural Influences on Emotion: Empirical Patterns and Emerging Trends," in *Handbook of Cultural Psychology*, ed. Shinobu Kitayama and Dov Cohen, 2nd ed. (New York: Guildford Press, 2019), 292–318。我將於本書的第五章進一步描述這個研究的細節。

86. 健康的美國參與者也會報告更多關於興奮的活動，但這些活動對於精神及身體健康的預測準確度並不比感受更佳（Clobert et al., Feeling Excited or Taking a Bath）。

87. 幾項值得一提的要點。這個研究是橫切面的，所以它沒告訴我們太多其中的過程。即便情緒對於健康有直接影響，也遠遠不是決定健康的唯一因素。最後，從事那些會激發正向情緒的運動活動（在美國）或平靜活動（在日本），不見得必定會排除其他的情緒經驗：有各種不同的情緒才是常態。正向情緒，無論來自於高活動量或平靜活動，之所以與健康指標有關，是由於從事這些活動時其發生的頻率較高。

88. 參見：Zoltán Kövecses, *Emotion Concepts* (New York: Springer-Verlag, 1990)。

89. 參見：Sigmund Freud, "Trauer Und Melancholic (Mourning and Melancholia)," *Internationale Zeiischrift Fur Arztliche Psychoanalyse*

75. 這是瑪麗亞・詹德隆的論文研究的一部分；這是在心理學家麗莎・費德曼・巴瑞特的指導，以及人類學家黛比・羅伯森（Debi Robertson）的協助下進行的（Maria Gendron, Debi Roberson, Jacoba Marietta van der Vyver, and Lisa F. Barrett, "Perceptions of Emotion from Facial Expressions Are Not Culturally Universal: Evidence from a Remote Culture," *Emotion* 14, no. 2 [2014]: 251）。

76. 這是來自詹德隆及其他人的文字指令（"Perceptions of Emotion from Facial Expressions Are Not Culturally Universal: Evidence from a Remote Culture," *Emotion* 14, no. 2 [April 2014]: 253–54）。

77. 參見：Gendron et al., "Perceptions of Emotion from Facial Expressions Are Not Culturally Universal," 260。

78. 參見：Nico H. Frijda and Anna Tcherkassof, "Facial Expression as Modes of Action Readiness," in *The Psychology of Facial Expression. Studies in Emotion and Social Interaction*, ed. James A. Russell and José Miguel Fernández-Dols (Cambridge, UK: Cambridge University Press, 1997), 78–102。

79. 參見：Jinkyung Na and Shinobu Kitayama, "Spontaneous Trait Inference Is Culture-Specific: Behavioral and Neural Evidence," *Psychological Science* 22, no. 8 (2011): 1025–32。

80. 這些例子來自：Qi Wang, " 'Did You Have Fun?' : American and Chinese Mother-Child Conversations about Shared Emotional Experiences," *Cognitive Development* 16, no. 2 (2001): 711–13。愛思唯爾（Elsevier）授權轉載。

81. 參見：Andrew Beatty, *Emotional Worlds: Beyond an Anthropology of Emotion* (Cambridge, UK: Cambridge University Press, 2019), 258。劍橋大學出版授權轉載。

82. 參見：Bernard Rimé et al., "Beyond the Emotional Event: Six Studies on the Social Sharing of Emotion," *Cognition & Emotion* 5, no. 5–6 (1991): 435–65。

83. 例如：Julia K. Boehm and Laura D. Kubzansky, "The Heart' s Content: The Association between Positive Psychological Well-Being and

的重要面向。這是許多西方研究者依據我的模型典範進行研究時，不曾檢出在情緒事件發展過程中的重要文化差異的例子之一（Batja Mesquita et al., “A Cultural Lens on Facial Expression in Emotions,” *Observer* 17, no. 4 [2004]: 50–51）。

67. 參見：Takahiko Masuda et al., “Do Surrounding Figures’ Emotions Affect Judgment of the Target Figure’ s Emotion? Comparing the Eye-Movement Patterns of European Canadians, Asian Canadians, Asian International Students, and Japanese,” *Frontiers in Integrative Neuroscience* 6, no. 72 (2012): 1–9。

68. 本段及下一段之中的許多例子摘自保羅·希勒斯（Paul Heelas,“Emotion Talk across Cultures,” 1986）。在日常的語言中，英語中的「情緒」（源自於法語）直到第十八世紀時才變得與「心」有關；在那之前，情緒在身體裡（就如身體的悸動或身體的動作那般）（Thomas Dixon, “Emotion: One Word, Many Concepts,” *Emotion Review* 4, no. 4 [2012]: 387–88）。

69. 參見：Bennett Simon and Herbert Weiner, “Models of Mind and Mental Illness in Ancient Greece: I. The Homeric Model of Mind,” *Journal of the History of the Behavioral Sciences* 2, no. 4 [October 1, 1966]: 306。

70. 參見：John R. Gillis, “From Ritual to Romance,” in Emotion and Social Change: Toward a New Psychohistory, ed. Carol Z. Stearns and Peter N. Stearns (New York: Holmes & Meier, 1988), 90–91。

71. 參見：Edward L. Schieffelin, “Anger and Shame in the Tropical Forest: On Affect as a Cultural System in Papua New Guinea,” *Ethos* 11, no. 3 (1983): 183–84。

72. 不願提出對他人的目的狀態的詮釋是一個更普遍的現象，而這是其中一部分（Schieffelin, “Anger and Shame in the Tropical Forest,” 174）。

73. 參見：Elinor Ochs, *Culture and Language Development: Language Acquisition and Language Socialization in a Samoan Village*（Cambridge, UK: Cambridge University Press, 1988）。

74. 參見：Sulamith H. Potter, “The Cultural Construction of Emotion in Rural Chinese Social Life,” *Ethos* 16, no. 2 (1988): 187。

61. 這是我的結論。萊文森的團隊（Levenson et al.）對此發現提供了不同的解釋。他們認為米南佳保人之所以未感到相關情緒狀態的可能理由是：他們較不能成功完成各種表示（Emotion and Autonomic Nervous System,1992）。

62. 文化心理學家哈澤・馬寇絲及北山忍是首先提議「美國人及米南佳保人以不同的方式定義情緒，他們對於何時及為何感受到情緒有不同的期待……一個人可以主張米南佳保人的主體性（subjectivity）瞄準或調整至那些在場的他人……那些造成臉部肌肉組態的自律神經系統（對米南佳保人而言）並不構成情緒」的學者（Hazel R. Markus and Shinobu Kitayama, "The Cultural Construction of Self and Emotion: Implications for Social Behavior", in *Emotion and Culture: Empirical Studies of Mutual Influence* (Washington, DC: American Psychological Association, 1994, 89–130)）。就我所知，這個假設不曾被直接測試過。

63. 參見：Yukiko Uchida et al., "Emotions as within or between People? Cultural Variation in Lay Theories of Emotion Expression and Inference," *Personality and Social Psychology Bulletin* 35, no. 11 (November 10, 2009): 1427–39; 以下所引述的一位日本運動員的話，來自第1432頁。

64. 日本及美國的研究參與者被隨機分派至以下四個情況：（1）一個單獨的日本運動員（2）一個日本運動員與其他三個人（3）一個單獨的美國運動員以及（4）一個美國運動員及其他三個人。此處所述的差異出現於「文化圈內」（within- culture）的情況中；在這些情況中，美國參與者將他們的情緒投射到美國運動員身上，而日本參與者將情緒投射到日本運動員。當來自其他文化的參與者報告運動員的情緒時，則未發現這些差異（Uchida et al., "Emotions as within or between People? Cultural Variation in Lay Theories of Emotion Expression and Inference"）。

65. 參見：Takahiko Masuda et al., "Placing the Face in Context: Cultural Differences in the Perception of Facial Emotion," *Journal of Personality and Social Psychology* 94, no. 3 (2008): 365–81. Copyright © 2008, American Psychological Association。

66. 就北美參與者而言，對「臉部辨識」的傳統典範是沒問題的：他們不使用環境中其他人的臉。但這典範未能捕捉日本人在感知「情緒」時

no. 3 (2006): 345）我理解對於刻板印象及本質化的疑慮，但我認為無論文化內部有多混雜，我們仍可從文化及社群的比較中學到很多。

55. 參見：Robert W. Levenson et al., "Emotion and Autonomic Nervous System: Activity in the Minangkabu of West Sumatra," *Journal of Personality and Social Psychology* 62, no. 6 (1992): 972–88。

56. 萊文森及其他人認為，情緒是「演化出來的現象，是經由自然淘汰所建立起來的，這使得有機體能有效率地對環境中特定的典型需求做出反應。」（Levenson et al., Emotion and Autonomic Nervous System,972）。

57. 參見：Levenson et al., "Emotion and Autonomic Nervous System"; Birgitt Röttger-Rössler et al., "Socializing Emotions in Childhood: A Cross- Cultural Comparison between the Bara in Madagascar and the Minangkabau in Indonesia," *Mind, Culture, and Activity* 20, no. 3 (2013): 260–87。

58. 參見：Levenson et al., Emotion and Autonomic Nervous System,975. 1992，美國心理學會授權轉載。

59. 參見：Robert W. Levenson, Paul Ekman, and Wallace V. Friesen, "Voluntary Facial Action Generates Emotion-Specific Autonomic Nervous System Activity," Psychophysiology 27, no. 4 (July 1, 1990): 363–84。此特定任務中生理數據所代表的意義仍有爭議：波義騰（Frans A. Boiten）指出，自主發動的臉部表情所涉及的非自主活動，只能以刻意改變呼吸來解釋（"Autonomic Response Patterns during Voluntary Facial Action," *Psychophysiology* 33 [1996]: 123–31）。以下參見一些實證的批判文獻；這些文獻挑戰存在一種特定的ANS樣式，而這樣式可在所有研究中一致地辨識各種情緒：Quigley and Barrett, "Is There Consistency and Specificity of Autonomic Changes during Emotional Episodes?," 2014; Robert B. Zajonc and Daniel N. McIntosh, "Emotions Research: Some Promising Questions and Some Questionable Promises," *Psychological Science* 3, no. 1 (1992): 70–74。

60. 參見：Levenson et al., "Emotion and Autonomic Nervous System," 974. 1992，美國心理學會侵權轉載。

（且翻譯了其中的土耳其樣本的紀錄）。

48. 參見：Mesquita, “Emotions in Collectivist and Individualist Contexts.”。

49. **我的**（MINE）及**我們的**（OURS）是幾個英文字字首的組合，各個字代表不同的維度。情緒可如以下形容：在人的裡面（inside）或在外面（outside）、精神的（mental）或關係的（relational）、以及本質的（essences）或情境的（situated）。在將這些字的字首稍微安排之後，得到這些有意義的字首組合。

50. MINE及OURS以不同方式定義了情緒的「範疇」（category）或「敘事」（narrative）的核心屬性。不同範疇中的屬性是不同的，例如，內在體感可成為MINE類別中的核心屬性，卻不成為OURS情緒當中的屬性（例如：Lawrence W. Barsalou, *Cognitive Psychology: An Overview for Cognitive Scientists* [Hillsdale, NJ: Erlbaum, 1992]; Jerome Bruner, Acts of Meaning [Cambridge, MA: Harvard University Press, 1990]）。

51. 在荷蘭，有一個比較不同文化群體的大型問卷調查。在蘇利南人的回應人當中，那些表示自己曾被熟識的人冒犯的人，與那些多數群體的荷蘭人及少數群體的土耳其人相較，更相信那些傷害他們的人有從中獲得好處；認為他們很有可能是故意及預謀的（Mesquita, Emotions in Collectivist and Individualist Contexts, 2001）。這些發現與一個概念一致，即在蘇利南人的群體之中，身分地位佔有重要位置，且需要競爭。

52. 參見：Glenn Adams, “The Cultural Grounding of Personal Relationship: Enemyship in North American and West African Worlds,” *Journal of Personality and Social Psychology* 88, no. 6 (2005): 948。

53. 一首由柯喬・G・凱伊及漢娜・施萊肯巴赫所作的詩（Kojo G. Kyei and Hannah Schreckenbach, *No Time to Die* [London: Walden Books, 1975], 72）。亞當斯引述該首詩（Adams, The Cultural Grounding of Personal Relationship）。

54. 人類學家譚亞・魯爾曼（Tanya Luhrmann）提到：「當人類學家須對文化差異做出比較性的斷言時，就顯得坐立難安，因為他們想要相信文化極其複雜且沒有邊界。」（Subjectivity,Anthropological Theory 6,

Mesquita, and Barrett, "The Brain as a Cultural Artifact. Concepts, Actions, and Experiences within the Human Affective Niche," 2020; Karen S. Quigley and Lisa Feldman Barrett, "Is There Consistency and Specificity of Autonomic Changes during Emotional Episodes? Guidance from the Conceptual Act Theory and Psychophysiology," *Biological Psychology* 98, no. 1 (2014): 82–94. 這些生理機制包括心血管、骨骼肌、及自主神經系統。

42. 勞里・努門瑪及其同事在一系列的研究中提出：情緒的「身體地圖」普遍適用於不同文化（Lauri Nummenmaa et al., "Bodily Maps of Emotions.," *Proceedings of the National Academy of Sciences of the United States of America* 111, no. 2 (2014)）。

43. 例如：Michael Boiger and Batja Mesquita, "The Construction of Emotion in Interactions, Relationships, and Cultures," *Emotion Review* 4, no. 3 (2012): 221–29; Parkinson, *Heart to Heart*。

44. 這是從夏弗及其他人（Shaver et al., Emotion Knowledge: Further Exploration of a Prototype Approach, 1075）的實驗性研究中所擷取出來的例子。

第二章　情緒是「我們的」（OURS），還是「我的」（MINE）？

45. 麗莎・費德曼・巴瑞特（Lisa Feldman Barrett）和丹尼爾・F・巴瑞特（Daniel J. Barrett）在談論一個與此類似的主張時使用了這個例子（Brain Scientist: How Pixar' s 'Inside Out' Gets One Thing Deeply Wrong, WBUR, July 5, 2015）。

46. 可至以下文獻查閱這個情緒模型的類似特性：Barrett, *How Emotions Are Made*, 157; Lutz, *Unnatural Emotions*, 53–54。

47. 在我的訪談研究裡，人們告訴我們為何這個事件對他們而言是有意義的、他們如何於其間及其後行動，又有誰參與、這些人說了及做了什麼，這個事件目前的結果及後續的影響是什麼。我們在不同文化群體間比較同一個主題的情緒經驗（例如，因為成就而起的成功經驗）。我並未親自訪談這些受訪者，而是請那些能與族群匹配的女性人員去訪談；她們使用與受訪者相同的語言。訪談內容以文字完全記錄下來

Review 98, no. 2 (1991): 224–53;參見一本甚佳的介紹文化心理學的教科書：Steven J. Heine, *Cultural Psychology* (New York: W. W. Norton & Company, 2020)。

37. 參見：Erika H. Siegel, Molly K. Sands, Wim Van den Noortgate, Paul Condon, Yale Chang, Jennifer Dy, Karen S. Quigley, and Lisa Feldman Barrett, "Emotion Fingerprints or Emotion Populations? A Meta-Analytic Investigation of Autonomic Features of Emotion Categories," *Psychological Bulletin* 144, no. 4 (2018): 343; Kristen A. Lindquist, Tor D. Wager, Hedy Kober, Eliza Bliss-Moreau, and Lisa Feldman Barrett, "The Brain Basis of Emotion: A Meta-Analytic Review," *Behavioral and Brain Sciences* 35, no. 3 (2012): 121。

38. 參見：Maria Gendron, Batja Mesquita, and Lisa Feldman Barrett, "The Brain as a Cultural Artifact: Concepts, Actions, and Experiences within the Human Affective Niche," in *Culture, Mind, and Brain: Emerging Concepts, Models, and Applications*, ed. Laurence J. Kirmayer et al. (Cambridge, UK: Cambridge University Press, 2020), 188– 222。

39. 參見：L. J. Kirmayer, C. M. Worthman, and S. Kitayama, "Introduction: Co-Constructing Culture, Mind, and Brain," in Culture, Mind, and Brain, ed. L. J. Kirmayer et al. (Cambridge, UK: Cambridge University Press, 2020), 1–49; Shinobu Kitayama and Cristina E. Salvador, "Culture Embrained: Going Beyond the Nature-Nurture Dichotomy," *Perspectives on Psychological Science* 12, no. 5 (2017): 841–54; Samuel P. L. Veissière, Axel Constant, Maxwell J. D. Ramstead, Karl J. Friston, and Laurence J. Kirmayer, "Thinking through Other Minds: A Variational Approach to Cognition and Culture," *Behavioral and Brain Sciences* 43 (2020)。

40. 弗萊達捕捉到這些規則，將之稱為「改變、習以為常、及比較的感覺」。他主張：「情緒之所以引發，不是由於有利或不利情況的出現，而是由於這些情況中實際發生的改變，或期待發生的改變。」（Nico H. 2007. *The Laws of Emotion*. Mahwah: Lawrence Erlbaum Associates, Inc.）

41. 參見：Lisa Feldman Barrett Barrett, *How Emotions Are Made: The Secret Life of the Brain*（New York: Houghton Mifflin Harcourt, 2017）; Gendron,

General 113, no. 3 (1984): 464–86。

28. 人類學家凱薩琳・勒茲亦採用此「情緒是人的內部現象」的定義；她以此定義描述伊法魯克人（Ifaluk）的情緒發生於社會場域。（Lutz, *Unnatural Emotions*, 41）。

29. 亨利奇、海尼、及諾倫薩楊提到：多數的心理學研究都是在西方的（尤其是美國）脈絡中產生的，且對象大都是大學生（Henrich, Heine, Norenzayan, The Weirdest People in the World?" *Behavioral and Brain Sciences* 33, no. 2–3 (June 2020): 6183）。

30. 參見：Batja Mesquita, "Cultural Variations in Emotions: A Comparative Study of Dutch, Surinamese, and Turkish People in the Netherlands" (PhD diss.,University of Amsterdam, 1993)。這主題的某部分研究成果已經發表（Batja Mesquita, "Emotions in Collectivist and Individualist Contexts," *Journal of Personality and Social Psychology* 80, no. 1 [2001]: 68–74; Mesquita and Frijda, "Cultural Variations in Emotions: A Review", 1992）。

31. 亦被稱為「談論情緒」（emotion talk）（Paul Heelas, "Emotion Talk across Cultures," in *The Social Construction of Emotions*, ed. Rom Harré [New York: SAGE Publications, 1986], 234–65），或「情緒論述」（emotion discourse）（Catherine A. Lutz and Lila Abu-Lughod, *Language and the Politics of Emotion: Studies in Emotion and Social Interaction*, ed. C. Lutz and L. Abu-Lughod [Cambridge, UK: Cambridge University Press, Éditions de la Maison des Sciences de l' Homme, 1990]）。

32. 參見：Lutz, *Unnatural Emotions*, 42。

33. 參見：Lutz, *Unnatural Emotions*, 82。

34. 參見：Lila Abu-Lughod, *Veiled Sentiments: Honor and Poetry in a Bedouin Society* (Berkeley: University of California Press, 1986), 112。

35. 參見：Mesquita and Frijda, "Cultural Variations in Emotions: A Review."。

36. 例如以下文獻：Harry C. Triandis, "The Self and Social Behavior in Differing Cultural Contexts," *Psychological Review* 96, no. 3 (1989): 506–20; Hazel R. Markus and Shinobu Kitayama, "Culture and the Self: Implications for Cognition, Emotion, and Motivation," *Psychological*

Putting the Face in Context," in *The Oxford Handbook of Cognitive Psychology*, ed. Daniel Reisenberg (New York: Oxford University Press, 2013), 539–56。

21. 羅素（Russell）檢視一九六九年之後所有對於臉部辨識的研究，發現這些方法的某些面向有助於某些特定情緒的「辨識」率（*Universal Reg of Emotion from Facial Expression*）。

22. 八○及九○年時，元素理論將情緒概念的意義解析成許多成分，例如對於情境的評估（例如：Craig A. Smith and Phoebe C. Ellsworth, "Patterns of Cognitive Appraisal in Emotion," *Journal of Personality and Social Psychology* 48, no. 4 [1985]: 813–38）；行動的準備程度（e.g., Nico H. Frijda, Peter Kuipers, and Elisabeth ter Schure, "Relations among Emotion, Appraisal, and Emotional Action Readiness," *Journal of Personality and Social Psychology* 57, no. 2 [1989]: 212–28）；以及生理及行為的反應（Nico H. Frijda, *The Emotions* [Cambridge, UK: Cambridge University Press / Éditions de la Maison des Sciences de l' Homme, 1986])。

23. 參見：Phillip R. Shaver et al., "Emotion Knowledge: Further Exploration of a Prototype Approach," *Journal of Personality and Social Psychology* 52, no. 6 (1987): 1061–86; Aneta Wierzbicka, "Talking about Emotions: Semantics, Culture, and Cognition," *Cognition & Emotion* 6, no. 3–4 (1992): 285–319。

24. 柏拉圖（Plato, *Phaedrus*,n.d.）將哲學家的分類方法比喻成屠夫切開動物時的手法，也就是在牠們自然的關節處下手；其隱含的意思是：在此之前，這世界就已切分好了。

25. 參見：Shaver, Schwartz, Kirson, and O' Connor, "Emotion Knowledge"。

26. 參見：Phillip R. Shaver, Shelley Wu, and Judith C. Schwartz, "Cross-Cultural Similarities and Differences in Emotion and Its Representation: A Prototype Approach," in *Review of Personality and Social Psychology, No. 13. Emotion*, ed. Margaret S. Clark (Newbury Park, CA: Sage Publications, Inc., 1992), 175–212。

27. 例如：Beverley Fehr and James A. Russell, "Concept of Emotion Viewed from a Prototype Perspective," *Journal of Experimental Psychology:*

16. 我無意在此摘述基本情緒。在此，只需知道此理論已發展多年就已足夠。我也絕未主張最新科技的見解並未超出保羅．艾克曼及華萊士．弗里森的主張。艾克曼本人提議至少有九種基本情緒。除了他於一九七五年所提出的六種之外，他提議尷尬、驚訝及興奮都稱得上（也就是，符合條件）是基本情緒（Paul Ekman, Wallace V. Friesen, *Unmasking the Face: A Guide to Recognizing Emotions from Facial Clues*; Englewood Cliffs, NJ: Prentice Hall, 1975）。這些發現的意義已引起熱烈的爭論，不過本書目的並不在於重述所有對基本情緒研究的批評。

17. 此句及下一句均引述自以下文獻：Ekman and Friesen, *Unmasking the Face*, on pp. 22, 23, and 24。

18. 例如：Paul Ekman, "An Argument for Basic Emotions," *Cognition & Emotion* 6, no. 3–4 (1992): 169– 200; Jaak Panksepp, "Basic Affects and the Instinctual Emotional Systems of the Brain: The Primordial Sources of Sadness, Joy, and Seeking," in *Feelings and Emotions: The Amsterdam Symposium*, ed. Antony S. R. Manstead, Nico Frijda, and Agneta Fischer (New York: Cambridge University Press, 2004), 174–93。

19. 許多研究宣稱提供尷尬及羞恥的證據：Dacher Keltner, "Signs of Appeasement: Evidence for the Distinct Displays of Embarrassment, Amusement, and Shame," Journal of Personality and Social Psychology 68, no. 3 (1995): 441–45；自豪的證據：Jessica L. Tracy and Richard W. Robins, "Show Your Pride: Evidence for a Discrete Emotion Expression," *Psychological Science* 15, no. 3 (2004): 194–97；敬畏、逗趣、及自豪的證據：Michelle N. Shiota, Belinda Campos, and Dacher Keltner, "The Faces of Positive Emotion: Prototype Displays of Awe, Amusement, and Pride," *Annals of the New York Academy of Sciences* 1000, no. 1 (2003): 296–99。

20. 這暗示著情緒可從臉部辨識出來。最近的證據表明，臉部的訊息只在與其他訊息關聯起來時才有意義。（Brian Parkinson, Heart to Heart [Cambridge, UK: Cambridge University Press, 2019]）; Lisa F. Barrett, Batja Mesquita, and Maria Gendron, "Context in Emotion Perception," *Current Directions in Psychological Science* 20, no. 5 (2011): 286–90; Maria Gendron, Batja Mesquita, and Lisa F. Barrett, "Emotion Perception:

7. 關於類似的描述，可參見以下文獻：Shinobu Kitayama and Hazel R. Markus, “The Pursuit of Happiness and the Realization of Sympathy: Cultural Patterns of Self, Social Relations, and Well-Being,” in *Culture and Subjective Well-Being*, ed. Ed Diener and Eunkook M. Suh (Cambridge, MA: Bradford Books, 2000), 113–61。
8. 韓・范・德・霍斯特（Han van der Horst）也做了同樣的描述（*The Low Sky: Understanding the Dutch* ,The Hague: Scriptum Books, 1996, 34–35）。
9. 荷蘭式的對質風格不會閃躲不愉快的情緒，這與「美國人的冷靜」形成強烈的對比。參見以下這位歷史學家的描述：Peter N. Stearns, *American Cool: Constructing a Twentieth- Century Emotional Style* (New York: New York University Press, 1994)。
10. 上一句中的例子源自：Eva Hoffman, Lost in Translation: *A Life in a New Language*（London: William Heinemann, 1989）, 146。伊娃・霍夫曼（Eva Hoffman）也對波蘭人及北美人連結彼此的風格做了類似的對比。
11. 對於此點，史蒂芬斯（Stearns, *American Cool*）將之與美國人的情緒文化作了比較。這本書大約於我剛抵達美國時出版。
12. 參見：Catherine A Lutz, *Unnatural Emotions: Everyday Sentiments on a Micronesian Atoll and Their Challenge to Western Theory* (Chicago: University of Chicago Press, 1988), 44。
13. 參見：J. L. Briggs, “Emotion Concepts,” in *Never in Anger: Portrait of an Eskimo Family* (Cambridge, MA: Harvard University Press, 1970), 257–58, 284, 286. Copyright © 1970 by the President and Fellows of Harvard College。
14. 參見：Lutz, *Unnatural Emotions*, 11。
15. 例如：Paul Ekman, “Are There Basic Emotions?” *Psychological Review* 99, no. 3 (1992): 550–53; Carroll E. Izard, *Human Emotions* (New York: Springer Science + Business Media, LLC, 1977); Keith Oatley and Philip N. Johnson-Laird, “Towards a Cognitive Theory of Emotions,” *Cognition and Emotion* 1, no. 1 (1987): 29–50。

註釋

前言

1. 我母親的自傳：Bart van Es, *The Cut Out Girl: A Story of War and Family, Lost and Found* (New York: Random House, 2018)。我父親是安妮・法蘭克（Anne Frank）的同班同學；安妮在她的日記中曾提到他。我父親的部分回憶記載於以下文獻：Theo Coster, *We All Wore Stars*, trans. Marjolijn de Jager (New York: St. Martin’s Press, 2011)。
2. 參見：Ralph H. Turner, “The Real Self : From Institution to Impulse,” *American Journal of Sociology* 81, no. 5 (1976): 989–1016。
3. 這個詞來自於以下文獻：Joseph Henrich, Steven J. Heine, and Ara Norenzayan, “The Weirdest People in the World?,” *Behavioral and Brain Sciences* 33, no. 2–3 (June 2010): 61–83。
4. 於同一時期，對這議題有重大貢獻的包括：Shinobu Kitayama and Hazel R. Markus, *Emotion and Culture: Empirical Studies of Mutual Influence* (Washington, DC: American Pscyhological Association, 1994); Russell, James A, “Culture and the Categorization of Emotion,” *Psychological Bulletin* 110, no. 3 (1991): 426–50。
5. 參見：Richard A. Shweder, “Cultural Psychology: What Is It?” in *Thinking through Cultures. Expeditions in Cultural Psychology*, ed. Richard A. Shweder (Cambridge, MA: Harvard University Press, 1991), 73–110. Quote on p. 73。

第一章　情緒，無法翻譯

6. 可於以下文獻找到一個最近的合集：Tiffany W. Smith, *The Book of Human Emotions* (New York: Little, Brown and Company, 2016)。